U0567348

百年中国社会学丛书

北京大学社会学系 编

凉山彝家的巨变

林耀华 著

创于1897
商务印书馆
The Commercial Press

本丛书由北京大学余天休社会学基金提供出版支持。

林耀华教授

1943 年，林耀华教授（后排右立第四人）赴凉山彝区考察途经麻柳湾时的合影。后排左起第二人为麻柳湾里区支彝人头目里区打一，第三人为保头里区打吉；后排右起第二人为白彝“毕摩”（巫师）胡占云；除后排右起第五人外，其余皆为白彝娃子。

1943 年，林耀华教授（左二）赴凉山区考察登黄茅埂绝顶时的合影。左一为翻译王举嵩，左三为同学胡良珍，左四为彝人保头阿着哲觉。

1943年，林耀华教授（右一）和他的考察团在赴大凉山途中。

彝人保头里区打吉（右一）及其妻子和女儿，左立第一人为打吉的婶母（1943年8月摄于打吉住宅前）。

今日美姑县城一瞥（摄于1992年2月）

林耀华教授（右二）与布拖皮革厂厂长赫黑约日（彝族，右一）在一起（摄于 1984 年 5—6 月间）。

1992 年春，林耀华教授派他的博士研究生潘蛟（彝族，右一）同志再次赴凉山彝区考察，图为潘蛟与里区打吉的后代在一起。右二里区打吉的长子打吉比俄，右三为次子打吉木也；左一、二为木也、比俄之妻；左三为比俄之子。

百年中国社会学丛书

总　　序

中国社会学的发轫，起于变法维新与共和鼎革之际。先是康有为经由经学革命而提出的“大同说”，后有章太炎通过再造历史民族而确立的“正信观”，为这场现代思想变革的底色。而康、梁所倡导的“合群立会”主张，或是严复借移译西学而确立的群学思想，则是由西学东渐而来的另一层底色。

现代中国所经世变之亟，社会学之为新学，形成伊始便承担着综合学问的角色。章太炎先生说：“人类有各种学术，则有统一科学之二法。其一，欲发现一切科学之原理，而据此原理，以综合一切科学者，是为哲学之目的，此所以称科学之科学也。其二，欲测定复杂之程度，而使一切科学，从其发现之早晚而排列之，是为社会学之任务，此所以亦称科学之科学也。”（章太炎译《社会学》）严复先生主张“以群学为纲”，认为“群学之目，如政治，如刑名，如理财，如史学，皆治事者所当有事者也。”（《西学门径功用》）

由此可见，从百余年前中国社会学发生以来，即确立了上接中国经史传统、下融西方科学观念，上识国体、下察民情的基本精神，不仅作为引入和融合各种思潮学说的桥梁，而且为各个学科提供了可资借鉴的概念和方法。百年间，社会学也曾伴随现代中国曲折前行的道路，经历有多变的命运。

从民国时期社会学的诞生，到 20 世纪 70 年代末社会学的恢复重建，北京大学在社会学学科发展上始终产生着重要影响。如今的学科体系，汇合有 1952 年院系调整之前北京大学和燕京大学的两大学术传统。民国期间北京大学虽未有社会学的系科建制，但李大钊、陶孟和、梁漱溟等先生一直通过课堂教学和政治实践传播社会学思想。燕京大学则学科设置齐备，前有步济时、甘博等国外社会学家的贡献，以及吴文藻、杨开道、杨堃等第一批中国社会学家的开拓性工作；后有李安宅、林耀华、费孝通和瞿同祖等学者发扬光大，由此奠定了中国现代社会科学史中最具学术创造力的"燕京学派"。改革开放以来，雷洁琼、费孝通和袁方等先生为北京大学社会学系的复建和社会学人类学研究所的成立，倾注了毕生心血，为后人留下了宝贵的学术遗产。

北京大学社会学前辈始终致力于社会学"中国化"的事业。无论是马克思主义学说的传入和践行，还是乡村建设运动的展开；无论是基于中国社会本位的社区研究及实验，还是有关中国文明传统及其历史变迁的探究；无论是对于中国边疆区域的田野考察，还是关于中华民族多元一体的理论构建；无论是对美国芝加哥学派的借鉴，还是对法国"年鉴学派"的引进，无不被纳入社会学家的视野之中，并真正为代代后学培育了立国化民的社会关怀感和学术使命感。时至今日，世界历史有了新的图景，中国文明也迎来了复兴的时代。今天的社会学家不仅需要有宏阔开放的眼光，需要细致观察社会生活变化的点点滴滴，更需要不断追溯以往，去重新领悟先贤们的智慧和胸怀。

诚如费孝通先生所说："从宏观的人类文化史和全球视野来看，

世界上的很多问题，经过很多波折、失误、冲突、破坏之后，恰恰又不得不回到先贤们早已经关注、探讨和教诲的那些基点上。社会学充分认识这种历史荣辱兴衰的大轮回，有助于我们从总体上把握我们很多社会现象和社会问题的脉络，在面对人类社会的巨大变局的时代，能够‘心有灵犀’，充分‘领悟’这个时代的‘言外之意’。”（《试谈扩展社会学的传统界限》）

为传承中国社会学的学术传统，推进中国社会学的未来发展，北京大学社会学系编纂出版“百年中国社会学丛书”，通过系统整理以北京大学和燕京大学为主的前辈学人的研究成果，全面呈现中国社会学百年以来所确立的学科范式、视角、概念和方法，以飨读者。

因丛书所收篇目部分为20世纪早期刊印，其语言习惯、遣词造句等有较明显的时代印痕，且作者自有其文字风格，为尊重历史和作者，均依原版本照录；丛书底本脱、衍、讹、倒之处，唯明显且影响阅读者径改之，不出校记；数字、标点符号的用法，在不损害原义的情况下，从现行规范统一校订。特此说明。

北京大学社会学系

2018年7月

目　　录

总　　序

我于 1940 年夏在美国哈佛大学获得人类学博士学位之后，翌年回国，到滇、川两省大学执教，并于 1943 年暑期间得有机会深入川、康、滇三省交界的大小凉山地区，进行彝族的社会调查研究工作。事后，除了发表几篇沿途记行和专题论文外，在一年教学期间内撰毕《凉山彝家》一书，由上海商务印书馆出版。没有想到经过半个世纪之久，这本书还得到国内外学术界的关注。

是的，该书问世后，就获得各方的注意和好评。例如，1947 年日本著名老民族学家鸟居龙藏教授正在北京复校的燕京大学执教，他写出一篇热情洋溢的书评①。美国哥伦比亚大学人类学博士胡先晋女士也在《美国人类学家》1948 年杂志上发表了长篇对《凉山彝家》的介绍和评价。1961 年美籍的两位学者潘如澍和柳无忌（Ju-shu Pan 和 Wu-chi Liu）把该书译成英文，题为 *The Lolo of Liang Shan (Liang-shan I-chia)*，由 Human Relations Area Files, Inc. New Haven 出版。出版社在前言中提到“林耀华教授的书代表一位够资格的人类学家对凉山罗罗第一次进行了系统的研究”。就这样，该书在英语世界通行，许多大学人类学系还指定它作为学生阅读的参考书。

---

① 参见本书附录 1。

1978 年，台湾历史语言研究所曾把《凉山彝家》全部翻印，编入《亚洲民族丛刊》第 2 辑（全 10 册），由南天书局出版刊行。

1981 年春间，我被聘为日本大阪国立民族学博物馆高级研究员，经现任馆长佐佐木高明教授主持介绍，曾在该馆作了题为“中国西南部几个不同类型的民族”的报告，其中凉山彝族奴隶制占有较多篇幅，提出讨论的问题不少（日文讲稿刊登在《民博通信》1981, No. 14, 2—13 页）。直到 80 年代后期，日本女学者松冈正子来函告知我已把《凉山彝家》全部译为日文，并请我写日文版的序。我于 1988 年 2 月 20 日撰毕序言，寄给松冈正子女士并祝贺她在学术上的成功。

我第二次上凉山进行实地考察是在 1975 年，这已是解放二十多年之后的年代。凉山彝族由于进行了民主改革和社会主义改造，持续二千多年来的奴隶制度已被彻底推翻了，并向社会主义过渡，凉山地区发生了天翻地覆的变化。1982 年，我承美国民族学会会长、哈佛大学人类学系教授大卫・麦倍里–路易斯（David Maybury Lewis）的邀请，参加 4 月 8—10 日在美国肯塔基州莱克星顿市召开的美国民族学会 140 周年年会。在全会上，我做了“凉山彝族今昔”的报告，解答了同行们提出的问题。报告全文被编入《展望多类型社会》（*The Prospects For Plural Societies*），美国民族学会 1982 年会议论文集，华盛顿首都版，1984 年。麦倍里–路易斯教授在该书导论中，用三个段落称赞我的报告文章与众不同之处，今已译成汉文作为附录 2 收入本书。

1984 年，我又有机会率领张海洋、龙平平等四位研究生一起同行，第三次到凉山地区进行调查研究工作。当时已是中国共产党十一届三中全会之后的年代，凉山彝区的面貌更是日新月异。

因有铁路通过凉山彝族自治州首府西昌市，州内各县也有汽车畅通，因而我们顺利地走遍了五县一市。由于许多彝族干部，其中包括中央民族学院毕业生的热心帮助，我们跑了许多市镇乡村，顺利地进行了调查访问工作。在这里，我应该特别提出的是当时美姑县罗家修县长，他本人就是一位学者，发表过多篇有关彝族社会历史的文章。罗县长不但为我们组织彝族长老座谈会，还特地带领我们前往我初上凉山时的保头里区打吉在三河以达的家。里区打吉虽已谢世，但他的儿子打吉比俄夫妇非常热情地接待我们，邻居亦来探视，大家畅谈，欢乐无比，好像亲戚久别重聚一般。这时凉山到处都知道我是解放前《凉山彝家》的作者，因此我们备受欢迎接待，调查工作顺利进行。事后我写了长篇报导，题为《三上凉山——探索凉山彝族现代化中的新课题及展望》，初稿刊登在《社会科学战线》杂志，1986—1987 年版；修订稿被收入中央民族学院建校 40 周年《学术论文集》第 1—45 页，中央民族学院出版社，1991 年。

回顾 1986 年 9 月 1—7 日，我被邀请参加了在英国南安普敦和伦敦召开的世界考古大会。9 月 2 日下午，在一次二三百人参加的社会科学大组会上，我做了“中国解放时期的一些原始时代和奴隶制时代的少数民族”的报告，其中凉山彝族奴隶制占一半篇幅。特别是我在发言时配合着放映了幻灯片，听众很感兴趣，提出了许多问题。这篇报告文章刊登在世界考古大会主编:《在复杂社会发展中的比较研究》（*Comparative Studies in the Development of Complex Societies*）第 1 卷（共 3 卷）中。

由于我对凉山彝族调查研究的成果已饮誉国内外，最近商务印书馆邀约我把三次调查成果修订，编在一起成书发行。在编辑和修订过程中，我对三次调查成果只作个别文字上的修改，同时发现缺少有关近期凉山彝族的发展现状的材料。因我已入耄耋之年，不能再爬山越岭，就向我的博士研究生凉山彝族青年潘蛟同志建议，请他代我调查凉山当前几个主要问题。潘蛟同志喜出望外，答应我的要求，并于1992年春间花了两个多月的时间，在以前我去过的地区进行调查访问。他在美姑也到三河以达，访问打吉比俄父子，受到欢迎接待。事后我与潘蛟合作，撰写了关于当前凉山彝族的五个主要的问题，作为本书第四篇的调查报导。

最后，我应说明：半个世纪以来，我同凉山彝族建立了密切的关系，对彝家产生了深厚的感情。这部书稿在改编过程中，特别在应用规范彝文方面，我得到了曲木铁西和巴莫阿依博士夫妇二人的热情帮助，在此表示衷心的感谢。

商务印书馆同意出版这部著述，我在此也表示衷心的感谢。

林耀华

1994年4月15日于北京中央民族大学

第一编　凉山彝家

序

我于10余年前曾经梦想过游历凉山深入“罗罗国”，外人所谓独立罗罗的区域。抗战以后，辗转川滇从事任教，于是得有机缘亲历伟大的西南后方，去年夏天前往凉山彝区考察，因实现了从前的梦想。

考察时间系1943年7月2日到9月26日，前后共87天。从成都率领同学胡良珍君并校工老范同行，至雷波聘翻译王举嵩、胡占云并黑彝保头3人，组成燕大边区考察团，西向大小凉山实地研究。行程详情，书中已有记载，这里不再赘述。

罗罗这个名词，在凉山中不常应用。边区汉人称罗罗为蛮子，罗罗谈话自称彝家。因是罗罗、蛮子和彝家三词，名称虽不同，所指意义却是相同。

本书名《凉山彝家》，凉山为地理区域，彝家却有双关的意义，广义的彝家指整个罗罗社会，狭义的彝家指罗罗的家族组织。第一章区域标明考察的地理范围，第二章到第五章叙述社会团体从大到小的机构，因氏族、亲属、家族与婚姻乃系彝家一个连串的组织。第六章到第九章描写彝家几方面主要的生活枢纽，经济、阶级、冤家与巫术，都有特点的表现。

《凉山彝家》是一部实地考察的报告，依据作者亲自搜集的材料，叙述以家族为中心，当然关联到与家族有关的其他方面的生活，不是如此即将流于概况调查，不能深刻表现生活的内容。测量彝人体质的材料，一时无从统计考核，待将来另成一篇发表①。尚有彝文经典的翻译并彝人个别的传记，也需等待整理，再行问世②。

凉山考察并报告完成，作者须向多方面致谢。吴文藻师一向热心指导，此次更极力帮忙，最足令人钦佩和感谢。哈佛大学、哈佛燕京学社主任叶理绥教授（Professor Serge Elisséeff）勉励从事实地研究，及哈佛大学人类学系诸大师谆谆教诲，使作者深觉受严格科学训练的重要。整理其中关于彝文亲属名词的注音，蒙李方桂先生指正。图表绘画多由社会学系助教陈舒永君担任③。其他同工并边区朋友辅助教益之处，统此道谢。

最后关于考察经费，系受中国抗建垦殖社、罗氏基金委员会与哈佛燕京学社三机关补助，亦特借此机会敬表谢忱。

1944 年 6 月 26 日自序于成都燕京大学

［附注：《凉山彝家》一书系作者 1943 年赴凉山考察后写的调查报导。书中有关一些少数民族的族称、地名及行政区划等，均沿用中华人民共和国建国前的旧提法，今在此特加说明。］

---

① 因战乱迁徙，体质素材已丢失，憾甚。

② 已交彝语译作单位处理。

③ 此次修订，更改图表及采用解放后规范彝文注音，均由博士研究生潘蛟同志（凉山彝族）担任。

第一章　区域

凉山是四川、西康、云南三省交界的一个区域，大凉山脉乃自西康贡噶山脉歧分而来，共分四大支。第一支最北，盘结在四川境内峨边与马边之间，在罗罗彝地称为万石坪山脉，亦即大渡河与马边河的分水岭。第二支为大凉山主脉，北部自黄茅埂往南伸展，经黄草坪、烟峰山、大风顶达南黄茅埂，尽于金沙江岸的龙头山，亦即美姑河与西苏河的分水岭。第三支盘结于乌抛彝地，与竹核等处的乌抛山，为美姑河与西溪河的分水岭。第四支为八溪山脉，在西康境内昭觉与宁南之间，即系西溪河与会通河的分水岭。俗以黄茅埂为大小凉山的划界线，黄茅埂以西至会通河以东之地为大凉山，属昭觉境内。黄茅埂以东为小凉山，属雷波、马边、屏山、峨边四县，亦即世人所简称的雷、马、屏、峨区，在川省西南第五行政区范围之内（参见图 1、图 2）。

凉山自古为罗罗盘踞之区，汉人踪迹罕至其地。彝家的大本营在大凉山，不受汉人势力的统治。小凉山则为彝汉往来交易之所，也是两族杂居地带，至统治势力则两方互为消长。汉人势力兴盛之时，罗罗大部西越黄茅埂，退守大凉山。至汉人势衰，彝家必趁势叛变，出扰小凉山各地，使雷、马、屏、峨区无日安宁。

实则罗罗所居之地，并不限于大小凉山。西康除昭觉之外，尚有其他宁属八县并康属九龙也有罗罗的分布。根据各家报告，西康十县合计约有彝家人口 60 万。在越西、昭觉县城以东的大凉山区域，罗族比较纯粹，自成系统，从来不愿受汉人的同化。

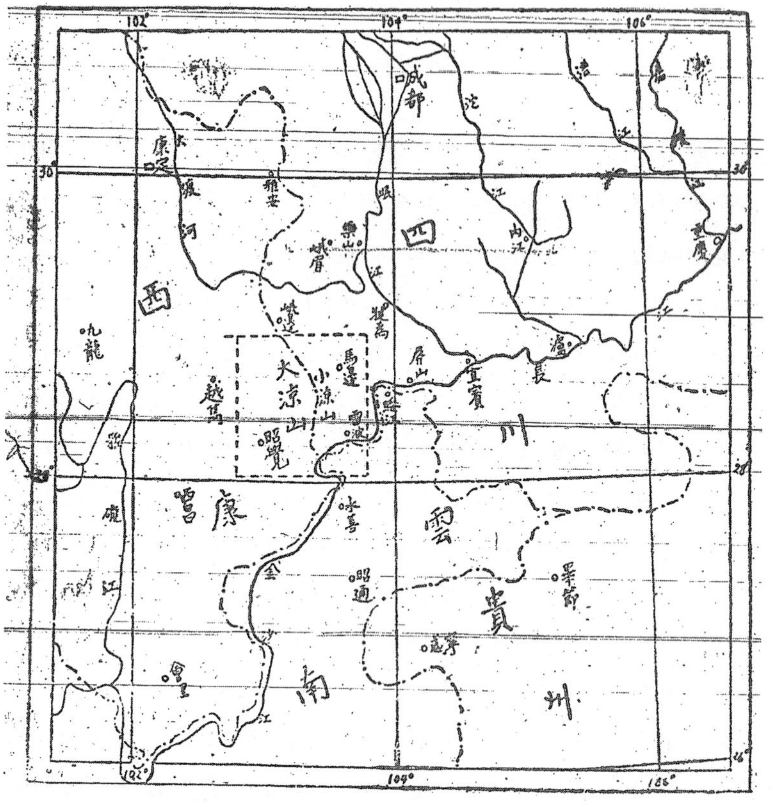

金沙江以南地带，在云南省境之内，也是罗罗分布居留的区域。按滇省居民，平原之上十之八九为汉人，高原山谷之间则为各少数民族星罗棋布之区。昆明大理线以南，摆族（今傣族）为主要民族，与泰掸系接近。此线以北的彝族皆系罗罗及与罗罗接近的各民族。罗罗也向昆明大理线以南进展。甚至在滇省境外，安南、缅甸一带也可找到罗族的踪迹。作者于1942年曾在滇省居留约9个月，对于境内彝民甚为留意，当时参考各家报告，估计滇省罗罗及其有关诸族，人口总数不在100万之下。

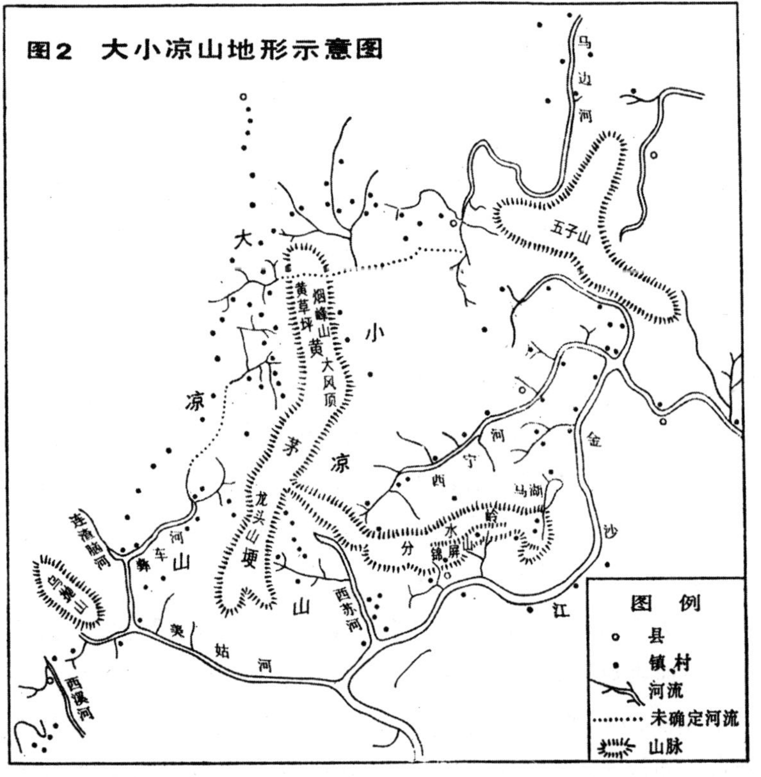

图2　大小凉山地形示意图

居留滇省的罗族，与居留川、康一带的罗族稍有不同。滇省罗族因与邻族互通婚媾的关系，在体质方面略有变化，文化方面无论物质生活或习俗惯例，颇受汉人的影响。许多罗民因为汉化之故，自己承认系汉人，不愿被称为罗罗。

既知罗罗在川、康、滇三省分布的梗概，可进而稍详叙述大小凉山区域的情形。

大凉山主脉为南北行的山脉，前已提及，在山脉南端的东面，有八段土岭，结成山脚，北部起自大谷堆，南达金沙江畔，都是向东而行，将凉山形成多足虫形，皆尽于西苏河边，此即俗所谓的八寨。八寨南段临江，山岳悬岩千仞，北段与龙头山相接，峰岭重叠，古林阴郁。明、清两代极力经营边区，至嘉、道之间汉人势力渐达黄茅埂以东之地。道光十八年（1838）变乱开始，彝人侵占大小谷堆，汉军退守山棱岗筑城自固，又于马颈子设要寨，与山棱岗成犄角之势。西苏河以西各地如母狗坡、拉米的汉人也先后退至河东，并于千万贯设一彝人土司，即杨土司，以系维远近的罗罗。

八寨以北，汉人也曾设下口岸，期望向西进展。山棱岗北去有滥坝子，再北有牯牛坝，都可从屏边西宁登山。黄草坪东面，在马边境内有油榨坪，曾经汉人开垦种植，清代鼎盛之时，此地辟为大场，以为与罗罗交易之所。再北烟峰山一带，多悬崖绝壁，荒野老林，汉人裹足不前。

登大凉山最北口岸就是洼海。洼海已入大凉山境内，范围甚广，东西占数十里。洼海系马边、峨边两县入大凉山必经的孔道。是地距离两县城各约200里。从马边西行，经月儿坝、楠木坪、登黄茅埂可达洼海。从峨边南行，经梯子崖、斯栗坪到达万石坪，一路穿过大森林，也可直抵洼海。由洼海南行，又通达大凉山中枢，因是洼海成为交通线重要的交叉点。

洼海南200余里即系大凉山中枢的牛牛坝。该地位于彝车河与连渣脑河流入美姑河的交叉点，背负大山，三面环水，为一平台地。牛牛坝往东可至雷波，往西可至越西，西南至昭觉，北行至洼海，更通峨、马二县，是凉山交通的中心。又因地势险峻，为用兵凉山必争之地。宣统元年（1909）英人布尔克（Donald Burk）率随从10余人出建昌（今西昌）入凉山探险，路至连渣脑被彝人碎杀，随从被执为奴娃，几引起国际严重交涉，当时川督赵尔丰立饬建昌、峨边、马边三路官军进剿凉山，约定会师牛牛坝。实则官军仍用保头作为向导，沿途妥协，兵至连渣脑，烧去几座房屋，杀了几个彝人。回师于交脚，筑城置昭觉县。赵尔丰计划彻底整理凉山彝区，谋筑雷、建通道。建昌部分已经沟通昭觉，越过美姑河，达耶路那达。雷波部分仅修至山棱岗附近，因彝人率众劫夺，乱起停工。后来通道的工程，全部被彝人毁去。1911年，昭觉防军撤去，彝人先后反叛，竟于1919年陷城，劫杀掳掠，为状至惨。时至今日，昭觉大部仍在彝人盘踞之中，是为凉山罗罗出入西康的主要门户。甚至西昌与昭觉之间的交通，有时亦在彝人势力控制之下。

清末光绪年间，因罗罗几次反叛，侵占黄茅埂以东各地，城镇交通亦被扰乱。但当时驻军尚多，该区域虽沦陷，其间乡镇保存者仍不少。例如黄螂乡与雷波之间皆系汉地，交通无阻。他如三河口、油榨坪、中山坪、滥坝子、山棱岗、马颈子、西苏角、小屋基、羿子村等处都在汉人手中，虽不能连成一片，若一旦有事，皆可相为策应。1911年以后，驻军减少，罗罗大形猖獗。先是失去菖蒲田，雷波、黄螂间交通断绝。失去山棱岗、马颈子，雷波城西就没有保障。失去烟峰山、油榨坪，马边通大凉山的中路隔断。再失去三河口，马边与峨边间的交通亦告断绝。1927年雷波县长罗冕南在羿子村被边民击死，政府未加声讨，大失威信。因此罗族更无忌惮，造成20年来反叛大乱之局。

以上所述大小凉山区域，北起峨边县南达金沙江约 900 华里。东自雷波西至昭觉约 600 华里。此区域内的人口情形，按作者所经过的地方估计推论，约有罗罗人口 20 万。

作者此次率领考察团，因时间关系，不能遍走大小凉山各地，只能就考察的区域（参见本书第 137 页后插页：考察区域示意图），详加论述，以为研究罗罗的根据。由宜宾沿金沙江上溯，一直到达屏西秉彝场，系往四川西南边区的大道，沿途已无彝人的踪迹。秉彝场旧名蛮夷司，迄今沿用，但已名存实亡，全区都是汉人。秉彝场系中都河与金沙江合口处，上 3 里石角营又为西宁河入金沙江处。水顺时汽船可到此地，平日木船可达，为金沙江上流航行的终点。因此秉彝场实扼水陆交通之冲，为屏山西境的门户，亦系内地通达边区的要口。街市依山建筑，凿崖壁架栋梁，屋底用木柱支持，高至数丈，水涨时住屋也不至没顶。外间盐布货物，皆在此地起卸，转由人工背夫运到边地与彝人贸易。彝家币制沿用生银，衡量以两以锭，在秉彝场即能交换，可知彝汉交易的势力，在此已极重要。

从石角营沿西宁河上溯，50 里到夏溪。考西宁河之源，出于黄茅埂东侧，经雷波之滥坝子、中山坪、罗三溪，至屏边的西宁，计程百余里，再 85 里始达夏溪。

夏溪位于西宁河南岸，为沿河最大的村镇，人口将近 4 千。镇上有商店饭馆，远近彝家常来买卖交易，过河不远之地即为马边界，马边彝人亦常到此地。从夏溪上溯西宁，沿岸都是汉人村寨，四周山上皆系彝家，以是此区为彝汉杂居之地。

夏溪西行 15 里，至撕栗沱，为一小村落，几十户人家。屏边乡乡公所设在此村，全乡包括撕栗沱与西宁，以及两地间的村寨，东西相距约 70 里。撕栗沱村内有中国抗建垦殖社第二区事务所，所内人员正在计划建设，使该村成为模范村落。村后有泉水一潭，可稍用工程贯入村间为自来水。抗建社甚勉励垦民殖边，村西麻柳塘、流中沟一带荒山，都经垦民种植，现已包谷遍野，结实累累。抗建社垦民更往西开殖，经西宁、罗三溪，南达中山坪，入雷波县境。

撕栗沱西去沿途只有山僻小路，崎岖难行，又因山岭阻隔，必须往返渡河。沙沱一带河中堆积沙石，水从石底流过。到胡家堡子，两岸皆系峻壁丛林，河水狭隘，且多崖石。因此西宁河极难开濬以通舟楫。胡家堡子离西宁尚有 10 余里，1911 年后彝变，西宁焚毁一空，胡家堡子亦数度被袭击，但因碉堡坚固，未曾遭祸，为西宁一带仅存的汉民村落，只有五六户住屋。

西宁系山谷中的小平原，前清盛时曾住过 2,000 户人家，为边区重镇之一。1920 年彝人反叛，全市焚劫一空。近年因各垦社成立，在旧时屋基之上建立村落，但皆系毛竹屋宇。1943 年 7 月初旬村上一处失火，竟于两小时之内，全村焚毁一空。20 余日后作者亲到西宁视察，见新建茅屋又已成列。今约有住户百余家，人口六七百人，男多女少，因来此边区多系具有冒险性的壮年男子。

西宁河由村右绕转村南，再蜿蜒往东流行。村后一带平原皆种稻米。四围高山，山顶亦可种植包谷、桐子、茶树等，惟离村稍远即入彝区。抗建社之外，尚有中心垦社、县营垦社在此成立办事处，社员及垦民都是负枪携械以资自卫。县府另设屯垦保卫队，日夜警备，深恐边民生事，彝汉冲突。

西宁为雷、马、屏三县交界处，又系小凉山的中心，所居地位至为重要。远近为恩札支悍彝，时常叛变纷扰。如西宁不守，河东诸地亦将危殆。此地北去马边南去雷波两县城，为一直线关系，因中隔彝区已不能通达，行旅者不得不东回石角营绕道而去。

西宁在小凉山原系四通八达之地，彝乱之后形势大变。北去马边既荆棘丛生，西面牯牛坝、油榨坪、滥坝子可登大凉山诸要口，亦全没于彝区，汉人裹足不前，更不敢作何冒险企图。开发小凉山应先充实西宁，即开发大凉山亦当以西宁为根据基地。

从西宁南行，由于抗建社的努力，垦民已移殖于罗三溪、中山坪一带，再南至野鹿坝渐上山坡老林，全区原系雷波东林乡地域，为黄茅埂经大谷堆东伸的侧脉。1917 年恩札支彝人侵占该地，内有溪沟 14 道，灌溉极便，侧脉与溪沟之间又有坪坝 18 处，土壤肥沃，雨水充足，可作各类耕种。野鹿坝以南，经九龙岗分水岭，中有高峰陡壁，森林老木，约 100 里程始达雷北麻柳湾。

西宁、雷波的间隔，本来只有 140 里，因彝区关系，必绕道石角营沿金沙江南行，经过 410 里的路程。由石角营到冒水孔过邓溪塘即入雷波境的大岩洞。屏、雷交界的蛮溪口，常为彝人出没之区。许多旅客垦民曾在此处被掳为罗族奴隶，称为娃子。大岩洞西行，中经崖壁，路宽二三寸，峻险万分，崖下江水滔滔，击石作巨响。对江为云南境界，山岭重叠，森林阴郁。到沙湾攀登 20 里陡坡，不复再见金沙江，10 余里即抵黄螂。

黄螂为雷东第一重镇，设有区所，人口千余，街道狭小。旧日城墙仍甚坚固，晚间城门紧闭，以防远近彝人攻击。城外为一平原坝子，土地肥美，灌溉方便，有良田千顷，为山谷中的沃地。城南 5 里为马湖，广袤 30 里，湖水碧绿洁净，四围山野青翠，天然风景绝佳。东南山上已经垦民种植包谷，西南山上尽是彝家村寨。湖南海脑坝，亦称马湖村，彝乱之后，乱石荒草，至为萧条，近驻有保安队伍，村内住民亦稍集聚。

海脑坝至箐口，相距60里，中间经过分水岭，海拔甚高，1911年后失陷，雷、黄间交通隔绝，雷波因是变为彝区包围中的孤城。往年登岭，必出资由彝人保头护送，否则半途或被劫杀掳掠。近年来由保安队驻防，每逢阴历1、4、7日期，队兵满山放哨，以便行旅交通，且于五子坡顶驻兵一排，以防不测之变。

箐口经文水镇到雷波，计程65里，全区皆山谷沃地，园谷遍野。但雷东金竹嘴一带彝人出没无常，焚屋掳人之事，层出不穷。未到雷波之前，重见金沙江水蜿蜒山谷间，隔江云岭重叠，高峰插天，则为云南境界。

雷波城似网形，建于平原之上，自北而南，渐渐向下倾斜，15里达金沙江。东西北三面环山，颇似天然太师椅。城郊稻田遍野，有池子可资灌溉，产米甚丰。海拔1,300公尺，故虽盛夏，气候凉爽。因连年彝乱，人民离散迁徙，全城户口不及万人，即全县估计亦不过3万左右。

城郊附近特别是城东城南一带，村屋甚多，都是散开满布田野间。每屋必于一角自筑碉堡，防御盗匪。住户并非全数汉人，中有汉化彝民杂居，系前杨土司的百姓。城郊人民在生活上无何保障，彝人常于夜间来此劫杀掳掠，城南南田坝受祸尤深。作者住雷波时，每于深夜闻城外枪声连续，即系彝民来临。彝人的战略多系10余人结队，先在屋外埋伏，及至夺门而入之时，则击毙一二人，然后掳去一家男女。被掳之人口中塞上草木泥土，不许叫喊。劫夺之后彝人即从南田坝斜坡下降，沿金沙江畔西北方逸去。

雷波四围山顶，若非荒野之地，即系彝人区域。北山离雷5里的夹夹石，有一班队伍驻扎。更上锦屏山海拔3,000余公尺，丛草老林，渺无人烟。东北山谷离城 15 里的麻柳湾，为北去屏边西宁的孔道，但此地为里区支彝族占领，汉人不能通过。作者视察麻柳湾之时，由一里区保头率领，出东门登山，到半岭即见山王庙前 3 个彝人执枪守关，若非保头与他们对话，我们就不能越雷池一步。山王庙在山顶，庙后有土墙木门，出关下山谷即是麻柳湾。3 年前庙内驻扎队伍，以防关外彝人，今则反成为彝族的重要关隘。

城西 15 里为乌角，系一夹谷平地，从雷波可以望见，此处原为彝汉杂居之地，彝人亦多汉化。3 年前驻有军队一排，且设有省立小学。今不但军队撤去，小学亦停办。村上几家汉民，无形中也受着彝人的保护。乌角系入大凉山的要口，彝汉往来的通衢大道。罗罗到雷波与汉人交易，必以乌角为进退的根据点。

从雷波登黄茅埂有 3 条路线，都可由乌角西行至拉里沟，然后分道扬镳。北路亦可由雷北锦屏山，经山棱岗、田家湾，到大小谷堆翻埂，抵达大凉山内的天喜。南路从拉里沟过母狗坡、羊子桥，由拉米翻埂抵达省已。南北两路都曾经前届考察团走过。作者此次特走中路，一条新路线，由拉里沟登马颈子，经过丁家坪、捉脚拉达、马卡哈落，然后穿过一片大老林，由毛昔剧烈翻黄茅埂，中间约 100 里程没有人烟，过埂后直达大凉山内的消罗。

乌角有一条街道，住户多数为白彝，黑彝胡家的娃子，汉化之后称为百姓。街道之外，住屋也是散开，每屋与四围邻屋的距离，至少在二三丈之上，满屋遍布谷子，颇为富庶。西北山岭间有小村落，称哨上，为土舍大妇胡里区氏的住处。西行宝琪、扒哈，仍系胡家势力范围，甚至磨石、三鸡窝也有胡家住户。

雷西 45 里为马家湾，一个小村落，茅屋散处山谷间，为阿着支的娃子，已故杨土司的百姓。马家湾西去，则登危岭，坡路难行。作者经过此地之时，适逢雨天，泥土经羊群蹂躏，更显险滑，坡下万丈深渊，令人不敢俯视。由山岭穿过老林，保头嘱我们不可离散，因此地常有匪徒埋伏，即彝人亦惧匪徒之来劫夺。

马家湾西面 15 里到拉里沟，为一大村落，约 50 户人家。山谷中有溪沟一道，住屋散布沟东斜坡之上。此村原为汉地，1911 年后罗罗反叛，掳杀汉民，占领该处。今村内尚有刘、蔡汉人六七家，投在黑彝治下求生存，为雷波极西的汉民住户。此等住户虽受彝人统治，但可维持汉俗，穿著汉服，崇拜祖先。至拉里沟以西凉山中的汉人，全系被掳为娃子，罗罗视他们为财产的一部，他们也必改装换姓，沦入彝俗。

拉里沟为罗罗出入交通的中心据点，雷波运来物品往往先存贮此处，为贩货入山的栈房。北通山棱岗可由北路登黄茅埂。南去五宝山、黑角，沿西苏河通小屋基，或再向千万贯沿金沙江折回雷波。西去吴家坝登母狗坡为入凉山的南路。西北过马颈子为登黄茅埂的中路。拉里沟在区域交通上的重要，由此可见一斑。

马颈子离拉里沟只有 10 里的路程。是地为一山岗，形似马颈，故称马颈子。清末大小谷堆失陷之后，山棱岗、马颈子相继筑成要塞。城墙环于马颈岗上，今已尽毁，只留一二墙基而已。当时曾与罗罗划西苏河为界，河东汉地，留有重兵镇守。不但山棱岗、马颈子相为掎角之势，南面千万贯且设有土司。西苏河东岸的黑角常遭彝祸，由五宝山派兵救援。当时民谣尝云："生成马颈子，铁打山棱岗，该死的黑角，救命五宝山。"可见当时兵力尚能自保河东诸地。

马颈子即可西望黄茅埂，惟相隔尚有两日里程，此去下坡经过补既支地面，三五小村落，散处山谷之间。又经数度越山翻岭，60里始抵达丁家坪，黑白彝杂居的村寨。西行长河场一带屡渡溪沟，但水量皆甚浅，为西苏河水流诸支派。捉脚拉达为溪沟两旁散居村寨，住屋多系木架支柱，茅草屋顶，人民生活至为困苦。马卡哈落只有三五人家，东距丁家坪约有70里。

马卡哈落西去，尽是山峰绝壁，荒野老林。林中空气阴湿，难见天日。地下蚂蟥布满，吮人血肉。行路时常见蛇蝎虫类，保头言虎豹亦颇多。作者与同伴曾在老林名硬里落骨者露宿一宵，虽燃火堆，夜半尚觉寒冷。

毛昔剧烈一带仍系老林，出林则登黄茅埂顶，道路忽变平坦，宽度可容往来汽车。埂顶海拔约3,500公尺，不育树木，仅短草蒙蒙，随秋风起伏，故名黄茅埂。埂西山水秀丽，田园青翠，举目远瞩，渺无边际，宛如世外桃源。回顾埂东，山岭深渊，参差不齐，老林丛草，抑郁阴霾，判然两个境界。

从埂顶向西俯视，左坡村落谓之桥子着落，右坡村落谓之消罗那达，两地相对，皆系吴奇支彝族。大凉山村寨亦为分散式，屋与屋间必有数丈的距离。但每屋皆系土墙木顶，建筑甚为坚固。消罗那达东距马卡哈落约100里程，中间无人烟。西行再10里为儿候村，也是吴奇支，全村由坡顶平地下达溪边，中有一新式住屋，白墙瓦顶，前面红漆木门，且有雕刻，宛似荒山中的宫阙。

过溪沿岸行50里到之乎者各村，为阿着支地面。村内有天然池子，四围白杨耸立，状极幽美。村右小岗可向北下望从儿候村流来的三河以哲溪，此溪流入三河以穆河，亦即汉人所称的彝车河，成一三叉河流汇合处，宛如宜宾的三江口，不过水量甚浅而已。三江口的东坡之上为三河以达村，岗西10里一带小平地，即在彝车河南岸坡上为巴普村。彝车河北岸坡上为以鲁村，里区支白彝娃子的住处。三河以达、巴普、以鲁皆面向三江口，成为三足鼎立的村落，也都是里区支地域。

巴普南向登山为女红村，阿着支领地。再从女红登岗为塔妻，吴奇支地面，亦称吴奇塔妻。塔妻西面岗上为阿着儿侯，岗下为大哥儿柯，白彝车比支的住处。车比系吴奇支娃子，从大哥儿柯向西北下坡有上下二平坝，上坝在西，村名补既来托，下坝在东，村名补既来锅，二坝亦在彝车河南岸坡上，距巴普西面过沟10余里。

以鲁村沿彝车河西去为白彝苏甲支村落，再西则隔于山岳，据云系黑彝阿侯支地面，为昭觉一带彝人的支系。

三河以达西北沿彝车河上溯10里为河谷，阿着支村落。东北沿三河以哲溪上溯，有葡千村为阿着支，更上葡萄以达村为白彝车比支，三河以达背负大山，从山顶环视，四周村寨，历历可数。北面山岭巍巍，东南塔妻背后之黄茅埂在望，西南远睹彝车河下游，山野村落皆隐约在云雾中。

三河以达一带为大凉山中非常发达的区域，亦为交通线的中心点。西去牛牛坝不过百里，牛牛坝虽形势扼要，但人口繁盛，远不若三河以达。彝车河从三河以达下行到牛牛坝，与连渣脑河联合流入美姑河，美姑河东南行流入溜筒河，然后东流贯入金沙江，全支为大凉山中最主要的河流。彝车河云系源出于洼海南部鸡耳洼鸡东侧山间，但中间未经探险，尚不能证明。三河以达北行经斯足以达、恩札瓦西到洼海，约有260里。西面路线则从牛牛坝东侧若谷也打北行，经乌儿果、烘鸡、鸡耳洼鸡达洼海，里程亦与东路相仿。三河以达东去雷波有3条路线，前已提及，按中路计算约有360里。南由巴普、女红翻山，东出省己，西入耶路那达，耶路那达到昭觉约 145 里，因知昭觉与三河以达的距离，尚不及 250 里程。

作者曾在三河以达一带逗留，从事各种考察。本拟从省已出拉米回雷波，因保头间发生纠葛，遂由北路返雷。

从三河以达向东北行，15 里到葡千，葡千上坡不远即为谷烹，一个里区、恩札及白彝车比各支杂居的村落。再 30 里到葡萄以达，坡上又有葡萄海贼，为恩札支村寨。葡萄以达东去 30 里为天喜，为北路出山距黄茅埂最近的村落。天喜南有怕托，北有斯足以达，与更北 100 余里的恩札瓦西相连续，都是恩札支的区域范围。

从天喜东翻黄茅埂，又是一条康庄大道，翻埂后下老林到达大谷堆，去天喜已 60 里。大谷堆系山谷中的平坝，东西长 10 余里，坝上土地肥沃，可作耕种，旁流一沟，可资灌溉。汉人势力盛时，曾在此处耕垦，今则荒芜不事种植。东行不及 10 里为小谷堆。又 20 里到作家窝，再 30 里到岩池坝。岩池坝东 10 里为田家湾，系此间较大的村落。黄茅埂以东各村寨，皆系从前熟彝地域，熟彝有汉姓，为前杨土司治下的人民。

田家湾东去 40 里为山棱岗，原为汉城，1919 年彝叛被毁。今所余者只有棱形城垣，荒草已丛生，城内红墙一道，尚可依稀辨识。城下斜坡为卢家寨，住屋分布山谷间。

山棱岗南通马颈子、拉里沟，北达滥坝子。北路尚称平坦，若有彝人保头护送，经滥坝子、苦荐泛可达中山坪。中山坪北去罗三溪、西宁一路已有抗建社垦民势力，可以通行无阻。如能发展西宁，从滥坝子、山棱岗西入大凉山，倒是一条坦途。

山棱岗东距雷波 90 里，1919 年之前有大道可达，亦雷、建通道的一部。彝乱 20 余年来，无人通行，道路荒芜不可辨识。作儿窝、跑马坪、大火地一带尚有零散住户。大火地东行上坡，一片荒野老林，极难寻路而进。山顶危干岭故址，尚见往年遗下的一个大石磨。此处海拔与黄茅埂相等，寒冷气候则过之。过岭时适逢大雨狂风，有老背夫几冻死。从锦屏山下坡，南望隔江云南井桧，村镇历历在目。到夹夹石始出丛林，已在雷波山背之上。

第二章　氏族

凉山的罗罗社会，以氏族为最有规模的组织。氏族与氏族之间，有时暂时联盟抵御外侮，稍具部落组织的性质，但事后必又分道扬镳，各自为政，并没有超乎氏族之上的永久团体。

罗罗氏族有支系的分别。所谓氏族系专指黑彝或黑罗罗，因白彝或白罗罗都是追随黑彝主人，自己不成系统的。黑彝大支有恩札、阿着、阿洛、阿素、阿侯、素噶诸系。恩札支人口繁衍，为雷、马、屏、峨区最重要的支派。

恩札又称甘蒲田12支，即甘家及蒲田二家的总称。甘家在北，蔓延峨边县境之内，更自分支派。蒲田一系更分11支派，即吼普、立峨、石图、立别、庚儿、水陆、立兔、阿支、乌抛、蛇披和暖峨等支。前五者（吼普、立峨、石图、立别、庚儿）又合称为下五支，分布于屏边西宁一带以及雷波县境之内，支系繁衍，素称强悍。下五支之外，其余六支多繁衍于马边县境。12支之中，吼普支为最强大，其势力广布雷、马、屏三县境域。

雷、马、屏、峨区的恩札支或甘蒲田12支，也蔓延于大凉山内。黄茅埂不但不能阻碍各族的交通，反而成为各氏族接触聚会之所。但因各支系繁衍错综，互相侵占，氏族支系的区域范围，极难有一定的界限。

次为阿着、阿洛两大支，系分布雷波、昭觉间的重要氏族。

阿着支中先辈曾于明洪武四年（1371）投诚，封为土司，赐姓杨氏，即边民所称之杨土司。明清两代因欲维系边区彝民，实行土司制，累代世袭。康熙四十三年（1704）土司署设千万贯，现有之甘、蒲田、阿着、阿洛以及雷波境内之9支熟彝，均归土司管辖。若有彝变，政府责成土司剿抚，其协助政府之力不为不多。清末土司移驻雷波城北大旗山下望神坡，1911年后更移入城，1927年杨土司病死绝后，遗一女名黛娣，今已22岁，彝家对之仍甚尊敬，但以往威望势力全已消灭。阿洛支更派分4支，号称吴奇、补既、里区、磨石，从雷波附近往西繁殖，直达大凉山中央，美姑河一带，以及西去竹核尚有阿洛支的势力。

阿素为雷波、昭觉间的小支，但亦自成一个氏族系统。此外在雷波境内，有熟彝9家，皆系甘、蒲田、阿着、阿洛诸支中彝人因投诚而冠以汉姓者。汉人别称之为内9支，用以分别阿着、阿洛5支与甘、蒲田下5支诸外支生彝。内9支包括9家，是为丁家、卢家、朱家、胡家、韩家、徐家、马家、苏家和安家。这9支分布区域都在雷波与黄茅埂之间，北达大小谷堆、滥坝子，南越金沙江入云南省境。

阿侯、素噶两支，全在西康昭觉境内。阿侯、素噶以及阿洛、马家为昭觉的巨族，支派虽不若雷波彝家之繁杂，但人口蕃盛，势力极大，故可并吞昭觉全县。

我们既知大小凉山罗罗支系的梗概，可进而探讨彝家氏族如何组成。所谓氏族系由父姓一系流传下来的族属。罗罗原无姓氏，其族属的结合则以祖先之名号称其支系，因有里区支、吴奇支等的氏族名称。一个氏族的人民因有共同的祖先，虽各处不同地域，但彼此必以氏族亲属相待，相见称呼则按辈分计算，亲属间共同负有义务与责任。

彝家氏族原是合聚一处，成为村落，但村落住户的排布和汉人村落不同，不是户户毗连，而是住户散布于斜坡或平坝之上。住屋与住屋间的距离，从二三丈到数十丈不等。每村落从几家住户到四五十家住户亦不等，氏族所居的区域，往往包括好些村落，这些村落有时相互为邻，只有几里或几十里的隔离。例如里区支在三河以哲溪流入彝车河的三江口，三面坡上分立三河以达、巴普和以鲁三个村落，都属于里区氏族。在大凉山中，尚有里区那达、米罗、里区挖施、八其罗等各村，也是里区支的人民。有时同一氏族因为移居迁徙之故，相隔甚远。再如里区支不但分住大凉山，在黄茅埂以东的八寨区里，也有里区支系散布其间，诸如滥坝子、田家湾、马颈子、拉里沟、五官寨子、麻柳湾等处皆是。

氏族支系分散各区之后，彼此若非有特殊事情，平日也不相往来。主要的社会团体，当以氏族村落为一关系密切的单位。氏族村落含有两种条件的结合：第一、在血统上氏族系同一父系祖先所繁衍下来的子孙。第二、在区域上村落占据一定的地理范围，为全村人民生活的根据地。质言之，氏族村落是血缘地缘的两重条件的结合。我们将来讨论打冤家之时，更可看到氏族村落的重要性。打冤家的对象往往是攻击对方村落，以图满足劫杀掳掠的欲望。因是之故，氏族村落的团结格外加强，一方用以保持族支的尊严，一方则防卫祖传地域，以免被敌人侵占。

氏族村落的团结，也须依赖族间的政治组织或村落的首领等等。奇怪的是罗罗既无近代的政治团体，也没有一定的领袖方式。不像澳洲土人，氏族内年长之人可握有政权，也不像闽粤一带的宗族，规定辈分及年龄最高之人以为族长。罗罗氏族的首领完全依赖个人的能力。氏族中的男子，由于打冤家的成功，以及办事的能干，族人有事就自然而然地投奔而来。此人必见义勇为，出而治理族间事务，一旦村内有事，必集合族人，出号施令，自己渐渐居于首领的地位。好比三河以达的首领，原为里区制铁，1940年四川省政府施教团曾聘之为保头。保头一词系边民用以表示黑彝的首领，一个有力黑彝能够保卫他的族人以及族内的娃子和财产，即可作为保头。汉人投在黑彝保护之下以生存者，亦称黑彝为保头。作者入山考察，聘用黑彝护送保卫行旅的安全，此等黑彝亦是保头。制铁当年为三河以达村最有力的黑彝，彝人咸称之为“硬都都”。“硬都都”为彝家名词，形容有势力权柄之人，权势愈大，则其人愈硬。那么能够有力为保头之人，都是“硬都都”。制铁于年前病死，他的权势也随着他的死亡而消逝。罗罗首领的地位，必从个人能力得到，这地位至多维持终身，不能传袭。

制铁死后，继制铁而起者不是他的儿子，而是他的同曾祖兄弟里区打吉。打吉现年35岁，一个精明能干的黑彝，作者此次在大小凉山旅行考察，即聘打吉为保头。打吉父亲为船儿，原是马颈子一带的保头。1919年之变，他系重要祸首之一，事后复返原村三河以达，不久病死。当时打吉才11岁，孤苦伶仃，无所依靠。经过10余年的挣扎经营，后来娶妻生子，渐有积聚，现在居然为三河以达村的富户。打吉有二妹，大妹嫁于雷西乌角胡兴民为妻，五六年前兴民逝世，遗下里区氏及二幼女。打吉因协助其妹治理事务，时常往返雷波与大凉山之间，又与汉人接触，得悉外间情形，为凉山中比较开通的黑彝。制铁死后，打吉为众望所归，一跃而为三河以达里区支的领袖。此次打吉率领作者及考察团入山，系他初次保护汉人旅行凉山。村内有两位族叔讽谓打吉将变成汉人，罗罗排外心理，由此亦可见一斑。

小凉山中的麻柳湾，也是里区支村落。彝目里区别土原为著名叛彝，晚年改变作风，安分投诚，霸居麻柳湾。别土有一儿子，很是聪明伶俐，有一次在山王庙前与别土族侄名打一者戏弄手枪，打一误毙别土的儿子。按彝家惯例，族人仇杀，以偿命论。于是别土杀牛宴请族人，公议打一必须偿命。打一两次服药自杀未果。后来别土忽然逝世，没有人迫促打一偿命，他因此得以生存。今年 7 月间，雷波驻军有一部到麻柳湾附近砍拾木柴，彝人以为军队来此搜索鸦片，因麻村为彝汉鸦片买卖要口之一，遂引起误会。里区族人由打一召集，携械防御，两方就冲突起来。是后麻柳湾彝人和军队结怨，几次冲突，都是由里区打一领导。其他族内事务与彝汉交涉事宜，也都是经打一办理，打一就一跃而为麻柳湾里区支的首领。可见彝人领袖的地位，全是由个人能力争取，特别这人能够召集族人作战斗工作，经过几次发号施令，他就成为大家公认的保头了。

同一族支之间，虽是村落远隔，但彼此视为同宗亲属，往来系善意的、友好的。同一氏族没有打冤家的事情，因打冤家系不同氏族间的争斗。作者视察麻柳湾之时，里区打一正与雷城驻军及汉人交恶仇视，所以有人劝作者不可造次，但保头里区打吉力言无妨，打吉是打一同支族叔，两人又都是有名望的黑彝首领，彼此必可顾全面子。果然我们来到山王庙的时候，3 个守关白彝，就向关外通达消息，顷刻之间打一率领白彝娃子 10 余人浩浩荡荡地前来迎接我们。带了两只公鸡献为酒礼，并托翻译说了许多谦逊的话。作者奇怪的是雷城汉人所谓凶恶暴戾的打一，何以在我们面前表示如此的驯良。可见人性到处相同，不论彝汉责人狠恶抑赞人善良，乃视其人为本人的仇敌抑为本人的朋友。

氏族村落的领袖，虽系由于个人能力得来，但族人百姓拥戴与否也是一个重要条件，村落中黑彝占极少数，白彝娃子占大多数。黑白彝的关系，将于阶级一章详细叙述。这里我们简单地说明黑彝是统治阶级，白彝是被统治阶级，生来阶级分明，不可紊乱。在罗罗社会之中，一个黑彝不但视其族间白彝为娃子，即对族外白彝，也待之如奴隶。反之，一个白彝除了奉他自己的黑彝家主之外，也必须伺事任何黑彝为主子。一村之中白彝家户多于黑彝，白彝故应认任何黑彝为主子，但对于拥戴黑彝中谁为首领，却也有相当的力量，因白彝人多，他们的意见即是公意。雷西 15 里乌角哨上一带系熟彝胡家氏族散居的村落。胡兴民年青之时，他的叔祖母乌抛氏，因叔祖无后，就把她的姊姊之子阿着铁木抱在家里教养长大。叔祖逝世，乌抛氏意以铁木为继承人，治理胡氏村落及一切财产事务。铁木颇精明能干，但因乖于彝俗，治下白彝不服，群起拥兴民为首，驱逐铁木出村，胡兴民曾于雷波郭纯之先生办团练时，入团受训，汉化程度很深，对于汉人感情亦良好，特别关于开辟雷波、黄螂间的交通，兴民的贡献甚多。胡氏用种种手腕，联络恩札支彝人，以张声势，更因汉化之故，用双祧名义，原妻里区氏之外，又娶吴奇氏为次妻，以继叔祖之后。因是吴奇氏娶来与叔祖母乌抛氏同住。兴民联络各支彝人，声望日高，两妻党背景浓厚，更增长他的势力，彝汉之间又多事联系，所以他是很成功的彝家首领。雷地汉人提及胡兴民，莫不起敬佩之心。

乌角地近汉城，曾经汉人开辟，住民又系熟彝，且有汉人杂居其间，在社会组织方面，难免受汉化影响，与其他生彝之区稍有不同。同时地当彝汉往来之冲，又系大凉山出入要口，若非精明能干的首领扼守该处，甚难驾驭各方的冲突。胡兴民于五六年前逝世，遗下两妻儿女，里区氏有二幼女，吴奇氏一子尚在怀抱中。家无雄主，变乱遂产生。兴民有族叔胡长保者，意图娶里区氏，以继兴民之业，按彝例夫死妻可转嫁夫之兄弟或夫之叔侄等。里区氏不愿转嫁，暗使其娘家兄弟将长保击毙。长保家丁单弱，惟舅家表兄吴奇孤保申言代其报仇，率领族众来乌角打冤家，曾有数度往返袭击，两方均有死伤。后来经中人说合，渐渐平息下去。彝人冤家械斗最为普遍之事，有累代仇杀不可冰解者。惟长保一案，关系不在两族之间，故冤家终至打不成。兴民与长保为同族叔侄，族间冲突，向以族内惯例解决，不可以冤家对待。同时兴民次妻吴奇氏与吴奇孤保又系同族。吴奇氏及其娘家，如助其夫对敌孤保，又不免发生吴奇族间之冤家争斗。这种不是同一族支一致对外的仇视，往往实力分化，关系复杂，实难引起长久的冤家械斗。

长保案解决之后，乌角胡家白彝百姓，不下百户，鉴于族主位置虚悬，群议拥兴民堂弟招赘里区氏。兴民无兄弟，惟其叔有3子，皆兴民堂兄弟。长弟兴伦已有妻室，三弟尚幼，惟二弟兴巢已14岁，可合格承继寡嫂。一日白彝百姓，仓促间拥兴巢至里区氏屋内，欲行撮合婚配，谁知里区氏微闻消息，远避不纳。百姓又拥兴巢至吴奇氏住处，氏纳之，越年生一女，惟不久吴奇氏病死，今氏父吴奇失途长住女家，照顾两幼甥。

现在乌角统治之权，全操于里区氏之手，雷波县政府任命里区氏为特编保保长，氏有管家娃子蔡某，代为接洽对外事宜，亦称为蔡保长。里区氏能够拥有治权，俨然一位女酋长，实亦因其娘家势力雄厚。氏兄里区打吉往往前来乌角辅助其妹治理各项事务，更无人敢起觊觎之心。但此非长久之策，里区氏自知甚明，曾告作者命运不佳，未曾生男。氏年不过31岁，按彝俗理应转嫁，惟每申言依汉俗将守寡终身。乌角为彝汉文化间杂之区，其社会如何演变，亦视乎将来彝汉关系如何调整而定。

氏族村落有了公认的首领，百姓又能拥戴，村间的团结力遂甚浓厚。每有事故，只要首领登高一呼，村内各户壮男，莫不立刻集合，听候领袖的调遣，或出发远征冤家仇敌，或排布村前保卫族人。麻柳湾彝人既与雷波驻军结怨，稍闻驻军出动，打一即集合数十人埋伏山王庙坡前，等待驻军过坡下金竹嘴之时，准备迎头痛击。驻军与彝人如此冲突，非止一次。乌角胡长保事发生之后，吴奇孤保曾几次前来暗袭，杀掠百姓，劫夺牲畜。里区氏虽系女流，但为一村首领，必亲自指挥管家蔡保长，集合村民抵御外侮，当时乌角尚驻有汉人军队，因里区氏为全村保长，驻军亦出动辅助防御工作。因此村落单位的维持，其主要条件实在于族人的团结，能拥有实力以保卫全村人民的生命与财产，使氏族村落永久保持一个独立的局面。

氏族首领须表现勇敢的精神，每有斗争身先士卒，才能令人敬服。不但首领如是，即全族黑彝皆须勇往直前，领导白彝娃子出征，因是黑彝养成奋不顾身视死如归的态度，白彝惯于追随，永远听令，居于服从的地位。里区打吉率领我们考察团出山回雷之日，路过荆棘丛生的危干岭高坡，当时狂风大雨相继而来，满山丛草没有行道，大家既迫于雨淋寒冷，又恐惧虎豹蛇蝎的来临，没有一人敢先行前进，惟打吉挺身领队，先自钻进草丛中寻路而去，那种勇敢坚毅的神态，真令作者思慕不置。

彝家首领的勇敢，只是首领一面的性格。只有勇敢尚不足居于领导的地位。里区别土有一嫡亲侄儿，25 岁，年龄与打一相仿佛，系麻柳湾有名的勇士，据云每战必挺身在前，且瞄准力甚正确，有放枪百发百中之誉。这侄儿只是勇敢，为人鲁莽愚钝，不足服众，所以别土死后，打一虽系远房，反继为麻村的首领。里区打吉亦是智勇双全的保头，他在乌角协助其妹办理族务，多用政治手腕联络附近各支彝人，且对汉人亦甚拉拢，常得雷城办彝务者的信心。近来每有彝汉交涉之事发生，打吉总是从中撮合之人。因此之故，作者凉山之行，打吉即被介绍而为主要保头。入山从马颈子西行，打吉暗嘱其表兄阿着哲觉率娃子护送考察团去丁家坪，他与其族侄老穆绕道到捉脚拉达等待我们。当时作者颇怪打吉半途失踪，事后始知马颈子与丁家坪之间为补既支地面。补既支与里区支系冤家，过境拦路，未免发生冲突，故派没有仇家的阿着护送，既不费兵力，又毫无危险。打吉用心，如此可见。

氏族秩序的维持，赖有智勇兼全的领袖与爱戴领袖的百姓，上下合力，团结一致。村落之中若有纷争纠葛之事发生，多由黑彝家主裁判解决，白彝无有不听命者。黑彝间争执之事，则由有力的当事人从中调解，这当事人往往就是村中的领袖或保头。年纪稍长的当事人，因有丰富的经验，超越的见识，族人莫不信赖他，他的言论大家必奉为圭臬。年老者为首领或当事人之时，对于族支间的斗争，可不亲自参加，惟坐镇村中，运筹帷幄，别遣子弟儿侄辈领导出征。巴普村首领为里区笑哈，一个身体魁梧、经验丰富的老黑彝。他因年事稍长，蛰居家中，有事时则派其侄老穆出面办理。老穆不过 25 岁，有一次在黄茅埂东侧硬里落骨的老林中，独力捆掳从大凉山中脱逃的 3 个汉人娃子，因是有勇名。

此次考察团入山，打吉所以招老穆为第二保头者，半亦因老穆背后有亲伯笑哈，笑哈系里区支第一个“硬都都”。

里区支全族当以彝车河与三河以哲溪的交叉点为中心，巴普、以鲁和三河以达共有住户百余家。百余家中只有14户为黑彝，其余全系白彝。里区笑哈不但是巴普村的首领，也是里区全族最高贵的头目。凉山彝人都尊称他为阿洛乌黑，没有一人敢叫他本名笑哈。阿洛为里区支派分出来的原系祖先，称之以见其尊，乌黑亦彝语尊敬之意。里区全支只有一人可尊称为阿洛乌黑，此人必须能干，有思想，有德行，并亦有相当年龄者。待他死后，才可另选一个年高德厚的人，继承这个尊称。实则，这尊称系礼貌之词，当然也包括实际的权力。不过着重道德的含义，过于政治的含义罢了。

里区支的阿洛乌黑系作者此次在彝人社会中见到最高大的人，测量立高184公分。世界各种族平均立高为165公分，乌黑的高大雄伟由此可见。至于他的思想和道德，亦可从作者亲历的事实以为明证。考察团原聘打吉为主要保头率领入山，打吉邀任老穆为第二保头。中途打吉另邀阿着哲觉为第三保头。哲觉为人好酒，酒后狂言乱语，且常发生暴戾行为，在路上已有几次欺诈考察团，并谋勒索财物。考察团在三河以达、巴普等处工作之后，打吉有意命哲觉及老穆二人护送出山，自己却不想再回雷城。我们微闻消息，心上极为不安，因哲觉入山曾有捣乱之事发生，幸赖打吉在场阻挡，出山若由哲觉负责，我等或有被卖为娃子的危险。甚幸行前打吉问计于阿洛乌黑，乌黑直责打吉，既保汉官入山，当谨慎从事，安全护送出境。且云哲觉狂人，不可信赖，路中万一变卦，岂不贻误汉官，同时亦将败坏里区支的声誉。打吉闻言始了解觉悟，决计仍亲自保护考察团返雷。当夜由乌黑提议，向众宣言，我们全团明日动身，从女红、吴奇塔妻经省已翻黄茅埂过拉米出境。实则暗中筹划避免哲觉及外人耳目，速由天喜翻埂出大小谷堆。因哲觉既心怀不测，或于省已、拉米路上已有排布劫夺之事。考察团终至安全返雷，但追忆阿洛乌黑道德崇高，思虑周到，使作者不能不对于彝家首领，发生敬佩之心。

第三章　亲属

亲属虽然与氏族发生密切的关系，但不是二而一的事件。亲属团体与氏族团体各有明显的范围，二者皆从家族的单位发展而成的。我们说明一个家族，必有一个男人为父亲，一个女人为母亲，所以家族必是双系的。氏族则系由家族的单系传衍而扩张的团体：好比北美西南区的祖尼（Zuni）族和美拉尼西亚的土洛不列恩德岛人（Trobrianders）都是从母姓一系相传的氏族，普通称为母系社会，罗罗氏族则系从父姓单系相传结合而成的团体，也可称为父系社会。

亲属与氏族不同，因为亲属为双系或多系的，而不是单系的。亲属也从家族单位发展，不但包括父系团体，并也包括母系团体。近代学术界普遍的错误，在于严格地分别父系社会和母系社会，以为二者系种类上的不同。实则，父系和母系不是绝对不同的东西。父母两系相异之处，在于团体间人员的关系而有程度上变更的分别。好比在母系社会的时候，必有父系亲属的存在，不过子女和母系团体接触的机会远超过和父系团体接触的机会。反之，在父系社会的时候，也必有母系亲属的存在，子女和母系团体的往来也就远不及和父系团体的往来。质言之，父母两系的分别，即在于关系上比较的着重一方，而不是种类上绝对的不同。因此之故，只是观察单系的氏族，不足表现社会现象的真相，加上考研双系的亲属，才可了解各民族社区的全貌。

亲属为双系的，已如上述，但扩大言之，父母两系之外，举凡夫党、妻党、婿族、媳族等，亦莫不在亲属范围之内，所以亲属又是多系的。在亲属之内，人与人间的联系，必有称谓名词，用以标明彼此的关系。亲属称谓的系统，自摩尔根（Lewis H. Morgan）之后的人类学家，已大规模地应用于实地工作和考察分析，并已得有良好的效果。

罗罗称谓的名词，已全部列成表格，刊入附录一：罗罗亲属名词（见本书第 112—118 页）之内。因欲避免重复起见，本书文中皆用汉译名词，以为讨论分析的根据，举凡彝文方式与标音符号，则请读者参照附录一的表格。我们首先注意的问题，就是如何分别罗罗亲属的名词，按照社会组构的实况，列成各类系统，用以表达亲属间不同的关系。任何亲属团体，大致可分二类：一由于血统关系而成的亲属，简称血亲；一由于婚姻结合而成的亲属，简称姻亲。罗罗血亲严格地分别父族与外族的不同，因为罗罗氏族的组织乃系根据父族的亲属团体。氏族人员自成一套的关系，族外血亲则另成一套的关系，二者有别，不可混为一谈。今将罗罗父系及其有关的亲属称谓，列成图表，使读者易于明了并讨论时有所根据。

参见第一图表（见本页后插页）：罗罗父系亲属系统，即可得知父族组织的梗概。父系血亲若从罗罗观点看来，严格分为两类：一类父系同族的团体，即罗马语文所谓的“父族血亲”（agnates）；另一类族外亲属惟与自己有血统关系的团体，亦即罗马语文所谓的“族外血亲”（cognates）。父族血亲又有直系旁系两类：直系亲属有父、祖、子、女、孙子女等，旁系亲属有伯叔父、兄弟姊妹、侄儿女等。罗罗对于直系旁系的区别并不重视，因是二者皆为组成父系氏族的基本团体。前章已说明氏族组织，氏族乃系父族血亲向旁系伸展而扩大的一个团体，有时包括十余代甚至几十代，凡在同一支系内的同辈男女，皆视为兄弟姊妹，彼此同为一个氏族的属员，即此已足明了罗罗之重视父系氏族。

父系亲属尚有一支族外血亲，包括姑母的儿女或姑表兄弟姊妹，姊妹的儿女或外侄外侄女，女之子女或外孙外孙女等。这些亲属与自己都有血统关系，但非同一氏族属员。氏族属员与族外亲属关系不同，彼此间的义务与责任不同，因是罗罗才有严格的父族血亲与族外血亲的区别。

亲属图表的绘制，不但要表现亲属的系统，并要表现各类不同的亲属及其间不同的关系。在第一图表之内，我们应用不同的格式，代表性别不同、氏族不同、关系不同的各类亲属。父族血亲用两种不同格式：□形代表男性，○形代表女性。每一格式内有一名词，表示一个亲属或同一类的亲属。族外血亲也用两种格式：△形代表男性，⬡形代表女性。我们再郑重地申明一次，只有父族血亲同为氏族属员，族外血亲虽以父系追溯关系，却不是氏族属员，而另成一类的亲属。

亲属两大类，血亲之外，尚有姻亲。若按婚姻结合的性质，姻亲可分三类。第一、与父族血亲发生婚姻关系的亲属，诸如从父族娶出女子的人，有姑夫、姊妹夫、女婿、侄婿等。又如嫁入父族的女性，有伯叔母、兄嫂、弟妇、儿媳、侄媳等。这类就是父族血亲的姻亲（agnatic affinals）。图表中有母亲、祖母、曾祖母三个亲属为一特殊情形。是三者皆系族外嫁入本族的女性，但与自己都有血统关系，故用双重格式，表示例外。第二、与族外血亲发生婚姻关系的亲属，诸如姑表兄弟之妻、姑表姊妹之夫，外侄婿、外侄妇、外孙婿、外孙妇等。这类亲属就是族外血亲的姻亲（cognatic affinals）。在罗罗语文之内，这类亲属没有称谓名词。原因是按罗罗的传统惯例，与族外血亲发生婚姻者，即系父族血亲，这些父族血亲已有亲属关系，所以没有另外的称谓名词。此点将来研讨婚姻关系的时候，就可格外明了。第三、由于自己婚姻而发生关系的亲属，或称单纯姻亲（pure affinals）。从男子立场而论，即是妻党包括岳父母、妻兄弟、内侄儿女等。若从女子立场而论，即系夫族的亲属团体。此节将来当更详论。以上三类姻亲，皆以◇形格式代表男性，▢形格式代表女性。这么一来，父族血亲、族外血亲与姻亲三者的不同关系，都有不同格式表现，读者参见图表即可一目了然，区别不同的亲属团体。

罗罗亲属称谓的形成，有几个普遍的原则，我们应加特别注意。第一、父母两系的不同，为区别称谓最基本的条件。换言之，世系不同，称谓亦随之而异。父亲亲属已如上述，母系亲属亦当详论。第二、性别不同，称谓也就不同。无论血亲姻亲，没有性别不同名词相同的现象。第三、辈分不同也是区别称谓的条件。父系之父祖子孙各代，都有不同的称谓名词。第四、直系亲属与旁系亲属的不同，称谓也就不同。父为直系，伯叔为旁系，称谓名词则互异，子女为直系，侄儿女为旁系，称谓名词亦互异。母系亲属不与父族有关，但亦是旁系。罗罗着重之点，在于族内外的区别，不在于旁直系的分野。第五、罗族注重长房，为一极特殊情形。伯父的儿女不分年龄，皆称兄姊，伯祖的孙儿女亦称兄姊。反之，叔父的儿女并叔祖的孙儿女，不分年龄长幼，全数统称弟妹。

图表中的名词，皆系间接称谓（terms of indirect address）。亲属名词有直接称谓（direct address）与间接称谓的分别。间接称谓乃系对他人叙述我所称谓的亲属，好比我对别人称我的父亲为父亲。直接称谓乃系对所关系的亲属直接的呼喊，好比我在父亲面前呼唤他为爸爸，而不是呼唤他为父亲。直接称谓在日常生活中用处甚大，亲属关系亦皆从此种称谓表现出来，所以我们不可把它们忽略了。

先从同辈说起，罗罗的兄弟姊妹，和我们汉族一样共有 4 个间接称谓的专词。直接称谓的情形略有不同。兄姊对弟妹都是呼名，没有专词用为呼唤。弟妹对兄姊都有按序的称谓名词。所谓按序乃按兄姊出生的次序，列为长幼，以便呼唤。参见附录一乙 . 罗罗直接称谓名词第一表（见本书第 115 页），即可得知详情。无论兄姊各有 5 个直接称谓的名词，假若一人有 6 兄，第六兄与第五兄同用一词呼唤。实则，罗族人口极不发展，死亡率甚高，兄弟人数在 5 人以上者，至为罕见之事。伯父之子女年龄虽小，亦当呼为兄姊按序称谓。叔父之子女则反是，不论年龄皆可呼名。不过，罗罗兄弟姊妹之间，有一集合名词，统括兄弟姊妹的关系。此词罗语谓之 ma dzz gni mo。称谓名词不但表示人与人的关系，并也规定关系中彼此所应对待的行为，彼此所应尽的责任与义务。好比罗罗男女，凡在 ma dzz gni mo 关系之内的人，彼此绝对禁止婚配。由于名词扩大应用，凡父族中同辈的男女，都是兄弟姊妹的关系，彼此也就没有婚姻的可能。

父亲同辈兄弟，直系有一词，旁系亦有一词，包括伯叔父，没有年龄的区别。那就是说，罗罗不像我们汉族称谓，比父亲年长者称为伯父，比父亲年幼者称为叔父，父亲姊妹亦只有一词，不分年龄长幼。至于直接称谓，父亲一词与间接称谓相同。伯叔父的直接称谓，则在父亲一词后，加上 5 个尾音，按出生的次序称呼。参见附录一乙 . 罗罗直接称谓名词第三表（见本书第 116 页）即可明了。

如果父亲为长兄，其他叔父则加上第二、三、四、五诸尾音。如果父亲为次兄，父之长兄加上第一尾音，父之诸弟则加上第三、四、五诸尾音，余皆可类推。换言之，伯叔父的直接称谓，必按着父亲出生的次序为转移。名词表面上没有年龄的区别，那就是说从名词的呼唤上，看不出谁为伯父，谁为叔父。父亲之堂兄弟，那就是我之堂伯叔，我对之称谓则按堂伯叔自己兄弟出生的次序喊呼，不与父亲兄弟相连。姑母的直接称谓另按姑母姊妹出生的次序，与男子不相混乱。姑夫只有一词，没有次序的分别，有时姑夫亦称为舅父，因姑夫未娶姑母之前，他原为自我的母舅。

祖父一辈有祖父、祖母、祖姑三词。直接称谓即在三词之后，加上按序的五个尾音。曾祖曾祖母二词既没有直接间接的分别，也没有按照次序的称呼。实则，曾祖以上的男女没有其他专词，即以曾祖曾祖母二词以概括之。

弟妹子侄以及其他在自我辈分以下的男女，皆可呼名，没有直接称谓的名词。一个例外情形，即翁呼媳为 Sa mo，翁媳本有回避的忌讳（avoidance），彼此不能见面，不能对话，但有时在远处可允许喊叫。此等忌讳亦不外表示亲属间所应尽的行为关系而已。

父系亲属的称谓系统既如上述，今将罗罗母系亲属系统列成第二图表（见本页后插页），用为比较并研讨两系间的关系。

母亲的兄弟姊妹，那就是自己的舅父姨母。舅父有一专词与伯叔父有别，姨母亦有专词，又与姑母有别。如此可见父系与母系之严格区分。罗罗不似英美亲属制度，因英语伯叔与舅父同为一词，姨母、姑母与伯叔母又同为一词。可见英美亲属并不重视父母两系的区分。称谓代表关系，反映社会组织。比较罗罗与英美的称谓名词，即知二者为不同性质的社会。

无论舅父、舅母、姨母、姨父，四者皆有直接称谓名词，以便按序呼唤。参见附录一乙．罗罗直接称谓名词第二表（见本书第115页）即知详情。舅父舅母与自己的关系甚为密切，往往舅父母即是自己的岳父母，按罗罗惯例对于舅父母的女儿自我有优先择配的权利。姨母可能嫁与伯叔父，称谓与伯叔母同。姨父的直接称谓与伯叔父无异。姨父母之子女与自己的关系，与堂兄弟姊妹一般。母姊之子女，即我的姨表兄弟姊妹，我皆称之为兄姊，母妹之子女皆为我的弟妹。姨表兄弟姊妹之子女又皆为我的侄儿女。因为姨母一系的关系，有人以为罗罗偏重母系，自属误谬之论。比较分析彝家的亲属系统，以及系统中人与人关系与生活情形，自知罗罗偏重父系。父系亲属乃为氏族结合的根源，氏族村落又为社会组织的中心。不过，对于母系亲属往来亦极密切，特别在婚姻关系上，有世代互婚的惯例，亲上加亲，母系亲属成为父族之外与自己生活最有关系的团体。

舅父之子女即我的舅表兄弟姊妹，皆有直接称谓，按序称呼，附录一乙．罗罗直接称谓名词第四表（见本书第117页）可见详情。舅表兄弟之妻与自己皆以姊妹相称，舅表姊妹之夫与自己则以兄弟相称。自己或兄弟对于舅表姊妹有优先择偶的权利；反之，舅表兄弟对于自己姊妹也有优先择偶的权利。换言之，彝家实行姑舅中表婚姻。姑舅中表亦称交错从表，从英语 cross-cousins 一词翻译而来。交错从表与并行以表 parallel cousins，二者为相对的名词，兄与弟之子女为并行从表，亦即汉语所谓之堂兄弟姊妹。姊与妹之子女亦为并行从表，汉语谓之姨表兄弟姊妹。兄与妹或姊与弟之子女，互为交错从表，亦即姑舅中表。罗语有一集合名词 o zie a sa，即指姑舅中表或交错从表。o zie a sa，与 ma dzz gni mo 二词意义相对，所指的关系亦相反。前者交错从表，有优先婚配的关系；后者兄弟姊妹或平行从表，绝对禁止发生婚姻的关系。

父母两族的中表婚配，乃系累代实行，是以亲属称谓的形成，颇受婚姻关系的影响。试观外祖一代的亲属，外祖母一词与祖姑相同，那就是说外祖母可能即是自己的祖姑。同时，外祖母姊妹的称谓与祖母及伯叔祖母相同，那就是说自己的祖母或伯叔祖母可能即是外祖的姊妹。换言之，父母两系从称谓上看来，祖父与外祖一辈已实行交错从表的婚姻。

从自己的后辈关系，观察亲属称谓，也一样的表示姑舅中表婚姻，舅表兄弟之子往往也是姊妹之子，或说表侄即是外侄。舅表兄弟之女也即是姊妹之女，或说表侄女即是外侄女。表侄或外侄可能即是自己的女婿或侄婿，表侄女或外侄女又可能是自己的儿媳或侄媳。这些后辈亲属都没有直接称谓，因皆可呼名。此中有一例外，即表侄女或外侄女可呼为 Sa mo，与呼儿媳相同。

彝家累代实行姑舅中表婚姻，父母两系的亲属遂交相错综，演成重重的血亲姻亲关系。妻党亲属也因交错从表的婚配，称谓制度几乎全由母系亲属脱胎蜕变而来。参见第三图表（见下页），妻党亲属系统，即知详情。

岳祖父母的称谓，与外祖父母无异。岳父母即系舅父母。有时岳父母的称谓，与称姑父母相同，原因系由于自我娶姑父母的女儿。如果自己不娶舅父之女，也不娶姑母之女，在称谓上岳父母仍与舅父母相同，可见罗民实行舅氏女子婚配，历史已极长久，以舅父一词为岳父，在称谓上已包括两重的关系。

妻之兄弟姊妹即为舅表兄弟姊妹。妻嫂与妻弟妇亦即己之姊妹。妻姊妹与己兄弟原为交错从表，系有优先婚配的关系。因此，妻之姊妹夫又为己之兄弟。

第一图表
罗罗父亲亲属系统

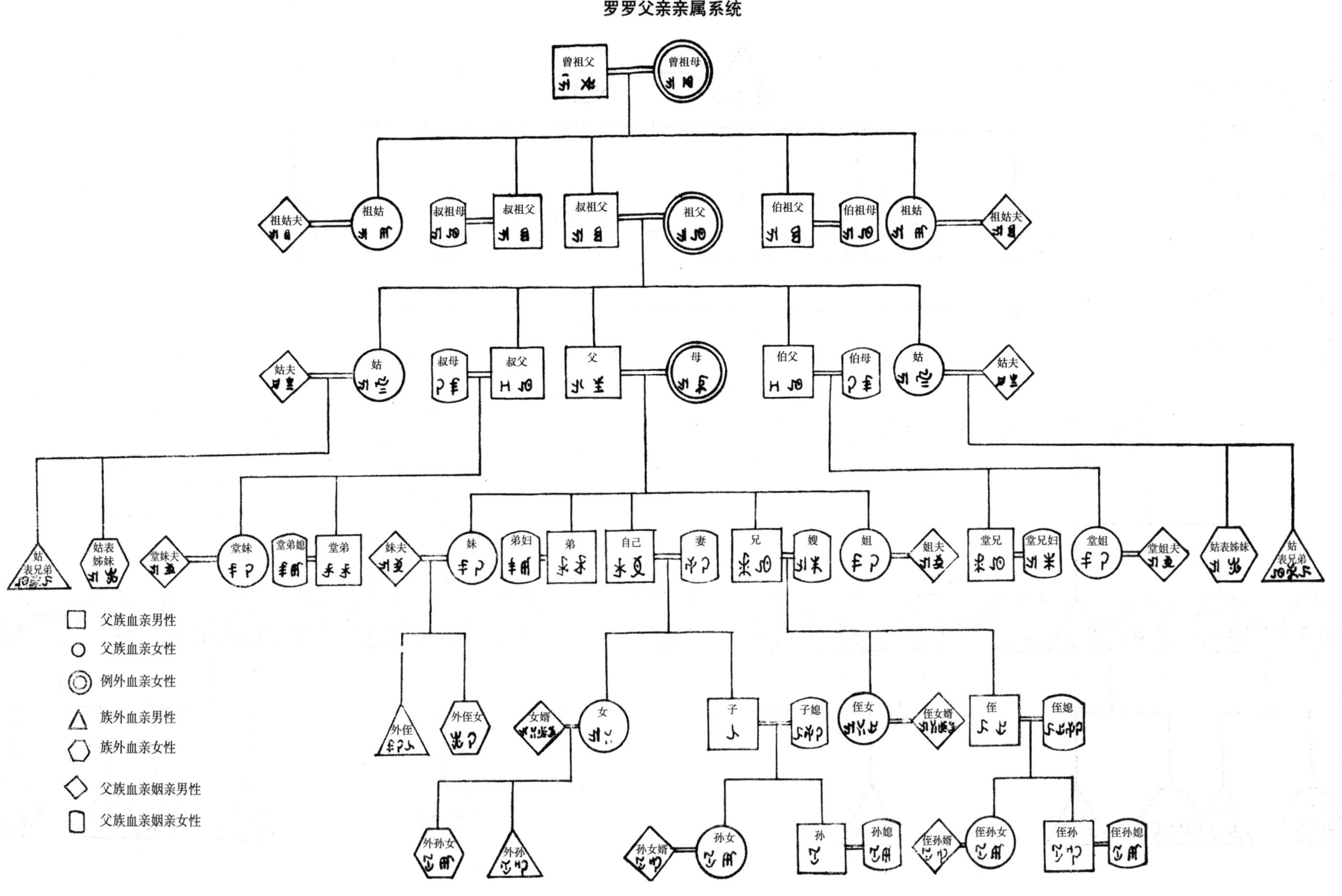

第二图表
罗罗母亲亲属系统

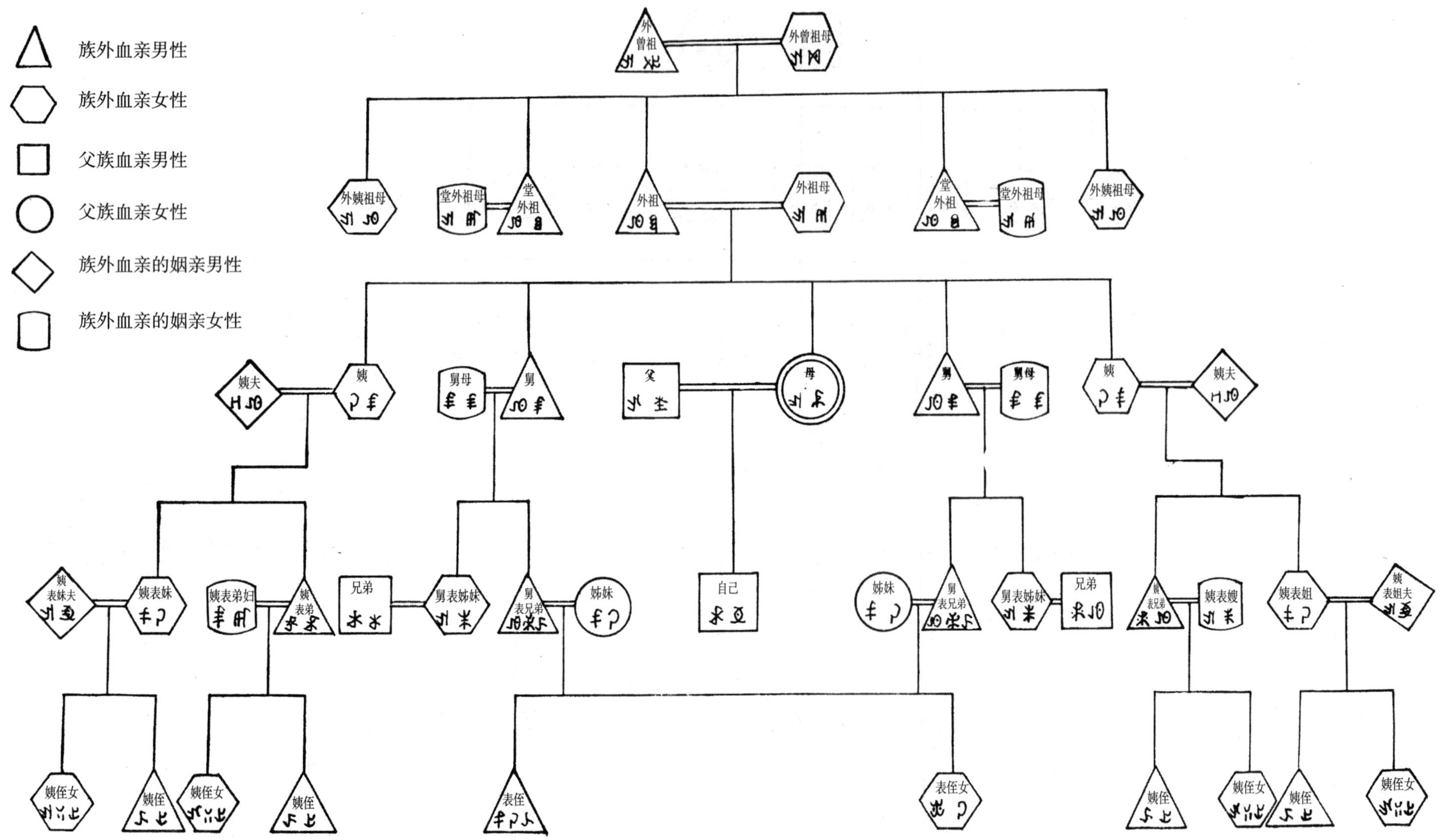

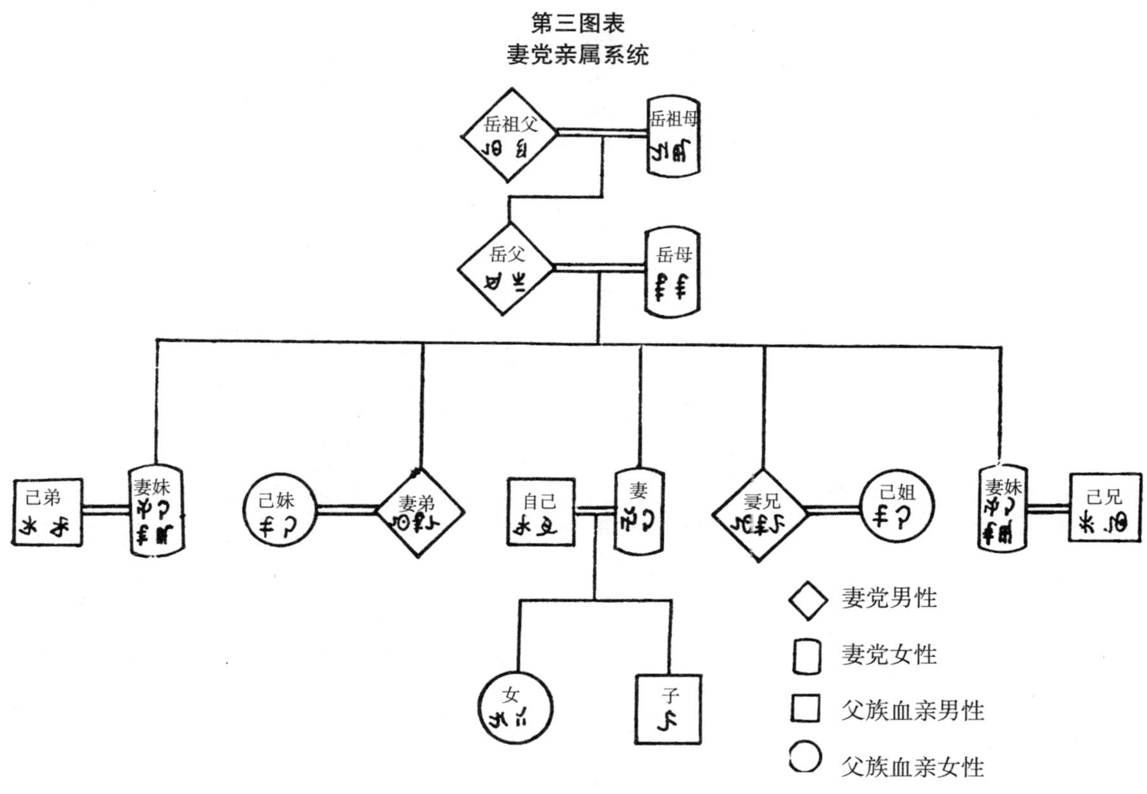
岳祖父
岳祖母
岳父
岳母
己弟
妻妹
己妹
妻弟
自己
妻
妻兄
己姐
妻妹
己兄
女
子
妻党男性
妻党女性
父族血亲男性
父族血亲女性

第三图表
妻党亲属系统

如从女性为自我的立场而论，女子嫁入夫族对于夫党亲属的称谓，又另形成一个系统。参见第四图表（见下页），夫党亲属系统，即知此系统的概况。

夫妇两词皆系间接称谓，夫妇当面不相呼唤，故无直接称谓专词。但至儿女出生之后，男女皆可追随儿女，呼夫为父，呼妻为母。夫父母的称谓与姑父母相同，但因翁媳回避的禁例，翁媳极少直接呼唤。有时，翁姑亦称为舅父母，乃因女子嫁入舅家的缘故。夫之兄弟随夫称兄弟，妯娌则以姊妹相称，因己之姊妹嫁于夫之兄弟，习俗相沿，如妯娌不是姊妹，亦以姊妹称呼。甚至一夫多妻之时，妻妾间亦以姊妹相称。姑嫂关系，彝语谓之 a mi a sa，a mi 原系弟妹称嫂，a sa 则系称姑母之女。称夫姊妹与称姑母之女相同，又不外为舅女嫁入姑家之一例。参见附录一乙．罗罗直接称谓名词第五表（见本书第 118 页），即知姑嫂间的直接称谓稍有变化。姑嫂之中最长者一人称为 a ma，姑呼嫂或嫂呼姑，其余则按序喊呼。统括言之，妻在夫族的称谓，除了翁姑、妯娌、姑嫂之外，则追随其夫而称呼其他的亲属。

婿党与媳党的亲属称谓，也全部受着交错从表婚配的影响。参见第五图表（见第 46 页），婿媳两党亲属系统，即知此中的关系情形。

第五图表中婿之父为我之妻兄，亦即我之舅表兄弟，婿之母与我为姊妹的关系。媳之父为我之妻弟，亦即我之舅表兄弟，媳之母与我又为姊妹的关系。因为这个缘故，亲家对称为舅表兄弟，亲母对称则为姑嫂。

综观罗罗亲属称谓的系统，婿媳两党系由于妻党蜕化而来，妻党又由于母族亲属蜕化而来。归根结底，父母两系亲属最为基本，亦最为重要。父母两族因有交错从表优先择配的关系，彼此互通婚媾，彼此互相依赖，造成彝家亲属制度的特色。

第四图表
夫党亲属系统

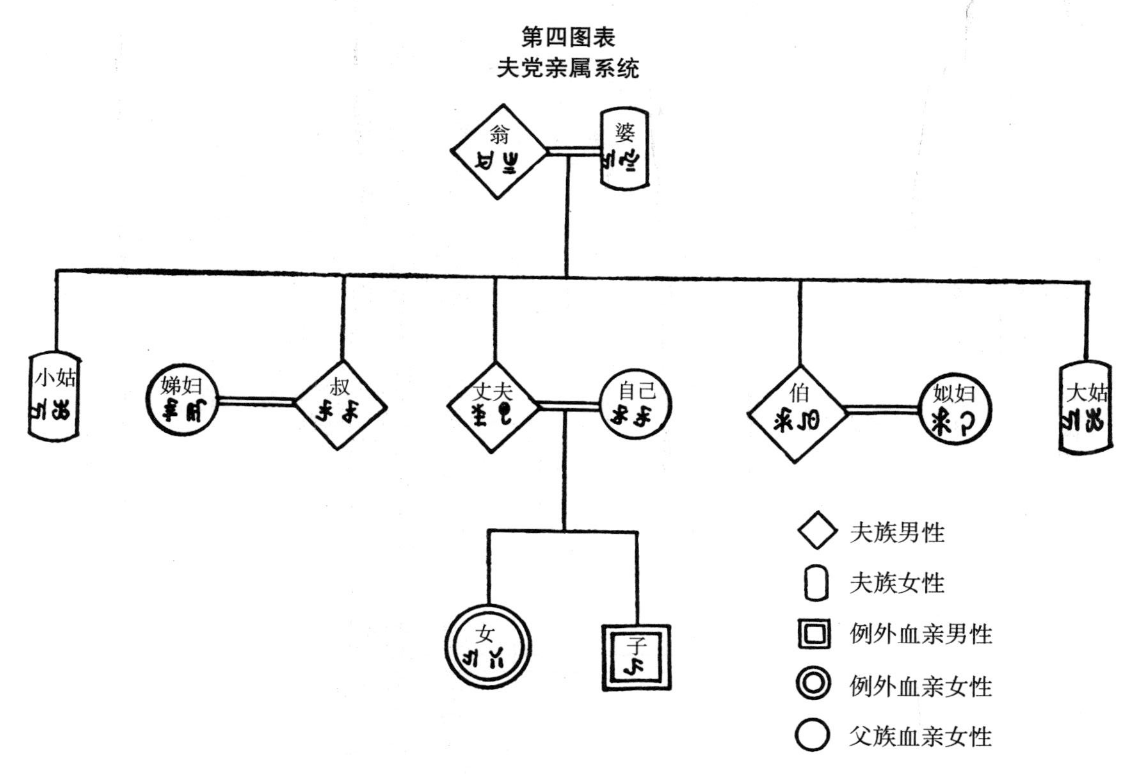

第五图表
婿媳两党亲属系统

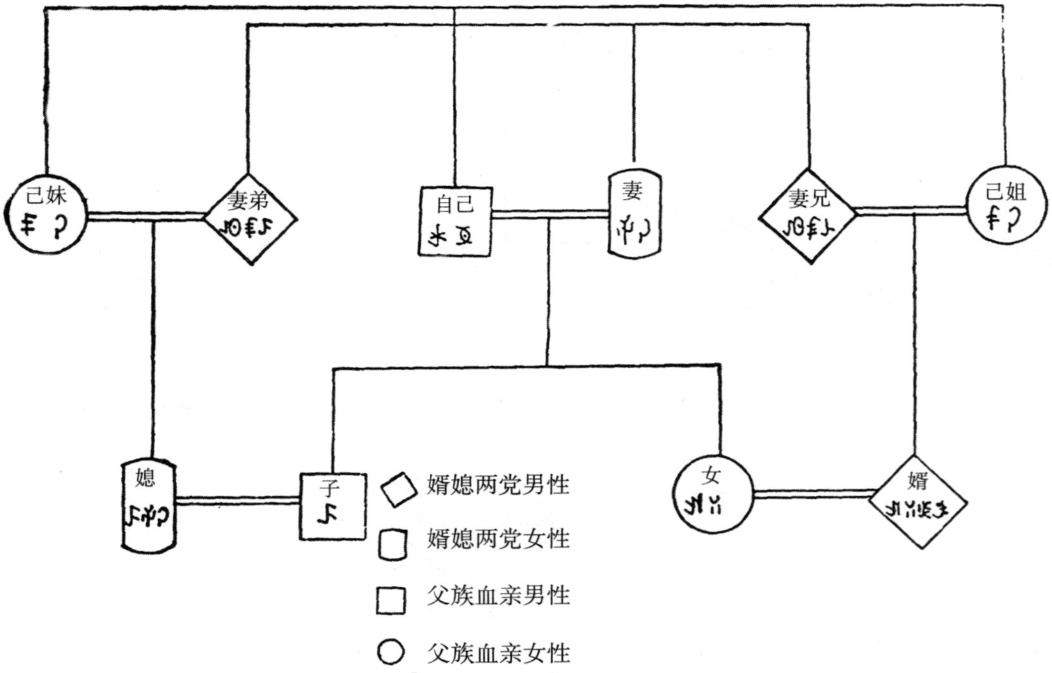

己妹 妻弟 自己 妻 妻兄 己姐

媳 子 女 婿

婿媳两党男性
婿媳两党女性
父族血亲男性
父族血亲女性

第四章 家族

罗罗氏族有基本的单位，那就是家族，家族又是关系最密切的亲属团体。一个氏族村落往往包括若干家族，约从 10 至 50 家之谱。每家占住屋一所，散布于平坝或斜坡之上，合成一个村落社区。

家族人员包括一对夫妇以及未婚的子女，子女长成婚嫁之时，则自成家族另居住处，所以罗罗实行普通所谓的小家庭制。家族有娃子奴隶，不在亲属关系之内，因此在家族中又有主奴的关系。彝人虽视娃子为财产的一部，但娃子亦人，其行动必与团体生活有关，不能与物质财产无别。在阶级一章中将详细讨论娃子的地位，这里只稍涉及家族内与主奴有关的事情。

家族人员的动作与关系，必有物质的基础。今先叙述住屋，因住屋系家族聚居之所，亦为生活集中之点。彝家住屋颇表示其为适应环境的产物。大凉山中因为风雪的缘故，住屋一律矮小，围墙四方形，有一二扇大门，设于前墙或左右墙不等。譬如巴普村里区约哈的住屋只有一扇木制大门，设在右墙前半，与前墙角上的碉堡相去不远。我们进约哈之门，先见露天平场，场左或大门对面是一所木栅，内居家禽家畜。栅前系着狮狗一只，状极凶恶，见陌生人则狂吠，若非有铁链系锁，必定恶啮生人。凉山住户每家至少都有一只狗，用以警备仇敌，保卫住屋。考察团每过一个村落，必遭群狗的追逐与猛吠，若非同行保头彝人对付得法，我们虽有手杖，也无以实行自卫。

约哈住屋的围墙后半，建有长方形的居室，全部都是木料造成，即屋顶亦铺以木板，板上有石块压着，防御风雷，石块在屋顶排列，也很整齐可观。居室又有木门，却没有窗户，进入室中的第一个印象就是烟雾弥漫，口鼻窒息难堪，这是因为彝人在室内锅装烧火之故。锅装设在室内中央，惟稍靠左边。锅装的建造很简单，地下挖一圆坑，直径约有 3 英尺，是为起火燃柴之处。坑上三角安插三块石片，就是铁锅的坐脚。大铁锅圆底形为汉地运来之物。燃火之法用铁击燧石，但圆坑中恒保留火种，日夜相继，火燃不息。

锅装在彝人家屋中，所居地位甚为重要，论及家族生活之时，就知道锅装为一切活动的中心。我们进屋，约哈迎着，延我们坐在锅装后面靠着后墙，这是尊敬贵客的坐处，他自己却坐在锅装左边，表示主位。主位背后或住室左边隔着板墙就是主人卧眠之所，也是贵重物品重要食粮存贮的地方。锅装前面有木柜、木架、水桶以及一切饮食用具。架下放着木柴和引火稻草。住室右边用竹篱隔开，后半置石磨、石臼、木桶、竹篓等物，前半架一木栏，栏内住着两条黄牛。这是约哈住室的排布情形。

大凉山住屋虽大抵相同，但亦有一二例外。好比保头打吉的住屋，声名满布凉山，却是汉化的彝屋。屋有砖墙瓦顶，石制拱门，门顶门旁且刻有汉字。入门有前后两进，前进汉式天井，两旁禽兽居栏，后进排列布局全为彝式，惟稍宽大，且较干净，锅装石片刻有禽兽花草，风致美术，表示贵族人家的风度。

小凉山住屋略与大凉山住屋不同。小凉山住屋全系茅顶，没有木顶，且皆长方形，没有四方围墙。碉堡有时建于屋角，有时在左边或右边与住屋隔开。贫贱白彝之家，竹楼茅舍，更无碉堡之可言。至于屋内情形，彝家繁简虽不同，但排列布局却千篇一律。中央锅装，左边卧室谷仓，右边石磨兽栏。这种物质文化的布局，也不外表示彝家有一套传统的习俗，控制家族内人员的动作行为。

罗罗的衣服修饰，也有一套的传统。男子剃发，惟于额前留一束，谓之“天菩萨”，系身体上神圣不可侵犯之处。彝人又将脸上胡须全部拔掉，使其断根。旅居乌角的吴奇失途，年逾 70，“天菩萨”已全白，惟面上不见胡须。彝汉人民很难在体质上有所分别，但有“天菩萨”者知其为彝人，有胡须者必系汉人。不过汉人为娃子者，因被迫亦留有“天菩萨”。罗罗男子头上常包布帕，黑、白、蓝三色不等。布帕很长，环绕头上成一圆圈。有时帕尖系一线扎辫子，耸于额顶，似羚羊角，小凉山扒哈村黑彝卢学年就是如此装束。

脸部任其自然，尘垢堆积亦不洗擦。左耳耳叶下部必穿一孔，有的系挂红珠 3 枚，珠下缀以各色丝絮，有的戴上银耳环，亦有只用棉线穿过耳后而不加饰物。

上衣不分寒暑只有一件，多为蓝色，右边开袒，长及腰际，扣用骨制或布制。袖口及衣缘则以棉线缝上双重布边或几色花边。下体有裤，裤脚宽大，立正时颇似长裙，走路时常把裤脚外边系吊腰带间。彝人便溺只把裤脚一拉，不解腰带，似极方便。脚底无鞋，男女皆是天足。

彝人外着披风，为最重要的御寒工具。披风有两种：一为毡衣系由羊毛揉成，厚而温暖；一为毪衣系由羊毛织成，用以遮雨。

毡衣氇衣皆可单独穿上，以为外套，亦可内着毡衣，外加氇衣。二者皆于颈部处缩紧，长逾于膝，惟氇衣下缘有线织流苏，状甚美丽。披风为彝人衣服特色，无论男女老幼无不穿著，流行至为普遍。

彝人女子衣饰，与男子略异。头部“天菩萨”却代以蓄发，并分年龄梳单辫双辫或盘发于头上。所戴头帕帽子，各种方式，亦有长幼时期的分别。女子左右两耳各穿两孔。一孔在耳叶下部，一孔在外耳壳中。耳饰则有红珠、银牌、珊瑚、耳坠等。

女子上衣，略似男子，惟衣襟袖口多缀花边。例如三河以达村里区曲喜儿，衣缘有花边 3 道，衣领有银扣，5 排并列。下体无裤，束以长裙，裙有层褶，杂间各色。外套毡衣氇衣，与男子无别。作者初到乌角之日，保长胡里区氏前来访问，远望黯黑女郎，披著氇衣流苏，曳地长裙，飘然迎面而来，大有皇后出行之态。

彝家食粮，依赖牧畜与农业二种。主要的是农业，每家都有耕地，赖土地出产为日常粮食。牧畜并不普遍，只是比较优裕家户，畜有羊群牛群。一般人以为罗罗现在还是游牧民族，是一个错误的观念。

关于农牧详情，将于经济一章中叙述。这里先提及劳作生活方面。家族内的操劳工作，都是娃子的任务，黑彝主子只居指导的地位，每一黑彝家户，必有几个娃子，谓之锅装娃子，白彝或汉人皆可充当。锅装娃子住于主人屋内，代主人劳作，一切衣食皆仰给于主人，自己没有财产，本身也是财产的一部，主人可将其任意变卖。白彝百姓的家户，有独立住屋田地，牲畜财产，也有汉人娃子，代其劳作，但对于黑彝统治者，必须听令调遣，并尽其他义务，尚未绝对脱离奴隶的地位。

彝人家户无论主奴，皆清晨起来，用手拭擦眼睛，从无洗脸的习惯，男娃牧畜者就赶牛羊到山上放牧，耕作者则持农具到园地中犁牛割草。耕种系男女合作之事，我们常见在田园中，夫妇并肩操作，无论是撒种或是刈草，犁土或是收获，都有男女参加。放牧者往往带着隔夜的包谷粑，在山上充饥。耕作者多于10点钟左右回屋吃早餐，餐后不再工作。或清晨在家，餐后才开始耕作。质言之，彝人对于农务，并不积极，凉山到处荒野，也不开拓垦殖，只要粮食足供一家之需，即已心满意足。

一日早晚两餐，都没有一定的时刻。备饭系女娃的任务，由主妇在住室内取出贮存的晒干的包谷或荞麦，递给女娃去制造。无论包谷或荞麦，都得先在石磨中磨成细粉。锅装烧起火来，架上铁锅，把细粉倒入，加水煮过一道，然后再倒在圆竹箕上，捏成圆饼形，谓之包谷粑或荞粑。包谷粑必须再放铁锅中蒸过一道，然后才可充为食粮。平日便饭，包谷粑之外，有酸菜汤用为佐餐。若加上煮洋芋或豆腐及青菜合成的连渣菜，就是比较丰厚的餐饭了。

食时必先奉黑彝主子，端食品于锅装左边或后边。彝人盛包谷粑以竹箕，盛酸菜汤以木制小圆桶。桶中安置“马饰子”，为彝家特色的食具，功用和匙一般。“马饰子”为木制，柄长尺许，匙部椭圆形，径约3英寸。彝人两手抱粑而吃，咽吞时用右手执“马饰子”盛汤物传送入口。黑彝夫妇子女围食，绝不与白彝娃子同处共食，此系传统划分的惯例，已是牢不可破。且白彝只能在锅装前面或右边坐食，不许坐在锅装后边，因系尊客之处，也不许坐左边，因系主人坐息之处。

饮食规则，不但黑白彝必须分开，即亲属中有回避禁例者亦不能同食。罗罗虽行小家庭制，惟对款待客人一节，至为殷勤。

亲属前来访问，须备饭接待，即陌生彝人入屋，亦被邀参加。翁媳回避，不能同食，岳母与女婿回避一如翁媳。叔嫂通问，但兄与弟妇也有回避禁例。里区故仆年才 28 岁，少于打吉，惟为打吉伯祖之孙，彝例为打吉之兄，一日故仆至打吉家，作者目击打吉、故仆及打吉女儿三人围食，打吉妻恩札氏与其少子另放一套食具，与三人隔离而食。

考察团在凉山旅行之时，必须在人家寄宿取食。黑彝贵族之户，无不杀鸡羊招待。杀鸡不用刀，用手捏颈闭气而死，就火上灼去毛羽，然后烧烤或煮汤而食。杀羊必剥皮，手术灵敏，羊皮留下制造烟袋物袋。羊肉切成大块，连骨煮熟，稍稍加盐，味道至淡。彝人因少食盐，视盐极为宝贵。有木碗盛羊肉，碗平底宽口，外加颜色图画。彝人食时在地上围坐，黑彝富户招待贵客有木制小圆桌，离地只有半尺，直径约 2 尺。打吉家招待我们，即用此小圆桌盛列羊肉、米饭等物。彝人与我们亦不同食，每餐必分四队，我等考察人员列为贵客，尊居锅装后面为一队，黑彝主人家属为一队在左边，考察团雇用工友及彝汉背子又一队在右边。最后一队则为主人家之锅装娃子。后二队常相混，自相往来，惟主人贵客各自成队，永不与白彝或娃子相混。在彝人心目之中，考察人员即不啻为汉人贵族，与黑彝同等。

彝例食物不能独自享受，故彝家餐饭，无论何等贵重食品，莫不大家分享，即娃子亦不向隅。彝家杀羊招待我们，都是 10 余人一餐分食完毕，无所余留，食后围坐锅装谈天，久而不散。特别有客人时或主人出外归家时，邻居来访，则滔滔不绝地谈论。打吉率我等初到三河以达之日，村中访问者连络不绝，打吉皆一一倾酒相待，以木碗为酒杯。彝人好酒成为习惯，无论男女老幼，皆能一饮数杯，量极宏大，烧酒从汉地输入，但彝人亦自知用杂粮酿酒。彝人嗜酒狂饮，因酒醉闹事引起打冤家者，层出不穷。

晚餐在黄昏，餐后或出外乘凉，或坐谈嬉戏，大约天黑即入睡。睡眠无床铺，只倒地而卧。主人家属卧于住室，男娃环卧锅装左右，女娃卧于屋右石磨附近。卧时无被褥的设备，倒在地上用毡衣盖上，首部缩于衣内，身脚亦缩成一团。我们旅居彝家，因带有蜡烛，燃光照耀，彝人莫不希奇。于是谈天嬉戏，或吹口琴，或作歌唱，在黄茅埂右天喜一夜，且引起彝家姑嫂二人大跳锅装舞，诚亦彝居中的一件乐事。

平日家族活动，工作饮食，游戏睡眠，轮流不息，成一生活上的均衡系统。但在一年之中，有许多例外日期，诸如年节、疾病、送鬼，祈雨等等。这些节期的一套举动与平日生活不同，因是亲属间人与人的关系，也重新地调整一下，平日均衡稍为变更，生活系统也应时更新。

彝人年节无一定日期，历法则跟着汉人，自作天干地支，计算吉凶，一年 3 次送菩萨，择阴历三月、七月、十月间之吉日行事。10 月为彝家过年之期，必须先送菩萨才可过年享乐。过年必杀牲宴饮，拜年嬉戏，出嫁女儿也回家省视，欢乐几天。所谓送菩萨，就是宰牛羊猪鸡，祭飨鬼神，祈求家族平安无事，快乐度日。送菩萨必须请毕摩作法，毕摩为彝人巫师，每村落中必有二三户，专为毕摩，父子相传，代代相继，为彝族中的特殊人物。毕摩家藏各项经典，以为节期、疾病、算命、婚配以及种种巫术实行时的应用。经典用彝文抄写，罗罗文字能够流传，实赖毕摩的师承相继。平日民间不用彝文，文字在彝家所居的地位，并不若一般人所想象的重要。

罗罗发生疾病的时候，不求医药，只请毕摩作法逐鬼，因彝人深信疾病原因，由于鬼怪作祟，送鬼出门，疾病自能脱离。送鬼必飨以牲畜，牛羊猪鸡皆可，则视病态的轻重以及家族经济状况的优裕而定。送鬼时必宰牛杀鸡，即不啻给与家族人员一个大餐宴饮的机会，稍反平日安定生活以及平淡饮食的状态。

祈雨为一特殊现象。罗罗山居种旱地，雨水甚少。若逢旱年，必向山神祈雨。彝家原无一神观念，相信冥冥之中，万物皆有精灵鬼怪，利用毕摩通灵法术，即可控制环境。汉人祈雨有龙王居于水中，彝家日见雨从山头而降，祈雨则必请山神，是亦环境影响宗教思想之一例。祈雨亦请毕摩，杀白羊白鸡，在高山崖壁之上，撒散血毛，类似雨雪，念经作法，以求甘霖。祈雨仪式之所以重要，因与家族经济生活发生直接关系，雨水不足就影响到包谷、荞麦、燕麦等的收获，转而影响到家族内的食粮问题。

节期、疾病、祈雨的各种仪式举动，改换日常单调的行为，使生活上变动一下，用以调整人类的心理。他如亲属的往来拜访，馈赠礼物，好比小凉山黑彝每年夏间必到大凉山访问同支氏族或族外亲属，也是人与人关系间重新调整的作用。再如冤家打杀，劫夺械斗，调解和平，赔偿宴客，又何尝不是人类心理起落，调剂常态与变态，使生活系统在均衡与反乱之间往返摇动变更，社会因是得有变迁，而人类生活亦可改进。

日常恒态与节期变动，系一年之中家族生活起落的循环，实则人之一生，从出生到老死，又何尝不是一个循环式的时代轮回。人员来来去去，家族生命循环连续，使罗罗社会代代相沿，彝家文化永流不断。

彝人出生，母氏在住室中分娩，邻居妇女前来帮忙，若系难产，则出银雇有经验的妇女接生，并请毕摩送鬼。母子相连的脐带剪下之后，必埋产妇住室地下。丈夫忌讳，远避不前。彝人认产妇污秽，约一月不许出门，恐渎门神，不许烧火，恐渎火神。

出生 3 日，或 5、7、9 日，孩子剃头，家长宴请亲属朋友，饮酒祝贺，大家谈论为孩子取名。约一月之后，孩子始敢抱出门外，此时产妇也可携带孩子回娘家。但娘家路远者，往往在过年时归宁。舅家第一次见孩子，必赠牛羊牲畜，衣服器具，由此可见舅甥关系的密切，母系亲属的重要。

孩子由母亲喂乳，到四五岁为止。如果母亲又生子女，孩子即停乳，喂以包谷粑洋芋之类，与成人食品无异。幼年女娃看顾孩子为其工作之一。彝家对于男女孩的待遇没有分别，只是黑白的界限很明。大人往往指明某孩为“黑骨头”，即是黑彝，表示与白彝或“白骨头”有所分别。“黑骨头”属于贵族阶级，“白骨头”则系奴隶阶级，因此在孩子脑子里也渐渐知道黑白贵贱的分别。

彝家幼年为最快乐时代，每日餐饭之余，可自由来去，或与邻居儿童结队嬉戏，或到山上乘凉，或在包谷园畔游耍。黑童此时已居领导地位，白童须听命服从。白彝百姓家道贫困者，儿童于七八岁时即开始学习牧畜耕种，追随大人操作。

从幼年到青年，男女两性开始划分界限，嬉戏、工作各不相同。黑男从事学武，弄枪耍杖，骑马追逐，遇打冤家则兴致勃勃，跃跃欲试。一旦组织小队，向仇家攻击，或劫夺财物，勇敢声名日渐传扬，将来或有首领的希望。女子青年活动多在室内，学习针线缝织，制造衣服绣花。在家屋中分派娃子工作，治理家务产业，代父母之劳，称为管家女，因是女子在家族中地位颇高。

青年男女可自由爱恋，发生性的关系，只要不违反传统彝俗，好比父系同族不婚，黑白阶级不婚等例。包谷田园之中，高山丛草之内，尽是青年男女言情谈爱的所在。特别是姑舅表兄弟姊妹，彼此家族间平日关系既密切，交错从表婚姻又为彝人习俗所赞扬，因是苟合欢乐，社会亦不为禁。至婚嫁择配，结婚手续，仪式礼节，婚姻形式与关系等，将于婚姻章中详述。

女子出嫁，入住夫家。男子结婚，自立家屋。夫妇与父母分居。自营独立的经济生活，创立小家庭，是后生男育女，自己却负起为父母的责任。

彝人纪念生辰，在 40 岁之前并不重视。40 岁之后每届生辰日期，必杀牲畜宴饮。亲属朋友携酒糖来贺，女婿、外侄等必献布匹。主人则设盛宴招待，又为家族中欢乐的一宵。

年老死丧，仪节甚繁，且多属于巫术崇拜方面。但丧仪为家族亲属团体的大聚会，其影响于社会生活者至巨。死丧原是人类苦痛的事情，家族血亲在痛哭流涕之余，手足失措，不知如何行为方是，因此亲属邻舍前来吊慰，举行仪式，使血亲在心理上渡过难关，渐渐恢复日常恒态。久而久之，仪式成为传统，代代相沿，按例举行。是则丧仪在社会团结方面，以及安定心理方面，作用至大。年前有恩札支老黑彝逝世，大凉山中数千人相聚哀吊，一时轰动，生活反常，又是社会系统中调剂均衡的一种方法。这当然也是表示家族与亲属氏族甚至与更大的社会团体发生连带的关系。

第五章　婚姻

家族组织的起点，往往由于男女结合的婚姻，罗罗也不是例外。彝家因其社会传统的缘故，婚姻有其特殊的规例，这些规例就支配罗罗男女间的关系，并控制亲属团体的形成。现在将彝家重要婚姻规例分别叙述如卜：

第一、罗罗阶级极严，黑彝白彝之间，绝无通婚的可能，此即所谓阶级内婚制（class endogamy）。黑彝男子只能在相同阶级中择女婚配。白彝奴隶自成阶级，互相择偶。社会规例虽是如此，但男女两性天成，有时机缘凑巧，私自苟合，也就不顾习俗的拘束。黑女私通白男者，男女两方皆处死刑。处死之法，男子被迫跳河或跳崖自杀，女子则命之服毒或悬梁自尽。凉山中执行此刑甚严。雷波杨土司于1928年逝世，遗下妻女，妻为沙骂土司安氏女，时年20岁，美貌风流，与家臣白彝杨寿萱同居，遂为彝人所不齿。若按彝例男女皆处死刑，因无土司，不能执行。惟沙骂土司已不以安氏为女，所属黑白彝亦不以安氏为主母，各自分散。幸土司女黛娣今已22岁，稍知世务，重振旧时家业，然已零落不堪。

黑白不婚已成惯例。惟黑男与白女奸通者罪可宽容，所生子女通常称之为“黄骨头”，即“黑骨头”之男与“白骨头”之女所生的杂种。“黄骨头”为黑白二阶级所不承认，所居地位甚难，颇似美洲白种人与尼格罗种人（Negroid）混生之杂种所处的地位。

第二、罗罗有氏族组织，氏族之内不许通婚，嫁娶必于族外求之，谓之族外婚制（clan exogamy）。第二章已详述氏族情形，知道彝家系父系一姓相传，保持氏族团体的结合。氏族之能单系相传团结一致，族外婚制为其主因之一。按罗罗的传统兄弟姊妹为 ma dzz gni mo 的关系，彼此间没有婚姻的可能。此种兄妹关系向着旁系伸展，堂兄弟姊妹，以至凡父系族内的同辈男女，也就绝对禁止通婚。

彝家兄妹或姊弟同在父母保护之下长成。彼此行动关系虽为亲爱的，但亦系正式的，兄妹之间绝无嬉戏淫荡的态度。同时兄弟不能在姊妹之前向其他女子调戏，虽然彝家男女恋爱是常见不鲜之事。其他男子更不能在兄弟之前向其姊妹调情，否则兄弟必举拳击之，事情扩大之时，或至引起打冤家。族内男女因有悠久的传统观念，彼此禁止婚配，在行为上就表现一套正式的礼貌的关系了。

第三、罗罗择偶既须在同一阶级之内，又须在同一氏族之外，那么何等团体为最理想的婚配对象呢？按彝家婚例，嫁娶以姑舅之家最为适当，这也就是姑舅中表或是交错从表的联婚。按照罗氏风俗，如姑家有男，舅家有女，姑家可有优先权遣人说定舅家之女，舅家因此不敢嫁女于他家。反之，舅家之男对于姑家之女，亦有若是优先权。因是舅姑两家的儿女有互相的婚配的关系。彝家惯行交错从表的婚姻，可于亲属名词中找出许多明证。

男子因娶舅家之女，所以称岳父为舅父，称岳母为舅母。婿即外甥或姊妹的儿子。女子因嫁于姑家之子，称夫父为姑父，称夫母为姑母。

姑舅中表的婚姻不是单面的而是互相的。男子亦有娶姑家之女，因称岳父为姑父，岳母为姑母，若是婿即是妻兄弟的儿子。女子亦有嫁于舅家之子，所以称夫父母为舅父母，儿媳即是外甥女。

罗罗因为累代实行交错从表的联婚关系，岳婿翁媳就没有特殊的亲属称谓。婿媳两党由于妻党分化而来，妻党又由于母族分化而来。父母两族关系最密切，彼此系连续的联婚。今欲明了交错从表婚姻与家族组构的关系，请见第六图表，以窥究竟。

第六图表
交错从表婚姻与家族组构的关系

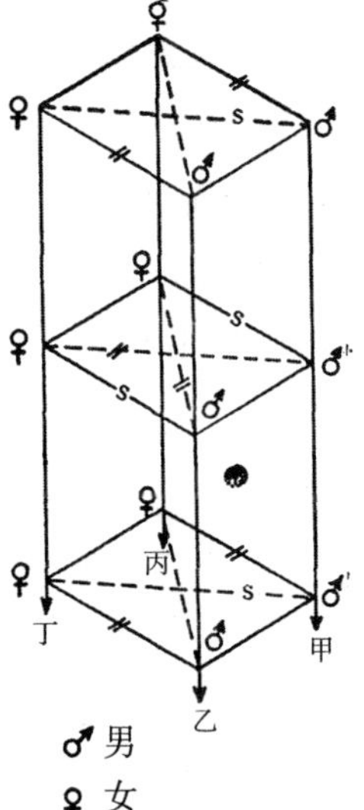

第六图表为一四方柱形，平面3段代表3代，父子孙三辈，4角直线甲乙丙丁为世系相传，男子由父及子及孙，女子由母及女及女之女。第一代甲乙两男为两族，且各有一妹，甲之妹为丁嫁于乙为妻，乙之妹为丙嫁于甲为妻，是则甲乙两人互换其妹为配偶，到了第二代，甲乙之子女因交错从表优先婚姻的关系，又互相配偶，于是甲之子娶乙之女，乙之子娶甲之女。甲乙子女两方相对皆有两层的交错从表关系，甲子对乙女为姑表妹并舅表妹，乙女对甲子为姑表兄并舅表兄。到了第三代，又因交错从表互婚之故，关系形态回到第一代的方式。甲女之女即外孙女嫁于甲之孙，乙女之女嫁于乙之孙，各归本族。质言之，甲乙两族互相配偶，都是姑舅中表的婚姻。原则上交错从表婚配图可代代相传以至无穷。

罗罗的交错从表，因有优先婚姻的关系，彼此间对待态度，另成一种方式，与兄弟姊妹间的对待态度大不相同。姑舅表兄弟姊妹的关系，彼此间有婚配特权，因是表兄表妹可自由恋爱，彼此可调情嬉戏，也可发生性的关系。不似兄妹态度严正，绝无苟且的表示。因此知道习俗惯例如何影响个人行为态度的形成，如何规范人与人间的义务与责任。

第四、罗罗的优先择配只限于姑舅表兄弟姊妹。至于平行从表除本族之堂兄弟姊妹外，姨表兄弟姊妹也在禁婚之列。姨表禁婚与汉人婚例大有不同，或因罗罗亦重母系之故。姨母之子女，对待一如伯叔父之子女。姨表兄弟姊妹罗语也是称为 ma dzz gni mo，与兄弟姊妹的关系相等，当然一切对待态度亦相等。

今因易于明了起见，且把平辈的兄弟姊妹与各类的表兄弟姊妹合制一图表（参见下页第七图表），用以指明彼此间婚配或禁婚的关系。

第五、罗罗有娶兄弟妇（levirate）的规例，那就是哥哥死了，弟娶兄嫂，或是弟弟死了，兄娶弟妇。此与汉俗大异，或与藏民兄弟共妻是同一的来源，或兄弟共妻的变态方式。罗罗的娶兄弟妇大有氏族拥有妇女的趋势，凡妇女入氏族之内，即不愿其改嫁他族，只能在族内转嫁，永为该族的成员。

娶兄弟妇谓之转房。转房以平辈兄弟为最适宜，无亲兄弟者堂兄弟亦可，由亲及疏，按例转嫁。转房之俗由来甚久，彝族到处实行，迄今不但同辈间有娶兄弟妇之举，即叔死侄娶婶母或侄死叔娶侄媳者在所多有。例如我们第二保头里区老穆之妻为恩札氏，母家住于恩札瓦西。恩札氏最初嫁入里区支老穆的堂叔为妻，生子名落铁，今已 20 岁，为老穆的二从兄弟，比老穆少 5 岁。堂叔死时，落铁尚幼，恩札氏按兄终弟及之例，转嫁老穆亲叔父为妻，生一子，今 14 岁，一女今 8 岁。4 年前叔父逝世，老穆遂娶其叔婶恩札氏，又生一女。恩札氏前后已三嫁，皆在夫族内转房。名分地位亦以其夫为转移。子女名分则按父亲地位而定。落铁与老穆为同辈，继堂叔自有住宅。老穆亲叔之子女今寄食老穆之父约哈家。老穆成家之后自有住屋，自成家庭单位。

第七图表

交错从表与平行从表婚姻关系

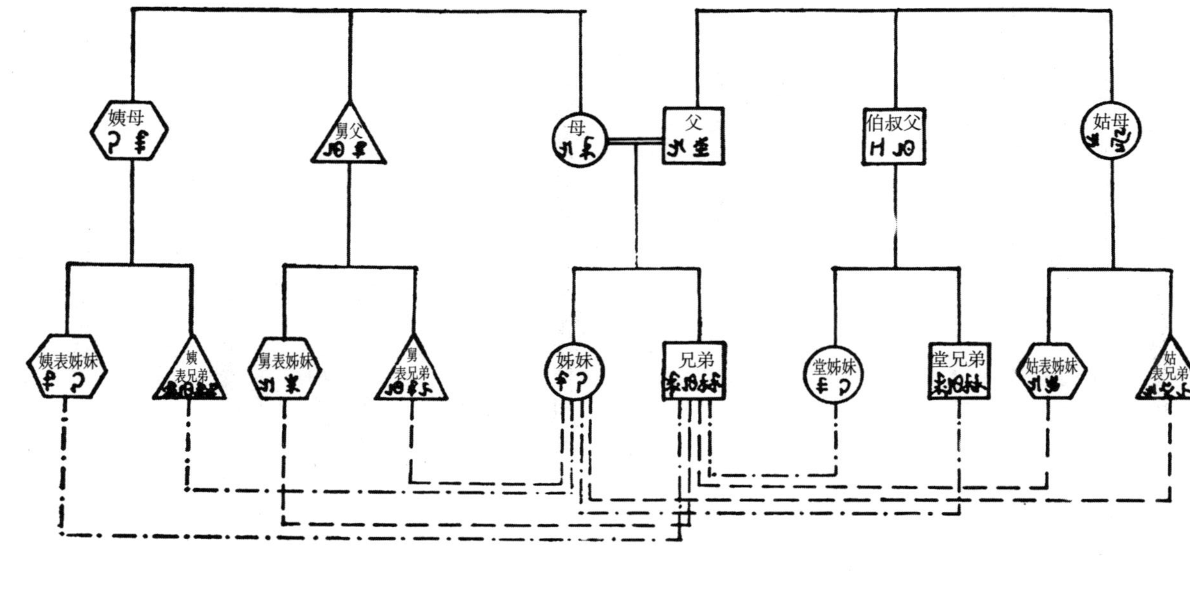

转房以平辈及叔侄辈占多数。凉山中父娶儿媳或子娶父妾，甚至祖纳孙媳者，亦有所闻，但作者此次考察未曾目击。

彝家人口甚稀，转房之俗或亦社会的功能，用以解决人口及性欲问题。从人口数字而论，妇女转嫁，可以增加生产，使氏族繁衍。从性欲立场而论，妇女夫死不论几人皆可继续转房，男子妻死自可续弦，或娶外族少女，或纳族内寡妇，因是罗罗无论男女，一生皆有性的生活，遂无有鳏寡的存留。

第六、罗罗婚姻以一夫一妻制为普遍方式。一夫多妻间亦行之，惟极为少数，且限于彝目及富厚之家，至一妻多夫，社会名义上不许有此制的存在，但实际上因彝人对性的观念较松，暗中亦有实行者。尤其罗罗在少女时期，可以自由恋爱，自由性交，与青年男子特别是姑舅表兄弟，可以相互追逐嬉戏。关于此节以后当更详论。

一夫多妻往往因彝人首领对于政治上之野心，欲图从妻党背景以扩张势力。胡兴民即为一例。他以里区氏一支势力单薄，另娶吴奇氏用以联络吴奇支，便于增加自己的权力，提高自己的地位。彝人多妻，诸妻地位相等，彼此以姊妹相称，不论年龄，大妻必为姊，次妻为妹，诸妻住屋分居别产，不似汉人妻妾同处，地位悬殊。男子在娶次妻之前，先向大妻赔礼，赔礼之法必献牛羊，或赠马一匹亦可。妻兄弟亦必先说通，招待宴饮，征求同意，以免将来纠葛，发生打冤家等等的事情。

综观这些婚姻规例，不但支配罗罗性的生活，亲属与家族的组构，而且控制彝家日常行为，以及政治经济等活动。罗罗婚姻的重要与其他社会相等，视为人生大事之一。青年男女从恋爱至结婚，又从结婚到成立家庭，为生命中转变的一个重要阶段。

青年为性的发育期，无论男女皆蠢蠢欲动。但因各社会皆有传统习俗，男女行为必受控制。彝俗早婚，女子结婚年龄为奇数，以 9、11、13、15、17、19 等为合宜。幼年蓄发，梳单辫垂脑后，结婚时改梳双辫盘于头上。因是单辫双辫为未婚已婚的分别记号。不过女子至 17 岁尚未出嫁者，父母往往择日为之行分辫礼，杀羊豕敦请戚朋，是后表示女子成年，可有性之自由，不加干涉。

罗罗的青年男女，无论在森林草丛之中，或山涧田野之旁，皆可言情谈爱。只要不违反婚姻禁例，未婚男女可私自苟合。特别是姑舅表兄妹因有优先婚姻的权利，又因亲戚往来密切的关系，彼此自由恋爱，暧昧之事在所多有。

婚姻的起始系由父母择配，遣媒人说合，从前媒人多为白彝娃子。如果姑舅之家有女，说婚互易，因双方互有义务，不敢先与他族有约。择偶既定，媒人征女家同意，请毕摩合算男女生剋，以卜吉凶。如命意不合，媒人不再往返说项。有时两家因亲戚关系，或贪女色，则不顾算命卜卦，力促婚事的成功。

男女两家同意婚事之后，由媒人往返接洽，议定彩礼或聘金。聘金多寡恒视男家之财力而定。大约黑彝聘礼从五百两到七八百两银（按作者在雷波时每两生银值国币 160 元），甚至有多至千两者。白彝聘礼只一二百两银子，因其地位低微。至锅装娃子之女，随主人之女为陪嫁，不收彩礼。

彩礼议定之后，即行订婚。由男家遣媒并派人送礼至女家。此时只送聘金一部分，多半三分之一，礼银由媒人亲手交给女家家长，即女子的父兄。于是女家杀羊置酒，款待媒人及男家人员，攀谈过夜，明晨始别去。几日后，女家派人到男家回拜，不送礼物，男家亦须杀牲宴饮，招待过夜。

从订婚到结婚，中间相隔几月或几年，则视男家何时需要迎娶而定，迎娶之前男家请毕摩择吉从事，并遣媒人到女家送信。女家派人来领聘金。此时或全部交清，或尚留一部到婚后交付。银子之外，牛马枪支等皆可折算以纳聘金。罗罗婚姻彩礼至重，因是娶女后若夫死，则不愿其改嫁，只在族内转房，以免聘金利益的损失。

彝家迎娶之期，必在奇数月份，如5、7、9、11等月为宜。迎娶之前二日，男家派选壮汉几人，亦以奇数为吉，到女家搬运嫁妆，嫁妆包括新娘的衣服首饰，裙子毡衣，以及项圈、手镯、耳环等。壮汉抵达女家，女家男女擒着他们，把黑烟颜色涂在壮汉脸上以为嬉戏。

迎娶前夕，男家又派壮汉数人或10余人，新郎之兄弟在内，到女家接亲。女家闻壮汉将临，男女相聚于门旁，待迎亲人马近门，储水泼之，壮汉等遂全身淋漓，大家引为笑谑。入门之后，又乘壮汉不备，以锅底黑烟涂抹其脸面，辣椒击擦其耳目，尽嬉戏愚弄之能事。是晚设席倾酒款待壮汉，宾主渐入欢乐之状。

翌晨为迎娶的正日，新娘准备束装。头上戴新鲜花帕，按彝俗幼年女子戴帕，必挽成三角袋，帕端结于脑后。成年女子戴帕，必耸帕端于耳前，或四角帕子整个覆在顶上，两角坠于前额左右，两角坠于后脑左右，宛似四片倒垂的花瓣。妇女生子之后，则不戴帕，换之以帽。新娘除帕之外，加上耳环首饰，领缀银扣，身着花边新衣，下系彩色花裙，外披新制毡衣，飘然一代佳人。

新娘束装完备，开始出行。男家壮汉及女家送亲的男女合队簇拥新娘抵达男家。事前男家已搭草棚于屋外，新娘被引入棚中，由女家送亲妇女与之行分辫礼，那就是头发单辫分为双辫，以示成人已嫁人之意。是日男家备酒杀牲，与女家送亲的男女，共同饮宴，主客欢乐歌舞，尽情而散。

在婚姻仪式之中，新郎似不居重要的地位。即迎娶之夜，新娘独宿，不与新郎共寝。黑彝婚姻，新娘必有随嫁白彝侍女，相与为伴。乌角胡里区氏长女，年才11岁，其母已择两个侍女，日夕伴着女公子，将来出嫁，侍女亦必随往，以为嫁妆的一部，黑女嫁黑男，随嫁侍女则嫁于黑男的男娃，新娘在男家连宿3夜，皆与侍女另处一室，与新郎没有接触。

第四日回门，新郎新娘同赴岳家。途中夫妇不交言语。新婿献羊豕酒礼拜见岳父母，岳家则置酒款待。午后新郎独自归家，新娘仍留母家，谓之坐家。

坐家的时期无定，大约从一二年到三五年皆有。作者考察之时，常遇坐家的女郎。女子在坐家时代，可尽量享受放浪生活，父兄无不掩目听之。坐家之女的装束，和新娘一般，日夕与邻居青年男子或姑舅表兄弟追逐嬉戏，并有性的自由权。

坐家的时期，新郎亦可与新娘往来，实行恋爱。直至新娘怀孕时期，新郎才接新妇回父家，第一胎孩子往往不是新郎己出，但须承认其为子女。

新郎既知新娘怀胎，立即建造新屋，以迎新妇回家共住，因成婚之子不能与父母同住一屋。夫妇正式同居之后，岳家始把嫁女妆奁全部送来。罗罗不分男女皆有承继财产之权，所以女子妆奁系父母所给与的财产，包括现银、娃子、粮食、牛羊，甚至土地等等。

罗罗因婚姻关系，而有经济的基础得以建立家庭。男家父母为新夫妇建造住屋，女家父母陪送妆奁都是成立家庭所必要的经济条件。从此之后，夫妇过着家庭生活，男女在经济上通力合作，生男育女，共负为父母者的责任。

罗罗妇女虽系用金钱聘来，为买卖婚姻的一种方式，但在家庭中的地位与丈夫平等。小家庭的组织，既不与父母同住，就无婆媳的冲突问题。家中之事妻子却有全权支配，因丈夫多出外作政治联络与族间打冤家等等事宜，屋内凡分派娃子工作如耕种、牧畜、缝织、烹饪，并看顾孩子、存积食粮、修补工具等，无一不由主妇管理监督。

夫妇间的关系外表上系正式的，不苟言笑的。考察团保头里区打吉出外3月之久，归家见其妻恩札氏，当面不交一语，彼此宛似未曾见面一般，反不若其他弟兄姊妹，奔来寒暄谈笑，态度极为亲昵。但是族间人分散之后，打吉因长途跋涉劳苦，卧地假寝，恩札氏坐于锅装之旁，一面吸烟，一面滔滔而谈，颇似报告别后家中一切经过，打吉虽闭目，却亦静听，不时发言，类似安慰，又似批评。当时考察人员及翻译等亦皆四散，作者因旅行疲惫，坐地休息，故得机缘观察夫妇间的对话。

罗罗家庭因有充分经济的基础，日用衣食不足为忧，生活亦比较安定，夫妇往往融洽，安闲度日。但夫妇间亦有感情不睦，发生冲突者。丈夫并不敢虐待妻子或责打妻子，原因是妻子娘家有浓厚的背景。一旦妻子奔回诉苦，妻族必集族众，兴问罪之师，夫族若起而抵抗，即发生族与族间的冤家。妇女因有娘家支系的背景，她在家庭中的地位颇高。

妇女淫奔并不多见，若此事发生时，丈夫可要求岳家赔偿聘礼，岳家尽量寻找其女，劝归夫家。丈夫不悦其妻，或有外遇，或闹离婚，则妻家必责令丈夫赔礼。夫妇至不得已时亦有离异分居，经中人说项划分多少土地娃子，并其他财产，使妻子有独立的经济生活，双方同意即可分离。离异后丈夫在世，妻子不得改嫁，族人亦不敢作转房的野心。

质言之，罗罗男女婚姻与家族氏族，有密切的系联。夫妇结合并非按照男女本人的爱好，往往青年恋爱者而非终身的伴侣。婚姻为合两族之好，亦为两族合作的工具。同时因婚姻有经济的基础条件，家庭生活即可固定。婚姻更是两族合作契约，夫妇两方各有家族氏族的背景，因而在婚姻关系中，男女共享平等的地位。

第六章　经济

罗罗家族是日常经济活动主要的单位，家族经济的成立又系建筑在婚姻的基础之上。未婚男女在家族里是依赖着父母过活，自己没有独立的经济。结婚时期男家父母供给住屋土地，女家父母供给妆奁财产，使新婚夫妇先有物质的基础用以创立家庭。因是婚姻也是一种经济的机构，就中社会给与青年男女立下经济的基本条件，使夫妇能够通力合作，共营家族的经济生活。

普通从经济学的立场看来，经济组织分为生产、分配、消费各种历程分别的研讨。这种分类不能应用于罗罗社会，因为他们的经济问题与我们不同。罗罗物质文化已非原始最简单的状况，已不是狩猎捕鱼的时代，但是罗罗农牧的经济生活，也难加以分类分析。好比彝人家族拥有耕作园地，以园地所出的包谷荞麦等自制粑饼，以供家人的食粮，此中生产与消费的机构，将如何划分界限？再如送菩萨之时，为罗罗唯一分配肉食的机会，除了招待客人时的例外情形，那么肉食分配又与宗教巫术等发生密切的系联，我们又将如何划分彼此活动的界线？因是从社会学的观点看来，那里只有一个经济的历程，这历程的两面：即为攫取物质产物和利用物质产物。经济功能实包括许多社会的意义，这功能并不限于财富的生产与消费。所以我们欲知彝家的经济机构，绝不能严格地划分出来许多经济的历程。

无论社会多么简单，经济机构的基础，莫不建筑于分工之上，那就是个人在社群中有特殊的工作。即在渔猎社会，男女分工是很普通的事实，男子从事行猎，女子在家烹饪或到附近采集果实。农牧社会的男女分工，反不若渔猎社会的严明。有时男子负农耕全责，如柏葡萝印第安人（Pueblo Indians）。有时女子负农耕全责，如非洲巴逊格族人（Bathonga）。菲律宾的叶弗哥（Ifugao）人，男子专治种植收获，女子专治刈草并修整园务。罗罗农务则男女合力，并肩耕作，但有些工作仍是划分，好比巫术祈雨由男子包办，毕摩率领行事，烹饪取水为女子任务，只不得已时男子代劳。他如与经济生活发生间接关系的战争、劫夺、盗窃等等，那都是男子的专业。

性别分工之外，在罗罗社会里，就有阶级的分工。阶级分工原非直接与经济有关，那就是说，罗罗并非因经济生活的不同，或职业生产的不同而划分阶级。罗罗黑彝贵族之拥有土地并统治势力，与白彝奴隶之专司劳作，实系阶级划分的结果。

农业耕种，无论是旱地的包谷与水田的稻米，全部都是白彝包办，黑彝从来不去参加。牧畜虽然也是白彝的任务，但黑彝常常自己关照。考察团在黄茅埂之日，就碰见黑彝阿着失觉和他的一个白彝娃子，赶着一群羊子，约 20 至 30 只。失觉是考察团翻译王举嵩的恩人，经介绍之后，与我们数日同行，盘桓谈笑，很是熟识，因是作者得有机会观察失觉牧羊的生活，又知黑彝自己牧羊，不像耕种一般视为下贱工作。再则每年在剪羊毛的时候，黑彝往往参与工作，特别在黄茅埂的羊毛会，黑彝居主动的地位。

罗罗轻视农业使作者感觉到牧畜系黑彝原有的经济活动，彝人原来为牧畜的民族。黑彝侵略白彝之后，或是掳掠汉人为娃子之后，奴使被侵略的民族劳作耕种。白彝多系汉娃，居住彝地年代长久，不自知祖始而沦为彝人者。此节将在下面阶级一章详细讨论。这里只标明罗罗对农牧观感的不同，或系因于黑白彝原来经济生活的互异，又或因于侵略与被侵略的关系。

时至今日，农业最为普遍，黑彝虽不耕种，然白彝人口居全数十分之八九，皆从事农业。黑白彝日常食粮无不依赖农作出产品。质言之，农业为罗罗主要的经济生活，但其土地制度与农业活动自成一种方式。

在罗罗村落之中，所有耕种土地原系黑彝的财产。黑彝因支系分家之故，或是结婚子女自成经济单位，或是父祖死亡遗传土地于诸子，于是黑彝各家就有各家的土地范围。质言之，土地的拥有权是以家族为单位。此就农业生产的土地而言，与扩大的村落的土地范围不同，因后者领域没有明显的界线。村落的领域包括住屋，住屋四周的田园，园外的牧场，甚至森林山涧河流等等。实则只是住屋与田园为各家族所拥有的土地，村外牧场森林等都是全村人民公有，人人皆有利用的权利。甚至村外其他人民，除非与本村本族系冤家世仇，皆可利用公共的牧场。罗罗支系多有冤家，特别邻村邻族结仇结冤者，所在皆是。冤家不许入境，因越入敌人境界偶被发觉，不遭毒杀必为俘虏。因是村落的领域虽无明显界限，但是隔村仇视，当中必有边缘地带为两村人民所不敢逾越者。此种界线颇有族际政治范围的意义，自不能与家族拥有的农田园地同日而语。

黑彝奴使锅装娃子从事耕作，但娃子数目增加之时，因住屋地方狭小，则派遣长久忠实的家娃，别建住屋自立单位，由家主赐赠多寡田园或另租耕种土地，借以供给一家的需要。久而久之，经济上渐渐脱离家主的羁勒，自拥园地，经营家计。因是近代罗罗村落中有许多白彝自立门户，除受黑彝统治保护与负担其他的责任义务外，却拥有独立的经济生活。汉化彝民称此等白彝为“百姓”，实则“百姓”仍系奴隶，不过地位稍比锅装娃子为佳而已。

罗罗耕作园地，没有测量的单位，常云几块地或几股地，却没有正确的亩数概念，因是彝家耕作的面积难以估计。但以一块地下种数字或收获数字为标准，亦可测知土地概数。今就大宗农产品的包谷而言，大抵每人耕种能力，每年下种至少 6 升，至多 2 斗，斗升的衡量皆从汉地输入。若以 6 升谷种为估计基础，收获之时可得 40 市斗。在川南一带普通每市亩土地约产 15 市斗余，40 斗合二亩半产量，这即是在罗罗区中每个人最低限度耕种的亩数。

黑彝的土地都是锅装娃子代其农作，出产物整个归家主所有，即娃子本身亦为财产的一部。若有剩余土地，可租给土地不足自给的白彝百姓，以出产一半为租金归还黑彝地主，一半白彝佃农自得。有时土地肥沃，地主租收六成产物，那就是出产十分之六归地主，十分之四归佃农，若与封建时代的农业制度比较，很有仿佛相似之点。黑彝可比地主，锅装娃子似农奴，百姓娃子似佃农。所谓百姓经济上虽可独立，但尚有其他的束缚，地位并非自由。黑彝家户农忙之时，家主可命百姓每家派一人前来帮工，辅助锅装娃子耕种与收获。帮工时百姓没有工资，没有报酬，是一种义务工作，至多在工作时期之内，黑彝家主供给餐饭。

罗罗农业以包谷荞麦为大宗。水田稻米只限于彝车河与美姑河一带，产量比率很低，且都是汉娃的工作，原非罗民固有的文化。换言之，罗罗农业仍限于旱地播种，其来源虽不得而知，但农产为彝家主要的食粮，绝无可疑。

包谷种植的生活为彝民对于自然环境和气候适应的一种方式。春暮气候暖和的时节，彝人开始播种，阴历 3 月间种于高山斜坡之上，4 月间则种于平原地带。播种之前，先挖成小穴点，每点种入 5 至 7 粒到 10 余粒的谷子，用泥土包好埋入土中。七八日之后种子出芽，查察种芽的优劣，留下两根，拔掉多余的芽根，但有不足两根者即行补上。过一个月，刈草工作即行开始，男女并肩整顿园地。污草扫除之后，加上肥料，大凉山用牛羊干粪，小凉山用青粪。二三个月之后，谷秆长成，刈草加粪的工作也就停止。是后随时查察园地，不让野兽家畜的蹂躏，防御冤家仇人的侵略烧毁。最主要的尚赖天时气候，需要随时下雨，旱年须请毕摩作法祈雨，助长包谷的生产。8 月间谷实成熟，准备收获，男女各背竹筐，在园中按着次序折下谷实放入筐中，归家晒干之后，取下细粒，即存积于主人的卧室。每日把若干谷粒磨成细粉，用制包谷粑，以为主要的粮食。

包谷收成之后，谷秆尚可砍掉以为屋内燃料，谷根则置之不理，自行腐烂。比较良好的种谷园地，稍加整顿，可种豌豆胡豆，亦种麦子。过了一冬，明年 3 月间即可收获，豆与麦皆连根拔起，这时包谷根皆已腐烂，男女荷锄到园地中锄草松土，又作种谷的准备。

村落远近的田园，因土地肥美，多种包谷。山坡之上则种荞麦，亦为彝家重要的食粮，特别在大凉山中，荞麦产量比包谷有过之而无不及。荞麦有甜荞苦荞两种，甜荞不甜，苦荞味苦，皆难入口。荞麦下种之区，原为林木丛生之地，用火烧之使成灰烬，然后应用牛犁，土地松散，即可下种。荞麦每年有两季的收获：第一季春间 2 月撒种，撒种之后再用牛犁，遂置之不问，等待四五月间收获。第二季 7 月间下种，9 月间收割。数年之后，土地贫瘠，因弃旧地，别烧山坡林木，以作新种麦园，这种农作系原始农业方式，亦即志书上所记载的火耕之法。

农产尚有燕麦、洋芋、青菜、萝卜等类，各有耕种收获的季节。这些产物以燕麦最为贵重，彝人常磨之成粉，旅行时以麦粉调水而食。洋芋产量较多，日常饮食亦有用之佐餐。

罗罗农产只求自足自给，一年出品够得一年的需要，已是心满意足。因此彝民耕种并不努力，农园不求增垦，耕作技艺也不求改进。凉山大好土地，多系一片荒野的区域。

彝人每家都有耕作的园地，这是他们基本的财产。黑彝家户格外拥有畜群，这才是富裕的表现。白彝富者亦可牧畜。家畜以羊为大宗，分绵羊山羊二类，皆别遣锅装娃子从事游牧，羊栏或在住屋围墙之内，或在墙外另建栅栏。春夏天暖，更于村外山坡上别立圆形竹栅以安置羊群，由娃子日夕看顾。喂草之外，月喂盐水二三次，使羊毛加速成长。绵羊之毛剪下作为毡衣毯衣的原料。年剪 3 次，3 月间与 10 月间在村中行剪，尤以 3 月之毛最为良好。7 月间天气炎热，各村人民驱羊至黄茅埂，半以避暑，半以行剪。这时各族各村聚会一处，剪毛之余交相宴饮嬉戏，互换食品礼物，买卖贸易，社交谈笑，极一时之盛，俗称之为羊毛会。

畜豕亦成群，至多 10 余只，由女娃驱牧，但不若畜羊之盛。杀猪时剪下头上毛发，谓之猪鬃，可运往汉地出卖。

彝人畜黄牛，其群有多至数 10 条。放牧之法亦早晨驱出村外牧场，晚间归栏。黄牛可用为犁地耕作，贵重过于羊豕。彝人不用牛乳，但食牛肉，杀牛为大礼节。

马为黑彝所专有，但不成群。黑彝用为骑坐行猎，嬉戏赛跑。

马为最贵重的牲畜，不食其肉。

牛、马、豕、羊系彝人重要的家畜，而为有经济价值的财产。除马之外，牛羊豕皆可用为肉食。彝家平日饮食只有谷物菜蔬。至于食肉则另有分配的机构。一年之中有各种节期，诸如羊毛会、新年、送菩萨等节，皆必杀牲祭祀，然后家人分享祭物。再如婚庆丧葬诸礼，亦必分赠肉食，共相宴饮。如遇疾病、送鬼、旱年、祈雨之时，一方面固因生活上起变化，用巫术以安定人民的心理，另一方面杀牲献祭，族人集聚，共享肉食大餐。从实际的眼光而论，这些节期宴会都是社会传统的机构，使人民得有分配食肉的机会。

彝家的经济生活自以农牧为主。惟在山野森林之中，藏有虎豹鹿獐，青年彝人亦偶有结队行猎之举。行前占卜，以问吉凶，得兽则共同享食。

工业方面，建造房屋为大工程。先由事主集合族人邻居，择日兴工，筑土墙，架木板，修屋顶，建碉堡，为彝家合力工作的表现。他如制造披风首饰、家具农具、木器竹篓等，皆出一二人之手，只供给家庭的需要而已。

住屋园地一类不动产都是父子相继，不作商业交易货物。牲畜、农产、衣饰、用具等在罗罗社区中很有相当的流动性。汉人娃子更是交易上一个重要货物。按罗罗原来风气，不尚交易商业，款待客人最是殷勤。迄今凡是罗民，只要不是本族冤家，到处可以得到寄宿与食粮，不费分文。招待生人成为惯例，主人无法拒绝，每年小凉山的彝人必去大凉山游历一次，或访同支族人，或访戚友，但路中经过之区可随便寄宿，主人必须招待。无论何等食物，主客分食，不能独享。吝啬之人为社会所鄙视，习俗所不许。

习俗风气对于款待客人极为普遍，有时不喜生客，亦不能不略为周旋，以应付习俗的要求。否则生客愤怒或有不利的举动，甚至亦可引起打冤家斗争。又如罗民不能在人前独享食物，必须分让分享，为社会通行的礼仪。但此俗过分实行，成为强制势力，人民反觉不便。记得考察团入山抵达丁家坪，在黑彝丁有客家寄住之日，保头打吉有背酒娃子一人，避居山中，询之翻译，始悉如酒带到丁家，必须公开分饮，那就不能运到三河以达了。

此种招待风气，大有礼相往来之意。凉山区域一片荒野，人口稀少，没有近代旅馆茶店的设备，行旅自感困难，村民招待生人以便行旅，他日村民出外也一样的接受别支别村的招待。因知款待客人，和许多早期社会一般，是一种社会机构用以适应特殊的环境。前章论婚姻，我们已看到男女两家交换礼物方式，为一种经济上的交易。平日友朋亲属往来，亦互有馈赠，借以调匀社会上产物用具的分配。考察团在凉山中，除少数贫困白彝之家，要求白银交换食物外，多数彝人皆按其本意备办款待的食物，或杀牛羊鸡豕，或煮包谷洋芋，视其家庭经济富裕与否而定。本团大约计算家主招待所消耗数额，然后斟酌赠以布匹、食盐、剪子、镜子、针线等类礼物。

彝家财物的分配，原以款待生人、互赠礼物为原则；但与汉人接触往来，交易制度渐渐引入。交易媒介的银币，衡量以两以锭，亦系旧时汉制，今已深入罗罗社会，沿用未曾稍弛。影响所及，银币在边地颇有势力，屏山秉彝场虽已东出彝区，但银币尚在此间通行。

彝人到汉城市镇购买货物，以盐、酒、布匹以及其他日用品为大宗。雷波与屏边西宁都是彝汉交易的重镇，彝人不断地往来。

恩札 12 支系以马边及西宁为贩卖货物地点，阿洛阿着以及内 9 家熟彝多向雷波集中贸易。

近年来因彝地非边区县府能力所能控制，彝人从事种植鸦片。鸦片运来汉地，得利甚丰，所以彝民经济状况皆在普通汉人之上。彝人以鸦片收入换取汉地的枪支及白银。先是 1911 年后杨春芳驻兵雷波之时，卖枪于彝得厚利，此后枪械就不断地流入凉山，现在大约每户平均得一支枪。汉地流氓因政府禁用银币，又暗地搜集生银向凉山运输，以获厚利。从罗罗的立场而论，鸦片一项已足换取白银枪械以及日用品等类货物。

罗罗种植鸦片，必择肥沃园地。鸦片增加，则农产减少，田园因种鸦片之故，亦渐变为贫瘠。彝地因人工缺乏，则从边地掳掠汉人为娃子，以作大规模的鸦片种植。同时鸦片种植与收割都有一定节期，在此期间从边地运入大批汉工，事毕又送汉工出彝境。作者在麻柳塘茶店遇一老者，年约 50 岁，谈话中得悉 1943 年 3 月间，老者曾同 80 余汉工，受着黑彝保头的担保，荷枪护送进入彝区，在马颈子北部一带，收割鸦片。工资则以收割数量为标准，每割鸦片 8 两，抽出 1 两为工资。老者每日割 20 两，可得工资鸦片 2.5 两。事后运鸦片到汉地销售。该年 3 月间彝地鸦片的价格，一锭银购 3 两鸦片，那时银币一锭值国币 1,000 元。鸦片运至汉地，每两值 600 元，3 两共计 1,800 元，得利约双倍。因是边地流氓不顾性命，时常往返彝区，贩运鸦片。考察团在凉山中有许多彝民误认为鸦片贩客，可见彝汉鸦片交易的普遍。

娃子为罗罗财产之一部，可用为交易货物，有公开的价格。此类娃子多为新从汉地掳掠而入的汉娃。罗罗掳掠捆杀汉人，在边区为普遍现象。雷、马、屏、峨 4 县边境皆屡有所闻，尤以雷波境内为最盛。作者所经之区，西宁南部，屏雷交界之蛮溪口，黄螂箐口之间五子坡，以及雷波城郊附近，都是彝人出没的主要地带。彝人结队，无论日夜，见少数汉人行路，即从草丛中击杀出来，枪毙一二人以示威，然后掳去其他行客并财货。雷波近郊多系夜间前来袭击，破户而入之后，即掳去全家男女，并劫夺财物或放火烧屋。城内军民闻声亦莫敢响应。汉民因入彝地贸易如贩卖鸦片，请黑彝为保头，亦有中途彝人叛变，掳去保民为娃，谓之反保。边区垦民，因垦殖关系移向荒地开殖，亦请黑彝为保头，有时彝人反叛，则大规模地掳去汉娃，数目多者恒至数百人，贩入彝地转卖各方。

罗民惯例，掳掠而来的娃子财物，即为自己财产。若黑白彝同道掳掠娃子和财物，黑彝抢得全归已有，白彝抢得须分给黑彝。劫来财物自己保存或变卖，但掳得汉娃必须卖出，辗转三四手，然后方留下为家娃，因防汉娃一旦逃至汉地，指认掳掠之人，则须入官抵罪。娃子价格的高低，男女没有分别，年龄很有关系，年幼者价贱因尚未达工作时期，年老者亦价贱因力衰不能工作，所以青年及壮年人价值最高，普通从 50 两到 100 两不等。汉娃若从彝家赎出，价格稍高，多有超出 100 两者。

彝民不但从汉地掳掠人娃财物，亦从冤家仇人处劫夺财货。彝例冤家结怨，累代报复，彼此仇杀。黑彝被冤家擒去必杀，因黑彝贵族不得奴使。白彝百姓被擒即可奴使之为娃子，亦可变卖。冤家的财物可夺之以为已有。所以打冤家亦为彝人获得财产的一个方法。

一切财产，包括不动产、动产货物以及人娃。这些财产，皆为家族所有，可以代代相传。继承之法，住屋传给幼子，因女子出嫁，他子结婚之后自立住屋，惟幼子与父母同居，承受住处。其他财产男女皆有继承之权，多半田园土地由男子分袭，因女子出嫁外村，难于利用。银钱财物，枪支牲畜，以及男女娃子，则视子女多寡平均分派。

财产继承多在父母死亡之后实行。一切祖传遗产由族内亲属及舅父姑丈等共同判断，诸子女平均分派。未婚子女则各人另外安排一项财产，不计分产之内。亦有父母生前，已分派安排，子女则遵循遗命。三河以达村北有白彝某，颇为富有，年前死亡，遗两子一女，皆长大成人，女亦出嫁。老人最爱其女，在病榻上暗嘱其女于屋内 3 块地方掘下可得 3 瓮银子，老人死后，两子各得 1 瓮白银，亦遵父命于所嘱地方发掘出来。女子按照父嘱，发掘 2 瓮，第三处掘下未有所得，遂央毕摩决算发掘，又空无所有，不得已明告长兄，其兄要求以所得白银平分，则出力协助，妹子不允，直至考察团离山之日，此事尚未解决。由于这个例证，亦可稍知彝家财产继承之一斑。

第七章 阶级

罗罗有阶级制度，为其社会特点之一。彝人社会分为 3 级，那就是黑彝、白彝与汉娃。黑白彝分别甚严，彼此之间无流动可能性。白彝原从汉娃升格转变而来，在彝中历代年久，彝人已接纳其为同类。汉娃是新从汉地掳来的奴隶，所居地位最低，为黑白彝所轻视。但汉娃在彝中经过数代，生活方式全部彝化之后，渐与白彝通婚，就取得白彝的地位，是则白彝与汉娃虽暂时分别，但因流动关系，彼此之间就没有严格的界限。

黑彝贵族为彝中统治阶级，也是真正的罗罗氏族。按作者测量观察的结果，黑彝为蒙古种人种（Mongoloid），许多体质特征与汉人相似，诸如体高，毛发鲜少而色黑，棕色眼睛，头面轮廓等，尤其蒙古眼褶系十足蒙古种的表现。以前西方学者从简陋的旅行观察，云罗罗为高加索人种（Caucasoid），其说至为误谬。黑彝头形指数为中头型，亦非长头型。但是黑彝有几个特点与汉人稍异，诸如皮肤黯黑，鼻多钩形，耳叶特大之类，这不外表示原来氏族因与中原隔离，未与外间婚配，自成团体，维持原来的体质特征而已。质言之，黑彝为原来团体，侵占今日彝区，奴使掳掠邻近人民以为娃子，自居统治的地位。

黑彝贵族有权势特大者，在明清时代，封之为土司土目，用以维系彝人，不作反叛杀掠之谋。土司受汉封之后，即可世袭，清末雷波区在黄螂有国土司，天姑密有安土司，雷城有杨土司。国姓已绝后，安家尚有二女子，杨家一女即黛娣。1911 年以来，实行改土归流，土司又绝嗣零落，彝人不受约束，土司制度实已荡然无存。土目为以往彝兵头目，或为土司的亲属，土司衰弱之后，土目名词也就滥用，稍有势力的黑彝遂自居土目地位。例如乌角胡兴民于 1911 年后入雷波团练，颇受汉化，胡氏族人拥之为首领，彝汉人民皆呼之为土舍。乌角近于汉城，名目沿用，在凉山中实无土司土舍等类。黑彝之有权势者，汉人称之为保头，彝人则称之为“硬都都”而已。

今日黑彝只有一个阶级，为凉山中的统治势力。大约黑彝每户平均有白彝 10 户。即以彝车河里区族支为例，巴普 50 户中有黑彝 5 户，三河以达 33 户中有黑彝 9 户，以鲁 31 户全为白彝，合计黑彝 14 户，白彝 100 户。但是里区支有若干百姓娃子散住葡千、阿谷、谷烹一带者尚未计入。因知每户黑彝，约有直属白彝娃子 10 家。此就平均数字而言，实际上黑彝权势大者百姓多来归附，权势薄弱者，娃子数字亦必减少。

黑彝白彝分别高低，绝无平等之可言。黑彝拥有土地牲畜，自居地主地位。锅装娃子为其奴隶，耕牧劳作，服侍主人，即身体亦为主人财产的一部，可以随时变卖转让。作者在西宁村考察之时，适逢马边恩札支有某黑彝，在屏边与另一黑彝赌博，恩札彝人大败，白银付清，尚欠债甚多，立命其随身的锅装娃子追随赌博得胜的黑彝。娃子多年服侍家主，颇有感情，不愿另属他人，大哭抗命。恩札黑彝追其娃子到西宁河边，在愤怒之下，以大石投击，幸未命中。此为众目共睹之事，亦可略表黑白彝关系之一斑。

锅装娃子可变卖转让，女娃则随黑女为陪嫁。父母死亡之后，或子女承继财产之时，娃子及其子女亦必平均分配，男子承继男娃，女子承继女娃。娃子人数有时不匀，但可出银购买或变换，以求达到儿女平均分配娃子的原则。

黑彝对锅装娃子大有生杀予夺之权，惟对百姓娃子情形稍为不同。百姓娃子为村内祖传的良民，自有独立的住屋、土地与财产。大凉山中百姓娃子死亡无嗣，或无近亲，黑彝主子可没收其财产田地。但彝例不能变卖百姓娃子，是则百姓娃子比锅装娃子的地位为高。不过遇打冤家的时候，百姓娃子被掳去者，又变为他族的锅装娃子。有时百姓娃子贫至无立锥之地，黑彝主人亦无接济之例，但可收之为锅装娃子。因是百姓娃子与锅装娃子，其间的流动性颇大。流动方式为两面互相的，不但百姓娃子可降为锅装娃子，即锅装娃子渐得主人信任之后，可升格而为百姓娃子。

到了百姓娃子的地位，经济上取得独立，但一切举动仍须听命于黑彝主人。若有抗命或得罪黑彝，必受责打，甚至枪杀。白彝自有土地田园，可力求发展，积聚财富。若田地不足，可从黑彝处租来若干块地，收获平分或四六分，是谓纳租，关系略似地主与佃农。实则白彝对黑彝尚有许多经济上应尽的义务，主人家农耕繁忙，或建屋营造，可随时征召白彝工作，只供饮食，没有报酬。打冤家之时，召集壮丁，白彝又须出征御侮。冤家和议赔款，百姓共负赔偿的责任，分派多寡，则视家道贫富为定。每逢年节，百姓每家敬献主人酒一壶，猪头半边，以为拜年之礼。他如主家婚丧火葬，白彝皆必献酒礼，娶妇献猪一只，嫁女送礼物外，又派白银若干，以为女子私房，丧葬则牵牛羊献祭，做道场必送酒，从 20 斤到 100 斤不等。此外，主人家需要经济上协助，或款待客人，或临时动用，百姓皆有担负派分的责任。

黑白彝在社会上的地位、贵贱的分明，从日常生活行动态度中都可窥察出来，家居黑彝男女皆可出令，白彝一切听命，或操作，或奔走。餐饭饮食之时，白彝必先献黑彝家主，然后始敢自食。且食时在锅装旁边主奴有地位方向的规定，不能超越犯例。睡眠主人居屋左或锅装左边，白彝奴娃居屋右石磨旁边，或锅装下边。衣服除主妇或黑女裙长曳地以示尊贵外，却没有其他的分别。凡此皆社会已成的规例，用以区分黑白彝的贵贱。

黑彝出行，无论男女，皆有白彝追随，锅装娃子百姓娃子皆可。如果远行，多召百姓娃子为随从，因锅装娃子忙于劳作之故。行路时黑彝空手或执枪，白彝随从一二人或四五人不等，为主人荷枪持械，背负行装银物以及食粮。主人要吸烟，娃子送上石制竹柄的烟斗，装上烟丝，然后燃火，以便主人吹吸。引火沿用铁击燧石，并以一种干草制成细丝，燃烧传火。主人口喝，奴娃从行装中取出木碗到远处取水送上。一路上主人行止栖息，白彝莫不紧紧追随。此乃作者出入凉山在途中常见不鲜的事情。

黑白彝在衣饰上，诸如“天菩萨”、耳环、毡衣、宽裤之类，皆系相同。体质面貌亦无重要特征，可作明显的分别，但在行为态度方面略作观察，即知谁为黑彝，谁为白彝。黑彝往往目光耿耿，嘴角下垂，状极骄傲，遇事蛮进，大有不屈不挠的精神。白彝态度则反是，谦恭受命，事主惟谨，与外人往来表示粗暴强悍，但一见黑彝无论属于何支何族，莫不低头驯服。这种态度只就一般而言。黑彝中孱弱者与白彝中倔强者亦皆有之。

黑白彝系整个上下阶级的关系。若分别而言，在经济上是主奴的关系，在社会上是贵贱的关系，在政治上是统治者与被统治者的关系。实则黑彝治理白彝，并不严厉，亦不虐待。彼此阶级不同，身份不同，惟在物质上享受则相同。黑彝到白彝家，白彝固应尊之上座，尽情招待；白彝到黑彝家，黑彝亦应供给食宿，以免冻馁。平日黑彝家所有粮食，都是大家分享，主子无论有何新鲜食品，必分赠诸娃，即小娃子亦不向隅。节期或婚嫁之时，杀牲会宴，共享肉食，并倾酒相贺。家主款客大方，厚待娃子，远近传名，归附的百姓亦渐加多。

黑彝优待奴娃，不限于食物方面。锅装娃子的衣服首饰皆仰赖家主的供给。客人送礼给家主，亦必送给奴娃。否则娃子虽不敢发言，主人主妇不悦之意形于颜色。考察团在凉山旅行，所经寄宿之家，必备两份仪礼，一送家主，一赠娃子，以迎合彝人的习俗。

黑彝爱护白彝奴娃，在物质上的表现尚为不足，在心理上的收效至为重大。白彝娃子若有困难问题产生，主人必极力谋解决的方法，充分表示娃子事情自己应当负责，使白彝坦心服从，所以凉山迄今未闻白彝对黑彝叛变的事情。考察团未入凉山之前，已聘定里区打吉为保头，打吉命其娃子 2 人，在雷城苏行购买羊只，准备动身，不幸苏行误指羊只在城东，2 娃子于黄昏中奔去，东门汉人误认蛮子前来掳掠，集众举拳乱打，2 娃子皆受重伤，打吉因此不愿率领考察团启行，要留雷交涉，致令我等延误 3 日。办理彝务的王雨庵先生自愿负责交涉，医愈娃子安全返家，并力劝打吉率同考察团先行。打吉回答云："我带娃子从凉山来雷，若不带领他们回去，他们母亲问我要人，我有何辞相对？"语虽简短，其爱护娃子并负责之心溢于言表。

白彝娃子生命财产的安全，亦全归黑彝负责。白彝家屋若受攻击，黑彝必集众御侮。氏族与氏族之间，往往因白彝娃子的关系，引起打冤家，发生冲突仇杀。或因甲族娃子逃至乙族，但乙族扣留不交还，或因乙族娃子被甲族人员欺骗殴打，或因两族间的娃子发生其他纠葛，诸如此类之事，皆足引起两氏族的械斗。质言之，每族黑彝首领，皆以保护该族白彝百姓以及锅装娃子为自己的责任。

同时黑彝需要白彝的爱戴拥护，使全族能够团结一致，对外则企图发展势力。因白彝人多，公意至为重要，影响所及，能够左右黑彝首领地位的起落，势力的兴衰。是则黑白彝阶级的关系是互相的，不是片面的。黑彝对白彝有一套的义务与责任，白彝对黑彝亦然。

罗罗白彝自成一个阶级，上有黑彝贵族，下有低贱的汉娃。白彝与黑彝的关系已如上述，白彝与白彝间的关系如何，白彝与汉娃的关系又如何，尚待详细的讨论。

白彝在黑彝统治之下为劳动的阶级，原是各族黑彝的锅装娃子。锅装娃子有升格之例，可以转变而为百姓娃子。升格之例不能应用金钱财产去赎身体的自由，乃是为主人忠实服役，至时间长久，得家主的信任，由家主赐与土地自立门户，然后渐入百姓娃子的地位。升格并非一旦之事，往往须经过相当期间，或延至数代。里区打吉家有胡姓娃子，系1919年山棱岗之役被掳入山，服侍主人已有20余年，颇得家主信任，为之娶妻生子，今在打吉屋旁另建小屋一所，自己亦耕种一块土地。但胡娃日常仍须到打吉家服役，帮忙处理一切事宜。考察团在三河以达时，打吉虽有锅装娃子多人，但胡娃曾为打吉杀羊剥皮，烧火煮菜，并受打吉之命，率领作者到山后观察等事，实则胡娃尚未取得百姓的地位。半因胡系汉人，非传至子孙至不认汉祖之时，却不能成为百姓娃子。

锅装娃子与百姓娃子的升降流动，已表示其地位相差无几。今日凉山中以百姓娃子占绝对多数，大约黑彝居十分之一，汉娃十之二三，余数全为白彝。白彝百姓历代年久，亦自有姓氏支系。好比谷烹与葡萄以打一带，有白彝车比支，人口繁衍，势力颇盛。以鲁以西有白彝苏甲支亦颇发达。雷西乌角黑彝胡兴民治下有白彝杜、蔡、杨、白诸姓。白彝因有姓氏，亦自有家支，行族外婚制，亲属关系与黑彝同，他如衣食住行、习俗惯例等，皆毫无差异。

不同黑彝治下的白彝，彼此亦有因事冲突，发生打冤家的举动，至事情扩大之时，亦可引起黑彝两族间的械斗。同一黑彝氏族内的白彝，因事冲突纠纷，多由黑彝出任调解，事后白彝须献牲畜酬谢。

在一氏族村落之中，因有黑彝首领，白彝生命财产的安全有人负责，可悉心服侍一主。但白彝有居于村外或居于两族之间，或居偏僻地带，则须服侍二族或二族以上的黑彝首领，始能安闲度日，不受侵害。此等白彝百姓在原主之外，又拜他支黑彝为家主，以求保护。晋拜新主之法，持酒一壶猪脑半边为进谒礼，自认为其百姓，每逢年节又敬献酒食，当然一切百姓的义务皆应担负。谷烹的车比白彝原为吴奇支百姓，但亦多兼事里区支保头，拉里沟为凉山出入要冲，又为各族必经之道，居民分子复杂，不是一个单纯的氏族村落，此间百姓多同时附属有力的各支黑彝，用保地方上的安全。由此可知族支间以及黑白彝间的关系，并非单纯，都有确切的界线，实是复杂错综而有区域上不同的发展。

汉娃在彝地中又自成一级，居最卑的位置。黑彝家的白彝锅装娃子为数甚少，多数实系汉娃。白彝不能奴使白彝，但可捆掳或购买汉人以为奴娃，俗称三滩娃子。白彝只为黑彝奴娃，汉人又为白彝奴隶，汉娃所居地位的低微由此可见。

汉娃的来源都是彝人从汉地边区掳掠而来。掳掠之法有时半路埋伏，劫捆行人，有时夜半结队攻击汉村，有时冤家决斗俘虏对方，甚至汉人或因贸易买卖，或因开垦种植向彝家投保，中途彝人反叛掳为奴娃者，亦所在多有。1940 年 4 月间，在雷属蛮溪口有某垦社垦民 200 余人同时被掳入山，中有刘氏兄弟为中学毕业生，因到垦区访友亦被牵连。叛彝首领为大谷堆吼普支黑彝月桃。当时垦社负责人廖某闻讯赶至，即时亦擒石图支首领椒花，因石图与吼普两支友善，廖君意留椒花为质以待赎回垦民。彝汉两方遂起交涉，廖带士兵 100 余名分布于山上，对山彝兵亦有 100 余人，廖君率同翻译与月桃在山谷间磋商和议条件。正商议间，忽闻枪声，彝汉两方开战，廖君、月桃各自分散，奔回本阵。原来椒花在汉阵中欲图脱逃，士兵开枪击射，椒花立即毙命，因引起对战，和议不成，200 余垦民一概掳去凉山，变卖分散各方，沦为彝人娃子，刘氏兄弟亦不知下落。

汉娃在彝地中，无论为黑彝的娃子，或为白彝的娃子，主奴关系一如黑彝家主与锅装娃子的关系一般。汉娃为财产的一部，家主可尽量剥削其劳力，又可随时转卖于他家他族。汉娃卖价的高低，则视其年龄、性别与体力如何而定。年轻力壮之人无论男女价格皆甚高，孩提老弱之辈则稍贱。初掳至彝地的汉娃，辗转变卖，经过几手，家主始敢收留。往往雷地的汉娃，卖到西康方面，昭觉一带的汉娃，又送到雷、马、屏、峨区域，用以避免娃子的脱逃。

凉山汉娃甚多，无论黑白彝家至少皆有一二人。汉娃入山之后，甚难脱离虎口，因四周都是彝家，纵使可从一村一族逃至他村他族，因语言及形迹关系，一被觉察，又必沦为他家他村的娃子。因是被掳去的汉娃百人中无有一二逃回者，作者所经凉山之区，遇见汉娃不下100余人，皆衣服褴褛，到处操作。有新入山的汉娃，不堪痛苦，见考察团人员，则流泪满面，泣不成声，亦有暗中送信央求脱离虎口之法。

彝人对付汉娃，初来者加倍虐待，终日操劳，衣食不足，视人娃不若牛马。汉娃男子必须留上“天菩萨”，女子留着发辫，男子皆身着破烂彝服，外表看来已十足彝化。但语言方面，非久居彝地，不易立刻学成。经过相当时日，大约几年之后，家主见男子汉娃已实心驯服，则购得女子汉娃为之婚配。汉娃与汉娃联婚，因白彝亦轻视汉人，彼此不相嫁娶。汉娃成家，生男育女，子女为主人当然的奴娃，此种身份生来即定。如得家主欢心，三四代之后可别立门户，自成家庭单位，此时已忘汉祖，可渐渐取得白彝百姓的地位。作者旅居岩池坝、作儿窝一带，暗中查出三家白彝都是五六代的汉姓，他们彝化程度已根深蒂固，不愿说明自己是汉娃，以免被人轻视。三河以达山后遇见樵夫老者一对夫妇，老者系一胡姓汉娃，在彝地已40余年，其妇于20余年前在海脑坝被掳到凉山，家主为之婚配。同行有两个别家女娃子，一系第二代汉娃，一系第三代汉娃。考察团分赠各人针线，老人手指第三代女娃对作者云：“此女已是蛮子，可不必给她。”语中亦可略表由汉变彝的情状。

汉娃转变升格而为白彝百姓，此中经过时间长久，并因各地情形不同，故无明显的界限。实则白彝与汉娃间的分别，不若黑彝与白彝间分别的严格。有几种情形可以举出为例。第一、白彝绝不能升格而为黑彝，不似汉娃可转变白彝。第二、白彝与汉娃虽不通婚，但亦不严禁，汉女因貌美而白男公开争娶者比比皆是。第三、汉娃除家主之外并不服事其他白彝，在社会上地位与白彝略相同，不似白彝无论遇见任何黑彝，皆必谦让自居下属的地位。

汉娃在彝中既难出逃，然汉地家属如能探知所在地点及支系家主，则可托人从中说价，以便用金钱赎回。今举一例，即知汉娃赎回的概况。

1919 年山棱岗之役，普安营守备秘书王文英因城破殉职，次子时年 7 岁，文英事前为之结绳上吊，未死，彝人解下幼子背负而去，先住大谷堆黑彝卢家，取名铁哈，并命看猪。文英长子即今在雷城办理彝务的雨庵先生，时年 14 岁，供职雷波县府，闻变力促冷薰南进兵夺取其弟。卢家因虑汉兵劫夺，托戚友立别区普带铁哈到大凉山变卖，路经恩札瓦西，西南行约 100 里达不失各村，卖给白彝的蒙只家为娃，价 50 两，的蒙只因铁哈原为黑彝娃子，遂改其名为铁拉，以示低于白彝。铁拉在的蒙只家专司牧羊任务。雨庵久不知其弟下落，1927 年遇阿着作肚在雷波当差，托他持 70 两银到凉山寻访。作肚来访不失各，说明外间只托带 30 两银，要赎回铁拉，的蒙只不肯。作肚归告雨庵云铁拉已死，雨庵从此就不再探访其弟。

1930 年铁拉 18 岁，从新入山的汉娃处听到大哥雨庵在天姑密办小学，屡寄口信与笔信，都毫无影响。1939 年又听雨庵转到乌角办省立小学，铁拉拜托黑彝阿着只哈想法转达消息，只哈应允。铁拉在牧羊暇间，常作买卖接洽中人，颇得一般黑彝欢心，只哈为其中之一。只哈暗令铁拉写信，并遣白彝娃子到乌角送信，9 日后即得雨庵回信。雨庵托麻柳湾白彝白灿容到不失各接洽说价，定银 100 两。此时的蒙只已死，铁拉传给其子的各各。白灿容留下九子枪一支（价亦 100 两）为抵押，率同的各各及铁拉到麻柳湾对换。雨庵坐滑竿由雷波来村，一身华服，的各各见后以为雨庵富裕，遂翻前议，改价 600 两，几经交涉未果。王氏兄弟 20 年始见一面，又须分散别去。

以上为 1939 年 6 月间事，后来雨庵几次托彝人朋友到凉山偷出铁拉，都不成功。最后在 12 月间有阿着支兄弟尼翁失觉与雨庵友善，愿出帮忙，的各各原为阿着支戚属立别支的百姓，所以一经阿着兄弟交涉即日成功。当时由尼翁交的各各银 100 两，立刻带铁拉到乌角与其兄雨庵晤面。铁拉 20 年的娃子生活遂告结束。铁拉即系考察团翻译王举嵩先生。

第八章 冤家

冤家为罗罗社会特点之一，它的重要性并不亚于阶级制度。冤家的仇视械斗包括社会生活的各方面，并非单纯的战争或政治，也不是单纯的经济或法律。好像阶级制度一样，冤家是罗罗文化的一个重要枢纽，就中贯联到社会生活的各部门。社会原是一个整体，生活的各方面都是互相错综互相关系的连锁，无论生活上哪一点震动，都必影响社会全局。在一个社区之中，由于文化的发展或历代的传统，生活上往往着重于一二方面而成为文化的枢纽。罗罗的冤家就是这些枢纽之一。

任何人进入彝区，没有不感觉到彝人冤家打杀的普遍现象。冤家的大小恒视敌对团体的大小而定，有家族与家族间的冤家，有氏族村落间的冤家，也有氏族支系间的冤家。凉山彝家没有一支一系完全和睦敦邻，不受四围冤家的牵制。考察团入凉山路经马颈子西去，保头里区打吉与其侄老穆同时失踪，由阿着哲觉率领我们前行。后来到捉脚拉达才会见里区叔侄。原来马颈子以西为补既支地面，补既支与里区支系世代的冤家，彼此仇杀报复，已不知经过多少次数。冤家不能逾越冤家的区域，所以里区叔侄因要避免冲突，暗中绕道他途而去。

冤家结怨必有原因。老冤家的怨恨系由先辈结成，祖传于父，父传于子，子又传于孙，经数代或延长数十代，累代互相仇杀，不能和解。新冤家系因最近两方发生误会或利益冲突，彼此皆不能忍受，激成公开的械斗战争。

打冤家的原因多半不是单纯的。彝例原有赔款的规则，好比杀人必须赔偿命价。如果杀人者不愿赔偿，被杀者的血族即诉诸武力，杀人的亲属则团结抵抗，因而引起两族的血斗。血族械斗（blood feud）在彝民社会中是一个很普遍的事实。罗罗对于此点却有充分的表现。考察团翻译王举嵩在白彝的各各家当娃子的时候，曾亲自经历过许多打冤家的事情。的各各的黑彝家主为立别只哈，与吴奇支发生冤家械斗。先是吴奇支有一男子忽然死在半途之上，族人疑是立别支人害死，要求赔偿。立别支坚不承认，两方争执，没有结果。后来吴奇支族人暗中结合来打击立别族村。立别支已有准备，由黑彝只哈率领族众及白彝百姓，的各各亦在内，径到不失各村东有一地名阿宁七合者，与吴奇支相遇。两支族人对山相拒，互相开枪射击，相持自晨至暮，结果立别支死 3 人，吴奇支死 1 人。第二次立别支复仇，又由只哈率族人进攻吴奇支村寨，毙黑彝 1 人，抢劫黄牛 3 条，然后扬长而去。因是立别吴奇两族就往返仇杀打仗。有吼普支黑彝，为两族共同亲戚，曾出面调解和议，但因条件不合，迄未成功。王举嵩此次到凉山充为翻译，问起立别、吴奇两族冤家事，仍是继续械斗，未曾和平解决。

命案往往为打冤家的起因，渐渐扩大成为族支间的仇杀报复。娃子的纠葛，也是打冤家的一个主要原因。有时娃子由一家族逃出另投其他支系，因此引起两族支间的仇怨。有时因本族娃子受他族彝人的欺凌残害，黑彝家主出而保护娃子，就引起打冤家，白彝阶级人多事杂，与外间各族关系频繁，不免有许多纠葛之事发生，一旦事情严重，各族黑彝因身居保护人的地位，往往出面偏袒本族娃子，结果就演成族支间的械斗。

麻柳湾彝目里区打一即因娃子白灿开之事，与故杨土司女公子杨黛娣结怨。白灿开原系打一的娃子，逃至雷波投杨黛娣治下为娃，因白母曾为黛娣的乳母，1943 年春间打一在雷城遇见灿开督责其回村。白暗地勾结当地军人，逮捕打一入营悬梁责打，打一托人说项，花耗 50 两银子赎出，因怀恨在心，亟待报复。里区打一屡寄语黛娣，力言白灿开犯罪欺主，并要求交出该人，杨黛娣在外求学，不问此事，杨家管事人亦以土司故第自居，置打一的要求于不顾。夏初黛娣归城。当日打一即派人到城北望神坡砍伐包谷，因该区为杨府土地，有娃子苏管事为该区的佃农。李开第县长初到任视事，忽闻城北彝人结队毁谷，以为蛮子叛变，立嘱办彝务的人员调查办理。这是考察团未到雷波前的事情。

彝人对待汉人之投保者和对待白彝娃子一般。小凉山浣沟村有汉人 10 家投磨石支治下为保民。中有陈有伦一家于 1945 年前被大凉山某黑彝所攻劫，掳去陈氏夫妇和子女共 4 人，并抢去快枪 2 支。据某黑彝云他曾被陈有伦的保头磨石作提冤控，坐狱雷波，花耗 50 两银子赎出，今劫夺陈氏全家系报复作提对他的陷害。后来陈有伦自大凉山脱逃，因作提在成都军校读书，投告其母叙述一切经过，母与磨石支戚属有力的彝目吴奇刻古磋商，央其出任调解。刻古到大凉山赎出陈有伦的妻及子，陈女已死亡，计银 80 两，先划刻古自己在凉山中的土地为抵押。有伦妻子回到浣沟，陈因无现银，亦以田地财产价约 80 两划归刻古。但此事未告了结，陈有伦托人寄口信到成都，请作提回去主持此事，如作提未曾控告某黑彝，磨石支当兴问罪之师，惩罚祸首。

冤家起因甚多，实不能一一详述。综观以上诸例，即知大体情形。彝人妇女因婚姻关系，为系联族支间的力量。但妇女发生问题的时候，也是引起打冤家的因素之一。妇女常因夫族虐待，逃回娘家诉苦，致引起两族结怨，相互仇杀。妇女或因转房的缘故，引起纠葛，演成打冤家，好比前例乌角胡里区氏不愿转嫁胡长保，发生命案，激起长保舅家表兄吴奇孤保前来攻击乌角。尚有彝例订婚后女死，必须退还聘金，女家如抵赖财礼不愿退还者，也会引起男女两族的争端。因此在彝人社会之内，常见今日两族结为亲家，往来亲善，明日因事误会，争执打杀，即成为冤家。

打冤家的情形，也没有一定的方式。凡一族与他族结怨，就暗中结合准备攻击对方。罗罗不像澳洲土人战争打架，必先约定时期地点并双方参战人数，然后到场械斗。但和安达曼土人或婆罗洲（今名加里曼丹）土人一般，实行偷袭之法。事前有仪式上的准备，结队出发征讨，目标在于攻击敌方村寨，劫夺仇人的财货。

彝人相信符灵（amulet），用为佩带物，这就是护身符。打冤家的战士常在事前取小羊的毛，请毕摩念经画符，然后缝入贴身的衣服之内，并隔离女色，在21天之内，这羊毛符灵必保护战士，使刀枪不能入身。他如虎须、野人的头发与指甲，都认为符灵，可为护身符。

战争出发之前，先行占卜，以问吉凶。占卜有种种方式，木卜、骨卜、打鸡、杀猪等，下面巫术一章中将详细论述。这里只说明打冤家与占卜巫术发生连带的关系。在彝人心目之内，以为战争的胜负，冥冥之中已有神示预兆不可忽视的。

如果冤家范围扩大，必须联合两族以上的团体去对抗敌方，那么各族壮士就联合举行盟誓之礼。壮士们打鸡杀牲，互饮血酒，并发誓攻击对方，互助到底。

1911 年前后枪支未入凉山之前，彝家的战争武器，乃是弓、箭、标杆、皮甲、长刀、投掷石弹等等。此等武器皆须短兵相接，所以谓之械斗。械斗的时候，必须盛装出场，以示威武。头上的布帕挽起成一英雄结，身上披挂金饰的绸缎。即马匹亦配上金鞍银镫，一切皆用以表示富强，威压敌人。

今日械斗，已名存实亡，因罗罗习用快枪，百步之外即可射击命中。近时冤家战争已无打扮夸示的举动，且战时采取迅雷不及掩耳的攻击方法。这无非表示新技术的输入，更改从前的战术，而形成新式的战争模型。

当年罗罗械斗的时候，有黑彝妇女盛装出场，立于两方对阵之中，用以劝告两方停战和议。这等妇女多与双方都有亲属的关系，好比一方为母族，一方为夫族。彝例妇女出场，两方必皆罢兵，如果坚欲一战，妇女则脱裙裸体，羞辱自杀，这么一来，更将牵动亲属族支，扩大冤家的范围，争斗或至不可收拾的地步，快枪输入，战术改革，妇女立于对阵之举，也就废除。但作者在凉山之日，尚闻有两族打冤家，幸赖一个寡妇出面阻挡，所以未曾开火。如果对方不听寡妇的劝告，寡妇的夫族、母族以及母之母族，将联合共攻这敌人冤家。彝例尊重寡妇的意见，寡妇如肯出场，冤家往往打不成。

彝人战斗的策略，多系先由一方暗中结队出发，乘敌人不备一举而攻之。对方既知冤家已结，就随时戒备，或沿途打听消息，见有形迹可疑，即飞报本族，立刻集合壮丁出兵御侮，前已提及里区支与补既支系世代的冤家，作者旅居巴普之日，曾亲自目击两支对战的情形。有一天清早，户主里区约哈把作者从甜睡中喊醒，说是对江有人打冤家。作者立刻下床穿衣，跟着这位黑彝老头子向村外跑去。到达沿河坡上，已见十几人坐列谈天，两位翻译也在内，作者尚埋怨他们，遇此重大事件不先通告一声。当时向坡下一看，见隔江 10 余壮士荷枪追到此岸，向着西面补既来窝村开枪射击，连连 10 余响，后来就没有再听到反应，这已是打冤家的尾声。原来补既来窝与对江里区支的以鲁村，时常往返对打。昨天夜晚补既族人派出一队壮士，在以鲁村山后埋伏，听着晨鸡叫鸣之时，才开枪向村里射击，意图进攻该村打杀劫夺，彝例冤家不许夜半攻击，必待鸡鸣始可行事，此为彝家不成文的法律，必须遵守，违背者将受公意严重的制裁，或各族将联合共同攻击之。那日清晨以鲁村民听到枪声，立刻集合壮士，携械防御，渐渐击退补既支人。进攻者反败，转由山后小路，退到彝车河渡回本村地面，跟着就是里区支人追赶过来。这就是作者跑到坡上观战的时候，两村壮士的打仗已达一个多小时之久。

彝人的战争，多不持久，往往死伤一二人多至三五人即行退却或暂时停止。罗罗不重杀戮，视人命很宝贵，或系由于人口稀少之故。冤家攻入村落，不杀妇孺，不杀白彝，但皆掳之而去，黑彝男子被俘获者，多杀之而报仇。不杀黑彝，他亦必自求一死，以表示坚毅的精神。黑彝贵族虽为俘虏，也从无降为奴娃的规例。黑彝妇女被俘获者，多禁之以待本族说价赎回。白彝无论男女，皆可奴使为娃，或转卖他方。

劫掳敌方人娃财物，皆为重要的战利品。彝人争斗并不占领土地，但大肆劫夺，尽量搬运牲畜、存粮、财货等物。所有从敌方劫来的娃子财产，即算为自己的财产。往往战争所得的东西，抽出阵亡者的丧费以及因战争的损失费如子弹的消耗等，然后大家瓜分。

彝家掳掠劫夺的举动至为普遍。这不但施之于冤家仇敌，对于陌生之人亦行掠夺。例如里区老穆在黄茅埂侧独力掳去3个在逃的汉娃，即收为己有。老穆系考察团的保头之一，为凉山中所谓安分守己之人，亦行此劫夺的事情。原因是罗族人民视在某种情况之下，可以劫夺他人的财产以为自己的财产，此系彝家社会惯例，不算是违法。这种劫夺的举动，在美洲平原印第安人（Plain Indians）的社会里极为普通，青年人往往结队出征，偷袭邻族，抢劫财产，用以练习勇敢的精神。再如阿拉伯北部巴达因（Badawin）人，也是各部落相互争斗劫夺，成为社会的风气。平原印第安人及巴达因人皆系射猎游牧民族，拥有这等劫夺尚武的精神。此点或可旁证罗罗原系游牧民族，因而保持固有的文化。

冤家争斗如果势均力敌，往返报复，酿成世代血仇。冤家中如有一方势弱，不愿应战，或怂恿寡妇出场应付，或托亲友调解，情愿赔礼和议。因是彝人冤家并非绝对的延长下去，也有和平解决的办法。

冤家的和议多由两方共同亲戚或朋友，出为中间调解之人，奔走交涉磋商条件，至两方都同意赞成的时候，再实行和议的仪式。前例里区打一与白灿开一案，白的背景为杨土司女公子黛娣。黛娣回雷之日，打一结队砍毁望神坡包谷，李县长以为蛮变，命王雨庵邀同里区打吉调停和解。王与里区二人两方接洽相议，就决定几项条件：

第一、白灿开是招祸之人，应对黑彝里区打一赔罪。按彝家古例，赔罪之法为头上戴金子，身上穿缎子，身下骑花马，实即备办全套金冠缎服与马匹以为赔罪的礼物。但今只名存，实际上诸多礼物皆可折成银两用为赔款。白灿开的赔罪名目为头上戴金子折成 10 两，身上穿缎子 5 两，身下骑花马 10 两。换言之，白应出 25 两银以赔偿打一的一切损害。

第二、里区打一得罪土司府第，应出身下骑花马费 10 两，用以对杨黛娣赔礼。

第三、苏管事在望神坡的包谷田园无辜受毁，何人应负赔偿之责，颇费踌躇。打一虽为毁谷之人，但因报复先前所受的损害，不愿赔偿。苏与白同为杨土司府第管事同僚，苏亦不愿接收白的赔偿。因此说合中人共劝望神坡田园邻近两家名阿着留留与阿着雪伯者，用共维地安的名义，合出资 7 两赠苏管事。阿着两家原系杨土司故属，经疏通说项之后，希望两方调解，极愿担负出资息事。7 两银子固不足抵偿田园的损失，但苏管事亦愿冤家早解，以免杨府及同僚长久的与人结怨。

白灿开之案，虽然调停，成立条约，但未见付诸实行。考察团初到雷城的时候，即闻里区打一于半途中掳去苏管事之子，因留麻柳湾为质。直至作者赴麻村考察之日，经保头里区打吉说项，打一始放苏子归去，但此案尚悬而未决。

冤家争斗如经几度抢杀，到和解之日即可用人命对抵，黑彝抵偿黑彝，白彝抵偿白彝，无法抵偿的人命，则出命价赔偿，亦即许多民族团体所实行的血债（blood money）。好比甲乙两方冤家，甲方死 5 人，乙方死 3 人，除 3 人对抵外，乙方须赔偿甲方两条人命。黑彝价贵，白彝较贱。人命之外，尚考究结怨的原因，如系甲方起衅，就要出款若干，以为赔罪之礼。

和议完成之日，由中人两方交款，并实行和平的仪式。大家择定在一个山坡之上两方聚会，赔礼一方备办牛羊鸡豕宴客。事前杀鸡滴血于酒中，两方代表人互饮血酒为誓，彼此不再为仇，言归和好。誓毕大宴，互贺饮酒，尽欢而散。

彝家社会以氏族为团体主要的组织。故在同一氏族之内，大家共同负有责任与义务。个人为氏族团体之一员，个人被侵害即不啻氏族之被侵害，所以个人如受杀害，氏族团体出而报仇，必杀敌方团体一人以抵命，以命偿命为彝人社会不成文的律例，执行的方法即利用团体共同的责任并冤家打杀的机构。

同一氏族之内，原不许打冤家。但近代因氏族支派繁衍，也有同族异支斗戕之祸。同族间的争执往往由于有力黑彝仲裁判决。如有命案发生，彝例同族必须偿命，不能按命价赔偿。里区打一误杀里区别土的儿子，别土为打一族叔，当年召集族人，并杀牛招待，公议打一必须偿命。打一不得已应允，两次自杀未果。后来别土忽然逝世，没有人立促打一偿命，同时打一妻族恩札支势力相当雄厚，不愿打一偿命，出面说合命价，别土既死，打一又渐露头角，里区族人无有敢反抗者。因此同族打杀必须偿命之例，亦渐因人事环境的关系，而变更方式。

实则，罗罗社会中的近支血亲仇杀，尚不能放弃以命偿命之例。近亲诸如兄弟叔侄、姑舅表兄弟、姨表兄弟等类，如有仇杀，皆以偿命论。前例磨石作提曾在成都军校读书，可惜未曾毕业即因事归家，适逢其胞兄从滇北担保 10 余汉商深入凉山，其兄与作提相议，谋欲反保劫掳汉商而去。作提新受教育，知彝汉一家同为中华国民，力持异议。其兄与作提争辩，坚欲反保，作提一时性急，举枪自杀。族人欲议作提胞兄应履行偿命之罪，但作提究非其兄所杀，久不能定，此事迄今未曾解决。

总而言之，彝人在氏族亲属之内，勉励团结一致，共负集体的责任，因此族人不打冤家，若杀害族人，必须抵偿性命。若就族外关系而言，打冤家却是社会生活的一个重要机构。因有打冤家的战争模式，历代相沿，青年男子始则学习武艺，继之组织远征队，出击仇人冤家或半路截劫，至杀人愈多或劫掠愈甚之时，声名愈显著，地位亦增高，渐渐获得保头名目，而为政治上的领袖。

打冤家也是彝家法律的一种实施方法。人命必须抵偿，用战争的方式解决之。血族的仇杀报复、赔偿血债等，都是执行法律的例证。这些不成文条例即是制裁人民行为的重要力量。

打冤家也是经济的机构，不但诸多结怨的原因由于经济的冲突，而且若非冤家结仇，就无从劫夺财货，奴使人娃，而增加自己的财产。

罗罗社会因有打冤家的传统，维持尚武的精神，提倡勇敢的行为。更因对付冤家的缘故，自己团体增加结合的趋势。罗罗各支若遇汉兵入境，必全体团结一致，共同抵御。质言之，彝人因有打冤家的文化模式，一方面各支系派别可互相牵制，成一平衡的局面，另一方面又可保持武勇的精神，防御凉山的大本营。

第九章　巫术

巫术在罗罗社会的生活里，也占有一个重要的地位。早期社会的巫术往往和宗教相混不分，罗罗此点自非例外。巫术和宗教不但能够支配人民的动作行为和维持社会的安宁秩序，而且统治早期社会的心理态度和培养传统的道德观念，质言之，我们考研早期社会的巫术和宗教，从中可以窥察当时人民适应环境在心理上的反应，也就是在思想方面的表现。

要知罗罗巫术的状况，不得不知巫术、宗教、科学分别如何，关系如何。巫术和宗教都是对付超自然界，科学所对付的却是自然界。但是科学和巫术也有相同之点，彼此目标相同，都有因果观念的定律并应用机械的技术。所不同者科学应用因果的定律和机械的技术于自然界，巫术却应用之于超自然界。早期社会对于宇宙观念，不分自然界与超自然界，他们以为只要遵循传统的定例按序实行技术，就可以达到目的。因是弗累则（J. G. Frazer）曾说明巫师就是早期社会的科学家。实则巫术因对付超自然界的因果观念，往往不能得到实验的结果，因为超自然界的因果关系是人类根据错误的类比（analogies）所想象创造，在自然界中却没有存在的余地。

巫术和宗教既都是对付超自然界，彼此关系密切，难于划分。弗累则之后，人类学家研究巫术和宗教的分别关系比较详尽，但尚无严格划分的方法，实际上二者相通之点太多，彼此又交相依赖，共同发展，中间并无明显的界限。若就全部的两方极端而言，巫术和宗教应有一个分别的领域，不然早期社会的许多仪式行为，我们就无从了解，也不能加以说明。

罗罗社会对于自然界的观念有两种不同的方式。一种是超自然力（supernatural power），属于没有生命的物质，诸如石头、银子、衣服或首饰等物，附有精灵，极像波利尼西亚人民的“摩那”（mana）观念。另一种是超自然人（supernatural being），属于有生命的有人格的事物，好像山脉之有神灵，人死之有鬼灵。这两种观念的方式在宗教发展的过程中，有不同的结果。人类对于宇宙的观念有两套不同的类比：一套类比关于超自然力的产生，乃是依照物质之有特性，诸如物之颜色、形状、重量与坚硬性等，而发展为精灵主义（animism）的信仰，或是“摩那”的信仰。另一套类比则是依照人类本身之有意志、倾向与目标等，而发展为灵魂主义（animism）的信仰，或是鬼神（spirit）的信仰。

精灵主义的信仰，在罗罗社会之中，可以找出许多明证。前章所述打冤家的护身物，如小羊毛、虎须、指甲和头发等的符灵，能够保卫战士在战场上的安全，就是相信精灵的存在。罗罗家族凡祖先所遗留的东西和衣服、首饰、银子、用具等，久后成为“吉罗”，不可乱动，以致产生危害家族的事情。“吉罗”即是精灵的观念，与“摩那”相同，有些人以罗罗“吉罗”为家神，实是一种错误。试举一例，黄螂附近蒋家为一个熟彝，祖传三个箱子，一为银子，一为衣服，一为首饰。某日蒋家外甥女归到舅家，无意中打开祖传的箱子，把衣服首饰装束起来，第二日箱子内东西皆不翼而飞，“吉罗”跑失，后来蒋家就败落下来。彝家的“吉罗”即是精灵，神秘不可触动，否则“吉罗”必活动走去，而为家族的损失。“吉罗”的信仰只限于物的神秘性或物的超自然力，却没有鬼神的观念。

灵魂或是鬼神的信仰在彝家的社会里更为普遍。各种疾病死亡以及不幸事情的产生，都是由于鬼的作祟。鬼名极多，有吊死鬼、痢病鬼、杀死鬼、苏臬鬼、客家鬼、猴子鬼、头痛鬼等，不胜枚举。一切鬼怪都能作恶，扰害生人，所以罗罗特别怕鬼，对于治鬼的仪式也特多。神有良莠不齐，善神能够保佑生人，恶神亦能变鬼为恶。家族祖先死后经作道场即变为神，毕摩的祖师也是神，可由诵经而降临。彝家没有偶像，也不供奉崇拜。罗罗未曾产生独一神的观念，自然现象中的天地日月，皆有神灵，惟与生活不关痛痒，就无崇拜的仪式。山神彝语谓“米西”比较最为重要，因山神统治雨水，祈雨时必请山神。各山又有各山之神，各不相属。罗罗以山神治雨，与汉人以龙王治雨，正恰相反，这不外表示宗教思想受环境的影响，因罗罗居高山之上，所见云雾雨水皆由于山巅往下而降。

精灵主义与灵魂主义二者并存于罗罗社会，造成了彝家的宗教思想。但从实行的技术而言，一方面是巫术力量用机械方式施行法术，另一方面是个人由于通神的中人与超自然界发生关系。罗罗的毕摩兼为宗教的祭司和巫术的巫师。毕摩念经通神主持祭奠的时候，他居于祭司或通神者的地位。毕摩诅咒压鬼作法治病的时候，他就成为巫师。实际上罗罗毕摩的主要任务，即在于实行巫术。

毕摩为彝家社会特殊的人物，他的职务与常人不同，专司宗教和巫术的活动。一个村落之内，至少有一个毕摩，黑彝白彝皆可，但近代当以白彝毕摩居多。毕摩限于男子，有师传制度。必须经过学习训练，系彝家惟一的严格的教育。师传之法往往从父传子或从叔传侄，好像一种家传的职务。毕摩家藏经典，有人祖神话、算命、占卜、降神、咒鬼、祈雨等经书，用彝文传抄。彝家文字并不普遍应用，彝文能够流传，毕摩之功为多。

毕摩之外，尚有一种巫师，名为苏臬，苏臬没有师父，只系常人因得疾病失神等症，由苏臬鬼魂附体，用白羊白鸡在林中祭之，病愈之后即成为苏臬。苏臬有男有女，不得传授，亦无经典。平时为人治病作法，击羊皮鼓，全身战栗，旋转跳跃，口中念念有词，尽其活动诅咒之能事。

毕摩与苏臬虽为不同系统，但实行巫术的目标却是相同。毕摩的任务特多，苏臬的职责较少。现在分别叙述他们的工作和法事，借以明了彝家的巫术情形。

先说占卜，一种神示预知将来的吉凶。占卜有两种相反的方式：一种由于神借人口预卜，或是祭司传达神的意旨而卜测将来现象的发生，诸如西伯利亚、非洲、波利尼西亚一带普遍实行的方式。另一种占卜由于视察物质或动物的内脏和骨骼等。欲求预知将来，巫师须有一个严格的技术的训练，使能视察动物骨脏的重要方位与斑点。罗罗的占卜全部属于后一方式。

彝家占卜，多由毕摩主持，常人亦有行之，举凡婚姻、丧葬、疾病、出行、狩猎、打冤家等皆可举行，预卜吉凶。占卜方式很多，兹举数例，以观概况。骨卜最普遍的为灸羊膀，毕摩取羊膀用火草烧之，然后检察骨上所表现的裂纹，以定事之吉凶。裂纹的主要规则为十字形，分上下左右4纹，左为自己，右为鬼怪，上为外方，下为内方。左纹正直而长者为吉，因自己比鬼怪强，反是为凶，鬼比己强。下方明正强于上方者亦为吉。质言之，裂纹有各种详细的解释，我们由此稍知其意义而已。骨卜尚有检察猪肋的斑点，鸡嗉软骨的内外弯曲，皆系吉凶的征兆。

打鸡占卜亦由毕摩执行，先念词语告以人名及所问之事，后将鸡击毙掷出户外，视鸡首的方向而定吉凶。外方为鬼怪，内方为自己，鸡首向外为吉，向内为凶，不内不外或横卧者为平。尚有用鸡蛋行占卜者更为普遍，多行于疾病问鬼。作者在雷波之时，曾亲见胡占云毕摩，用鸡蛋在病者身上摩过，然后口中念词，将鸡蛋打入一碗水中，检察蛋黄的星点，然后决定什么鬼怪作祟。

打木刻又为占卜的一种，多行于出行与战争。简单的方法系取一木条或木片，口念人名及出行方向，将刀刻划许多痕迹，并于当中划一长道。检数上下两方的刻纹以卜吉凶。上方为鬼怪，下方为自己，奇数为吉，偶数为凶。如上方偶数下方奇数，决定己强鬼弱，则为大吉之兆。考察团在大凉山中因与阿着哲觉发生龃龉，归途不知走南路抑是北路。出行的前夕，闻保头里区打吉暗中告毕摩打木刻，以行北路为吉，作者是后才由翻译王举嵩处听到，惜未曾亲自参与此种举动。

占卜预知祸福吉凶，为一种控制命运的巫术。按巫术与宗教原系由于人类生活中，在感情紧张的情况之下产生效能。所谓感情紧张的情况即是生命的转机，好比生婚病死、业务失望、冤家打杀以及莫可奈何之恨怒等等情事。在这等情况之下，人类理智经验没有出路，却依赖信仰和仪式而逃避到超自然界的领域。许多早期社会进行农业工作，在日常经验及科学知识方面，他们必焚烧山林，锄平园地，播种刈草，去除害虫，防御鸟兽，使谷物得到良好的收获。但是早期社会也常有利用形如谷物的石头，埋存土中，目的在于由石头的精灵而增加收获。雨水能使谷物生长，雨水缺乏之时，早期社会又依赖祈雨仪式而控制气候。所以在早期社会思想之中，科学和巫术同是有因果关系，但他们却分不清什么是自然界和什么是超自然界。

罗罗的宗教实属早期社会的状态，与巫术相混不分，一切实施多偏重于巫术的活动。巫术严格地根据传统的技艺，并以为技艺实行没有错误的话，必能到达所要求的目的。彝家巫术亦系因生活紧张的情况而产生，然后一代一代地传达下来。

彝家疾病种类极多，但无医药的应用，都是巫术的医治。先由毕摩断定疾病因于什么鬼怪，然后作法术送鬼治病。治病法术即为送鬼，普通边区汉人说是送菩萨。彝人疾病及一切不幸遭遇，皆以为鬼怪作祟，所以每年阴历三月、七月和十月至少送鬼三次，目的都是去除鬼怪，使家宅平安。

作者在大凉山三河以达的时候，曾亲自目击里区打吉住宅送鬼情形。毕摩为村内白彝设加儿，率领徒弟即系他的儿子，约十二三岁，带着一袋法宝行事。师徒两人并排坐于锅装后面，即平日尊客的座位。父子手缚草人并折木子为钱。设加儿摇铃念经，徒弟也随着唱和，于是两人一面口念经书，一面手缚草人。毕摩用石头在锅装火里烧红，然后取出到主人住房屋内巡绕一周，仿若驱鬼之状。再坐地上念诵经书，并散发木子。

毕摩束好 4 个草人之后，打吉邀同妻恩札氏并 3 个儿女蹲于锅装右边，一家人围成一个圆圈，另由白彝娃子双手扭执公鸡一只，在打吉等头上绕匝 9 遍，然后递给设加儿，毕摩用尖刀一把狠力地打击公鸡首颈，口中尚念词不绝，鸡死之后即以鸡血淋洒草人，并以鸡毛安插草人身上。娃子又执山羊一只绕匝打吉等头上

7 遍，然后杀羊亦淋血于草人。罗罗视奇数为吉利，故绕匝必须 7 遍 9 遍。鸡羊之死有代罪之意，和犹太人的“替罪羊”（scapegoat）的观念相同。

毕摩施行许多法术，吹鸡作响，散发木钱，屋内彝人呼号呐喊，闹到半夜，最后才把草人木钱送到屋外远处掷于各方，当然又是一阵的喊叫。草人不啻即是弗累则所谓的模仿巫术（imitative magic），仿鬼怪之状束缚而成，以鸡羊代罪之后，放送于屋外，使不致在屋内作祟，危害生人，造作疾病。

考察团翻译胡占云，亦系彝家毕摩，曾告作者设加儿所念经书第一部为请山神“米西”，可见罗罗对山神特别重视。第二部经书为咒冤家之来咒主人者，此系以咒报咒之法。第三部为咒鬼经书，即是驱逐鬼魔出于屋外。彝人相信鬼魔作祟，由于冤家诅咒陷害所致。解除之法即送鬼反咒，其为害则及于冤家仇人。

苏臬亦为彝家巫师，专治疾病，法术与毕摩稍异。用羊或猪在病人身上绕匝 3 遍，然后杀羊置于门口，由苏臬跳跃打鼓，全身抖栗，信口喊叫，并用嘴含羊子，掷来掷去者三四次。羊皮剥下，送归苏臬，与毕摩得皮相同。最后用泥土作罐形，上面按上罐盖，苏臬在屋内到处寻找鬼怪，纳入罐中，立刻盖上，持罐于屋外埋入土中，意即鬼怪被埋，不复作祟。

从送鬼的仪式中，即知罗罗对冤家有诅咒之法，用以危害仇人。巫术有白色巫术（white magic）与黑色巫术（black magic）两种。白色巫术为善意的巫术如祈雨仪式。黑色巫术为恶意的巫术，如诅咒冤家之类。诅咒亦请毕摩行事，有一家独咒或一村一族合咒不等，视各别或共同的冤家而定。

诅咒有各种方法，难以尽述，今举数例，以明大概情形。第

一、打狗念经，咒冤家遇狗死亡。死狗必吊在路中树上，使冤家不敢越境。作者在旅途中常见死狗吊立，即彝家所行的巫术。第二、打鸡诅咒，用鸡脑壳吊向冤家方向，使之为害仇人。第三、用野鸡或野鸽由毕摩写上冤家名字，紧系于鸟颈之上。作法诅咒并放鸟飞于冤家地面，仇人即能得病死亡。第四、束缚茅草使成冤家形象，用鸡血鸡毛发咒送到冤家田园之间，冤家路过必遇恶鬼死亡。第五、用木板刻成仇人形状，并以蛇血写上名字诅咒，暗中掷至冤家住处，必有天灾降临其屋。第六、用癞子腿骨札成草人，指冤家名字发咒，暗中放于仇人住屋或田间，使其中咒死亡。癞骨草人的诅咒系模仿巫术与传染巫术（contagious magic）并用，模仿者因草人仿效仇人形状，传染者因癞骨病可传到于仇人。模仿巫术与传染巫术二者，合称为交感巫术（sympathetic magic）。

罗罗实行黑色巫术，为冤家间的暗斗，彼此往返诅咒，争取法术的高强，用以危害对方，并求破除仇人进攻的巫术。有时因不祥之兆，亦请毕摩作法寻找仇人埋骨所在，以破巫术的毒计。质言之，彝家以巫术治巫术，法术斗争与器械战争相辅并行。

罗罗遇着死亡的时候，相信人的灵魂从这个世界跑到另一世界去，和其他早期社会的民族一般，彝家视死亡为一个重要的关节，或无上的转机。在这转机之间，人类的感情不但紧张，而且复杂，从丧葬的仪式里即可表现一方面对死者的敬爱留恋，一方面对尸体腐烂的反感，而有恐惧的心理。

死亡的仪式差不多世界上各民族都是相似，必由近支亲属相聚一起。罗罗家人断气之后，不但一家团聚举哀，亲戚、邻居、朋友、奴隶都来吊奠，送牛送酒不一而足。于是洗尸整发，换上新衣服首饰，相聚哭吊一番，再打牛杀羊，共相宴饮。

罗罗实行火葬，把尸体全部焚毁，大约死后一二日或几日行事，视毕摩所择的吉日而定。先制一木滑竿，两边长板两条，中间横着木板，男子9根，女子7根，然后将已装束完备的尸体置于木滑竿上，由白彝娃子4人抬到屋外。另一娃子牵着一匹带鞍的马为前导，一直走到焚尸的地方，意即灵魂骑马而去。焚尸多在屋后山上，锄一四方形平地，四角插入木柱，上有杈子架着4条横木，横木之上置一竹编四方形的筛子。死尸的木滑竿即安放于筛子之上，焚尸的时候，四方向同时点着火把，火光一起，家屋门外的彝人即用大刀打牛，木杠打羊，备办祭奠及宴饮。

烧尸有专人，皆年老贫贱的白彝，常人皆不愿作此举动。烧尸必在清早太阳未出的时候，有彝家亲属守着观察烧毁的状态。守尸者必系奇数，或7人或9人皆可。家里牛羊肉煮熟之后，就搬运到焚尸的地方，大家相聚围食，并尽量喝酒。尸灰有时埋入土中，有时撒散丛林中没有人烟的所在。焚毕死尸，家人全体避于屋外，只留一人率领毕摩关着门户，在屋内到处用筛子作法，筛送鬼魂，以净家宅。

罗罗在焚尸的时候，请毕摩作死者的灵牌，这好像是祖先崇拜的初期。灵牌的作法用木棒一根长约5寸，两面剖开，中凿小孔，谓之灵屋。毕摩在烧尸坟上取一小竹根，以初笋为宜，截成竹片，用3月间剪下的羊毛将竹片用棉线扎起，男9扎，女7扎。此即代表灵魂，放于灵屋之内，于是两片对剖之木棒合起来，灵物装在孔内，不复再见，木棒外面上端用麻绳扎起，也是男女9扎7扎不等，更用白布棉纱包上。毕摩作法去污之后，即成为灵牌。灵牌供于锅装后面墙上之木板上，凡年节、送鬼、疾病之期，由毕摩作法杀牲祭灵，飨以酒食。

罗罗不似汉人，对祖先供奉牌位，累代崇拜。彝家的灵牌在作白或作道场之后即可取消。罗罗道场的目的在于超度祖灵入于神界，或入于另一世界，有隆重的仪式。或由一家独力举办，或由数家合办，则视家族氏族的经济能力而定仪式的繁简。大约在死后一年或三五年举行，甚至亦有延至十几年几十年才举行一次。

道场为氏族与亲属相聚的机会，一方面有严格的仪式，一方面团体会合宴饮，尽情地社交娱乐。仪式有 12 殿法事，费时 10 余日，消耗之大冠于一切活动，非富裕之家实不能举行。普通道场作一二殿或几殿不等，由毕摩行事，有解除污秽、送灵归位、祈求子孙安乐、产物丰厚等等目的。最后有送灵的举动，那就是把父母灵牌重新剖开，另制新木棒，也有灵屋，把旧时父母两个灵物，合放于新木棒的灵屋之内，父灵放在上面，母灵放在底下，此亦模仿巫术之一例。然后木棒两片合盖起来，两端用白布扎细，送灵时由儿子背上，毕摩领路，送到高山崖洞人迹不到的区域去。据说此处即为族间祖灵会聚的所在，毕摩念经指路，带灵魂到达白河，亦即彝家所信仰的另一世界。在崖洞之中，家族三五人解下新木棒，重新检视祖灵，见无错误，再打扎上放在崖洞中。于是分食从家里带来的猪脑半边，剩下脑壳放于灵前倾酒为祭。于是归家，不复再有其他崇拜的仪式。

丧葬的仪节，一方面因信仰鬼灵，由于仪式的举行送祖灵安然渡到另一世界，一方面对于生人因在感情紧张的状态之下大家聚会行礼，以求渡此难关，渐渐恢复到平日生活，使人类社会的均衡状态得以保持。

死亡固然是重要的阶段。业务失败也是一个难关或转机。罗罗依赖农业产物为主要食粮，如遇旱年危害谷物的时候，彝家必从事祈雨仪式，冀以巫术统治气候。祈雨必用白羊白鸡，安慰山神，由毕摩作法，撒散血毛于各方，毛血似雨似雪，也是模仿巫术。至认白色禽兽为神秘，亦为早期社会中普遍的事实。例如叙利亚及中央亚细亚的白马、泰国的白象以及美洲印第安人的白牛、白鹿、白狸等，皆为神秘的兽。毕摩实行法术的时节，村人辅助呐喊。有放枪震动山神，有号叫威压鬼怪，尽情奔动活跃，使雨从高崖上下降，以符实行巫术的目的。

罗罗另有许多禁例，英语谓之“他不”（taboo）。按弗累则的解释，禁例即系消极的巫术。彝家禁止人民跨过锅装，说是亵渎火神，其根本原因当然起于火能烧伤人命。禁止马在屋内备鞍，因此系送死人的仪式。禁止出行之人未离屋之前扫地，怕鬼怪追逐行人路上作祟。像这种的禁例甚多，不胜枚举，积极的巫术应当是作什么事，才能达到目的。消极的巫术则不应作这等事以避免祸害的来临。所以禁例也不过是扩大的巫术而已。

罗罗尚有神判（ordeal）的习俗，以决定一人的罪行，这也是一种巫术的实施。例如摸蛋即系判决罪犯，其法先由毕摩念经，烧一大锅沸水，将鸡蛋投入锅中，命罪犯者伸手于沸水中，将鸡蛋取出，如手不被烫伤者即证明无罪。又如嚼米也是一种神判，毕摩念经作法之后，命嫌疑犯吞嚼红白米一小撮，嚼碎后再行吐出，检视米中没有血丝染成红色者为无罪。神判行于同族间窃盗欺诈等等行为。冤家之间窃盗为荣誉之事，同族窃盗则为罪恶。有时犯罪也可以由盟誓解决。白彝如欲取信于黑彝，向之睹咒，或剖白心迹，可打鸡滴血于酒中一饮而尽，表明如有欺主不法行为，将如死鸡的结果。

盟誓为罗罗取信于人的举动，在行为上为一种巫术的实施，在早期社会法律上为一种契约。彝家无论是业务的往来，行旅的担保，以及联合打冤家等事，必聘请毕摩打鸡诅咒，双方互饮血酒以为盟誓。尚有闯牛皮之例，为黑彝投诚汉官或担保汉官入境的盟誓仪式。其法杀牛将牛皮连着首尾四脚，张挂在木架之上，一如牛立之状。牛首向东，尾向西，毕摩念经作法，投诚黑彝从牛尾底下钻进去，再从牛首底下钻出来，并发咒词，不作叛逆。然后更饮血酒，彝汉共同举行。此乃盟誓最严重的仪式，也是巫术魔力统治彝家行为极明显的表现。

附录一　罗罗亲属名词

甲 . 罗罗亲属称谓主要名词表

彝文	彝音	汉译
[illegible]	a^{44} $ts\underline{ɿ}^{33}$①	曾祖、高祖、外曾祖
[illegible]	a^{44} pha^{33}	曾祖母、高祖母、外曾祖母
[illegible]	a^{44} phu^{33}	祖、伯祖、叔祖
[illegible]	a^{33} o^{33}	祖母、伯祖母、叔祖母、外祖姨母
[illegible]	a^{33} nia^{55}	祖姑、外祖母、堂外祖母、岳祖母
[illegible]	o^{33} phu^{33}	外祖、堂外祖、岳祖父
[illegible]	a^{21} bo^{33}	父
[illegible]	a^{33} mo^{21}	母
[illegible]	ta^{33} ta^{33}	大伯父（直接称谓）
[illegible]	pha^{55} vu^{33}	伯父、叔父
[illegible]	mo^{21} $ɲi^{33}$	伯母、叔母、姨母
[illegible]	a^{33} $bɯ^{33}$	姑母、岳母、姑

① 元音下“—”符号表示该元音为紧元音。

续表

[illegible]	i^{55} pho^{33}	姑丈、岳父、翁
[illegible]	o^{33} ȵi^{33}	舅父、岳父、翁
[illegible]	ȵi^{33} ȵi^{33}	舅母、岳母、姑
[illegible]	ŋa^{33}	我
[illegible]	ŋa^{33}ŋa^{33}	自己
[illegible]	bo^{33} dzɯ^{33}	丈夫
[illegible]	m̩^{33} ni^{21}	妻
[illegible]	vɿ^{55} o^{33}	兄、堂兄、姨表兄
[illegible]	m̩^{33} m̩^{33}	大哥（直接称谓）
[illegible]	a^{21} m̩i^{33}	嫂、姨表嫂、舅表姊妹（直接称谓）
[illegible]	vɿ^{21} mo^{44}	姐、堂姐、姨表姐
[illegible]	a^{33} vɿ^{21}	大姐（直接称谓）
[illegible]	ʑɪ^{33} ʑɪ^{33}	弟、堂弟、姨表弟
[illegible]	ȵi^{33} ma^{55}	弟妇、姨表弟妇
[illegible]	n̥i^{33} mo^{21}	妹、堂妹、姨表妹
[illegible]	a^{33} bɯ^{33}zɯ^{33}	姑表兄弟
[illegible]	a^{33} za^{55}	姑表姊妹、大嫂或大姑（直接称谓）
[illegible]	o^{33}ȵi^{33}zɯ^{33}	舅表兄弟
[illegible]	o^{33} l̥e^{55}	舅表兄弟、妻兄弟及亲家三者的直接称谓
[illegible]	o^{33}ȵi^{33}a^{33}m̥i^{33}	舅表姊妹
[illegible]	ma^{33}tsɿ^{33}n̥i^{33}mo^{21}	兄弟姊妹、平行从表（包括堂兄弟姊妹及姨表兄弟姊妹）
[illegible]	o^{33}l̥e^{55}a^{33}za^{55}	交错从表或姑舅表兄弟姊妹
[illegible]	vɿ^{55}o^{33}ʑɪ^{33}ʑɪ^{33}	兄弟、姨表兄弟、连襟
[illegible]	vɿ^{21}mo^{44}ȵi^{33}ma^{55}	姊妹、妯娌、姨表姊妹

续表

[illegible]	ɑ^{33}m̥i^{33}ɑ^{33}zɑ^{55}①	姑嫂、亲母
[illegible]	zɯ^{33}	子
[illegible]	zɯ^{33}ɕi^{33}mo^{21}	子媳
[illegible]	zɑ^{55} mo^{21}	子媳、外甥女及内侄女三者的直接称谓
[illegible]	ɑ^{33} m̩^{33}	女
[illegible]	ɑ^{33}mɿ^{33}sɑ^{55}ɣo^{33}	婿（[illegible]一词应用于发生婚姻关系之男子，如姑丈、姊妹夫、女婿、侄婿、甥婿等）
[illegible]	zɯ^{33} ndu^{33}	侄、姨侄
[illegible]	zɯ^{33}ndu^{33}ɕi^{33}mo^{21}	侄媳、姨侄媳
[illegible]	ɑ^{33} mɿ^{33} ndu^{33}	侄女、姨侄女
[illegible]	o^{33}l̥e^{55}zɯ^{33}	舅表侄、婿、侄婿
[illegible]	o^{33}l̥e^{55}ɑ^{33}mɿ^{33}	舅表侄女、媳、侄媳
[illegible]	n̥i^{33}mo^{21}zɯ^{33}	外侄、婿、侄婿
[illegible]	ɲ̥i^{33}mo^{21}ɑ^{33}mɿ^{33}	外甥女、媳、侄婿
[illegible]	lə^{33} bu^{33}	孙、曾孙、玄孙
[illegible]	lə^{33} ɕi^{33}	孙媳
[illegible]	lə^{33} mɑ^{55}	孙女
[illegible]	lə^{33}bu^{33}ndu^{33}	侄孙
[illegible]	lə^{33}mɑ^{55}ndu^{33}	侄孙女
[illegible]	zɑ^{55}lə^{33}bu^{33}	外孙
[illegible]	zɑ^{55}lə^{33}mɑ^{55}	外孙女
[illegible]	ɕi^{33}kɑ^{55}l̥e^{33}ɲo^{21}dʑi^{55}	长次三四五（此五音加于名词之后，用于直接称谓，以表示长幼之序）

① 辅音下“。”符号表示该辅音为清化辅音。

乙.罗罗直接称谓名词

第一表

弟妹对兄姐的直接称谓（附兄嫂）		
彝文	彝音	汉译
[illegible]	m̩^{33} m̩^{33}	大哥
[illegible]	a^{33} m̩i^{33}	大嫂
[illegible]	m̩^{33} ka^{55}	二哥
[illegible]	a^{33} m̩i^{33} ka^{55}	二嫂
[illegible]	m̩^{33} ɬe^{33}	三哥
[illegible]	a^{33} m̩^{33} ɬe^{33}	三嫂
[illegible]	m̩^{33} ȵo^{55}	四哥
[illegible]	a^{33} m̩i^{33} ȵo^{21}	四嫂
[illegible]	m̩^{33} dʑi^{55}	五哥
[illegible]	a^{33} m̩i^{33} dʑi^{55}	五嫂
[illegible]	a^{33} vɿ^{55}	大姐
[illegible]	a^{33} ka^{55}	二姐
[illegible]	a^{33} ɬe^{33}	三姐
[illegible]	a^{33} ȵo^{21}	四姐
[illegible]	a^{33} dʑi^{55}	五姐

第二表

舅父舅母姨父姨母的直接称谓		
彝文	彝音	汉译
[illegible]	o^{33} ʑi^{33}	大舅父
[illegible]	ȵi^{33} ȵi^{33}	大舅母

续表

[illegible]	o^{33} ka^{55}	二舅父
[illegible]	$ɲi^{33}$ ka^{55}	二舅母
[illegible]	o^{33} $ɬe^{33}$	三舅父
[illegible]	$ɲi^{33}$ $ɬe^{33}$	三舅母
[illegible]	o^{33} $ɲo^{55}$	四舅父
[illegible]	$ɲi^{33}$ $ɲo^{21}$	四舅母
[illegible]	o^{33} $dʑi^{55}$	五舅父
[illegible]	$ɲi^{33}$ $dʑi^{55}$	五舅母
[illegible]	a^{33} bo^{33} $ʑi^{33}$	大姨父
[illegible]	mo^{21} $ʑi^{33}$	大姨母
[illegible]	a^{21} bo^{33} ka^{55}	二姨父
[illegible]	mo^{21} ka^{33}	二姨母
[illegible]	a^{33} bo^{33} $ɬe^{33}$	三姨父
[illegible]	mo^{21} $ɬe^{33}$	三姨母
[illegible]	a^{21} bo^{33} $ɲo^{21}$	四姨父
[illegible]	mo^{21} $ɲo^{21}$	四姨母
[illegible]	a^{21} bo^{33} $dʑi^{55}$	五姨父
[illegible]	mo^{21} $dʑi^{55}$	五姨母

第三表

伯叔父母及姑母（附姑父）的直接称谓		
彝文	彝音	汉译
[illegible]	$a^{21}bo^{33}ʑi^{33}$ ($ta^{33}ta^{33}$)	伯父
[illegible]	$mo^{21}ɲi^{33}ʑi^{33}$	伯母
[illegible]	$a^{21}bo^{33}ka^{55}$	伯父或叔父
[illegible]	$mo^{21}ɲi^{33}ka^{55}$	伯母或叔母

续表

[illegible]	a^{21} bo^{33} ɬe^{33}	伯父或叔父
[illegible]	mo^{21} ŋi^{33} ɬe^{33}	伯母或叔母
[illegible]	a^{21} bo^{33} ŋo^{21}	伯父或叔父
[illegible]	mo^{21} ŋi^{33} ŋo^{21}	伯母或叔母
[illegible]	a^{21} bo^{33} dʑi^{55}	叔父
[illegible]	mo^{21} ŋi^{33} dʑi^{55}	叔母
[illegible]	a^{33} bɯ^{33} ʑi^{33}	大姑母
[illegible]	a^{33} bɯ^{33} ka^{55}	二姑母
[illegible]	a^{33} bɯ^{33} ɬe^{33}	三姑母
[illegible]	a^{33} bɯ^{33} ŋo^{21}	四姑母
[illegible]	a^{33} bɯ^{33} dʑi^{55}	五姑母
[illegible]	i^{55} pho^{33}	姑夫

第四表

舅父子女（舅表兄弟姊妹）的直接称谓		
彝文	彝音	汉译
[illegible]	o^{33} ɬe^{55} ʑi^{33}	舅之长子
[illegible]	o^{33} ɬe^{55} ka^{55}	舅之次子
[illegible]	o^{33} ɬe^{55} ɬe^{33}	舅之三子
[illegible]	o^{33} ɬe^{55} ŋo^{21}	舅之四子
[illegible]	o^{33} ɬe^{55} dʑi^{55}	舅之五子
[illegible]	a^{33} m̥i^{33} ʑi^{33}	舅之长女
[illegible]	a^{33} m̥i^{33} ka^{55}	舅之次女
[illegible]	a^{33} m̥i^{33} ɬe^{33}	舅之三女
[illegible]	a^{33} m̥i^{33} ŋo^{21}	舅之四女
[illegible]	a^{33} m̥i^{33} dʑi^{55}	舅之五女

第五表

姑嫂对称的直接称谓					
姑呼嫂			嫂呼姑		
彝文	彝音	汉译	彝文	彝音	汉译
[illegible]	a^{33}m̥i^{33}	大嫂	[illegible]	a^{33}za^{55}	大姑
[illegible]	a^{33}m̥i^{33}ka^{33}	二嫂	[illegible]	a^{33}za^{55}ka^{55}	二姑
[illegible]	a^{33}m̥i^{33}ɬe^{33}	三嫂	[illegible]	a^{33}za^{55}ɬe^{33}	三姑
[illegible]	a^{33}m̥i^{33}ɲo^{21}	四嫂	[illegible]	a^{33}za^{55}ɲo^{21}	四姑
[illegible]	a^{33}m̥i^{33}dʑi^{55}	五嫂	[illegible]	a^{33}za^{55}dʑi^{55}	五姑

附录二　川边考察记行

1943年暑间，燕京大学边区考察团前往川南雷、马、屏、峨区，去做实地的考察（参见本书第137页后插页：考察区域示意图）。本团于7月2日从成都动身，经乐山、宜宾到达屏山县城，适屏山县长陈赓尧氏在蓉井毕行政会议，一路同行归县，因得着许多帮忙与方便。在县府停留数日，又蒙王鸣阳秘书招待参观，得益良多。屏山城原为明代的马湖府，有土知府安氏世袭坐镇，传到安鳌因叛变被戮，府属遂于明孝宗弘治八年改土归流。今城东古迹有天宁、太洪、万寿三寺，均建始于宋，经后代改修，就中有石像、铜像、铜钟等类，雕刻模塑，形状至为精美。城西约5里为前泥溪镇，有土司镇守，今则破坏不堪，只余旧屋三五落。土司署尚留存，前后两院，中隔花园，前院门匾上有“康熙二十五年建造”字迹犹可看出，土司王氏子孙居署右。我们往访时均辞不敢见，王秘书率领我们深入院中，遇一壮年男子，询之即系王氏之裔，经王秘书解释我们由县府派来，始加优礼，其父母皆出招待，且备饭邀请。后出示钢印一颗，四方形，左右两排字，系汉满文对照。铜印旁有小楷字注云：“泥溪长官司印，礼部造，乾隆二十七年五月日，乾字一万二千六百一号。”王氏子孙视此铜印为家传至宝，保存甚谨。我用墨擦印，印于日记本内，留为纪念，并嘱胡良珍抄录王土司世系表一份。最后为王氏合家拍照一张而别。

7月20日本团清早离屏西行，先渡金沙江入云南境，下午4时达绥江县城，距屏山已90华里。稍休息后，又出城沿江上行，不10里天暮，我们不得不摸着山僻小路爬走，为状至惨。这时候飞鸟无声，万籁俱寂，耳边只听江水滔滔不绝。我们一面忍着辛苦饥渴，一面恐惧匪徒劫夺，所以急急前进，到达秉彝场对岸，已入午夜。

秉彝场是屏西重镇，离县城130华里，人口12,000余人，旧名蛮夷司，民间尚沿用。昔与泥溪镇同等，也立有长官。秉彝场位于中都河流入金沙江的交叉点，水顺时有汽船直达，木船平日可行，交通尚称方便。此镇为内地通达边区要点，外间盐布货物，皆在此地起卸，转由人工运到边地，与彝人贸易。今秉彝场以东，已无彝人踪迹。秉彝场以西50华里至夏溪，即入小凉山境界，为彝人出没之区，汉彝杂居之地。此镇已有边区气象，人民成分复杂，离秉彝场3华里之石角营，虽已有区所成立，但一切设施，尚待将来努力。

沿西宁河上行，河旁两岸都是汉家村寨，四围山上即有彝人。本团过夏溪之时，即遇见黑彝一人，带有通译汉人。我个人因系第一次亲眼见到彝人，所以特别感觉兴趣，同在一家茶馆内，就彼此谈起话来。询之则为马边境内吼普支的“硬都都”，所谓“硬都都”即系黑彝支派中有势力权柄之人。这人头发剃平，只留头上一束，谓之“天菩萨”。他的胡须整个拔掉，左耳带着耳环，身上背着一个皮袋，内贮银钱烟叶等，下体穿裤，裤脚甚宽大，且有绣边，但足部从不着鞋履草革。这黑彝嘴角下垂，状甚骄傲，通译的汉人事之甚谨，因欲求彝人供给衣食。后来又遇白彝六七人，都略通汉语，服装却与黑彝相同。

夏溪西行 15 华里，至撕栗沱，为一小村落，几十户人家，该村有中国抗建垦殖社第二区事务所，所内人员正设计建筑，使成模范村落。该社勉励垦民殖边，不遗余力。今日垦殖势力已由撕栗沱往西发展，经西宁、罗三溪，南达中山坪，入雷波县境。

本团离撕栗沱西行 70 华里，始达西宁，沿途攀山登岭，至为辛苦。外间货物如米、酒、盐巴、布匹等，须由背子转运，一人之力所背既有限，爬行山岭更苦痛。近各垦社与县府商议建筑道路，已设有委员会计划一切，希望早日成功。

西宁居小凉山的中心，位于山谷中小平原之上。四围皆高山峻岭，村右沟水蜿蜒而行，天然风景绝佳。7 月初旬村上一处失火，竟于两小时之内，把西宁全村茅屋焚毁一空。村民经 20 余日之积极建筑，今茅竹屋宇已排列成行。街道两旁有各种商店，并旅社茶楼等，颇称热闹，村街之上多为汉人，彝人往来者亦甚多，此地为汉彝交易的中心地带。我们在此间看见许多彝妇头上包布，身穿布衫，腰系褶裙，衫裙皆绣花边，状至美丽，少女则编一发辫。无论男女老少皆外着披风，寒暑不更。街上遇见黑彝一人，名约哈儿，为恩札格儿支的“硬都都”，高大雄伟，比之夏溪所见黑彝尚见壮大，但年龄稍长，家有儿女 3 人，娃子甚多。罗绪卿君为我介绍约哈儿，相谈甚欢。罗君在西宁历有数年，曾带兵打败恩札支彝人，为诸彝所钦敬，为人亦忠厚，与彝人往来存信义，甚为彝众所信服。约哈儿率领娃子多人，前后相随，一如军队长官之有护兵者。这黑彝体格在诸白彝中，即不啻鹤立鸡群。

本团在此考察，对于彝民出掳汉人为娃子者，几日有所闻。同时由彝地逃出之汉人娃子间亦有之。在撕栗沱之时，我曾亲见 3

个娃子新从彝地出来。1940 年 4 月间在雷波蛮溪口，曾被掳去垦民 200 余人，迄今分散凉山诸彝间，渺无消息。

以上多谈彝事，今稍述西宁社会特点。西宁新近繁荣，不但因于汉彝交易，亦因于垦社势力之发展。彝地多种烟，常雇用汉工，以鸦片所出，换取白银枪支。所以今日凉山武力雄厚，白银充足。西宁为边区社会，其特点略举如下：(1）人口虽未经彻查，约在 500 人之上，且日有增加，流动性亦极大。性别比例更非常态，大约 20 男中只有 1 个女人，男子又多为壮年，年幼年老者甚少。(2）民性强悍，无论商人、平民、垦民皆背有枪支，以备自卫。(3）社会秩序的维持，操之于各武力团体如保卫队、垦社、秘密会社等。这些团体，气息相通，彼此皆以兄弟相称。(4）边区环境如是，人与人的关系，多是自由结合，自由行动。(5）对于经济开发，特别努力。沿沟有水田稻米，四围山脚多种包谷。沿途尚有煤矿铜矿未曾开采。西宁山上森林重重，如果道路交通发达时，都可以栽砍利用。因有以上几个原因，西宁社会成为具有特性的边区。遍访西宁附近地带存留前清乾隆嘉庆时代的石牌石坊，可见当时是个繁华场所，清末是地没落，1911 年以来则更甚。新近西宁重兴，赖各垦社开殖之力为多。

西宁居于雷、马、屏三县交界处，又为彝汉杂居的中枢，如欲开发小凉山，发展西宁则为先决的条件。西宁又与马边雷波两县城成一直线关系，而自居中央。西面离直线不远即为大凉山，将来如要开发纯粹彝区，也不能不利用西宁的位置，而为向西发展的根据。

本团于 7 月底离西宁径赴雷波。西宁与雷波的间隔，不过 140 里，一日半的路程，只因中隔彝区不能通达，所以我们不得不由原路重返秉彝场，然后再沿金沙江上溯，须经 410 里路程，消耗五六日的时间。

由秉彝场沿江而行，立见江水渐渐狭小，而且急流甚多，难于通行舟楫。对江为云南境界，山岭重叠，崖壁险恶。到冒水孔已行 50 里，尚未过午，惟当地保长极劝我们停留过夜，以为此去没有大镇，离黄螂 70 里，又不能傍晚到达，因山路狭隘崎岖，难于行走。我们急于赶路，不顾劝告，继续前进，中途经过 10 余里陡坡，崖上下皆极险峻，中一小路只容一人走过。我们行路之时，不敢仰观，亦不敢俯视，只循小路而走，尚觉目眩不已。至日已西坠，我们才爬上沙湾上岭，此岭至顶就有 20 里，陡险之状难以笔述，岭顶且常有彝人埋伏，时出擒获汉人，以为奴娃。本团人员幸安全越岭，抵达黄螂之时，已是晚上 8 点钟。

翌晨日出即由黄螂南门出走，回顾此山镇，旧日城墙尚雄壮可观，城之四围为山谷中的平原，田亩青翠，土地肥沃，远近山岭皆半在云雾中。距城南 5 里之遥即为马湖。湖颇宽大，南北两岸相距较长，由木船渡过需时 2 小时。湖之四围皆山，东面较低已有种植包谷之处，湖水洁净碧绿，日光反映成黄金色，湖上空气新鲜，寂无声音，处身其中，不禁胸怀为之一舒。我静坐舟中，默视此良辰美景，依恋不舍。回忆 3 年前曾在美国东北省避暑胜地的白山之下，与内子饶毓苏划舟于银湖之上的境况，却依稀相似。我国有此美丽山河，只因地处边区，不能开辟游览，诚可浩叹。

来到南岸即可看到东南山上的一片荒土已经垦殖，布种包谷，山之上下还有几处茅屋村落。西南山上又有彝家住屋，云系石图支首领，两山遥遥相对，彝汉原是一家。登南岸即到海脑坝，坝上住有保安队，每逢 1、4、7 赶场之期，队兵必到村后五子坡上放哨，防备当地彝匪出动，保护平民过境。本团行到半山菖蒲田，即遇见哨兵已解哨归来，经与排长交涉，另派兵6名弟兄护送我们。从士兵的仓皇态度、急促样子看来，使我们感觉到经过此区的危险性。弟兄们又在中途指示血迹，云系前日匪劫行客的陈迹。行客2人，死1人，被捆1人，并云沿途森林草丛之中，尽为彝人埋伏之处，他们在暗中可以窥见我们，但我们无法看见他们的存匿处。现在县政府正积极从事开辟大道，砍伐路旁草丛，真是一桩急需办理的事情。

我们登到五子坡顶，看见一个破庙，也驻有保安队。我们遣回原有弟兄，另由驻庙排长派一班队兵，护送我们走下南面山岭。南面朱儿沟一带时常有劫夺之事，比北面更是危险。排长说："前些日在夜里曾与蛮子数度开火打仗。"山岭山谷之间，见有几个败坏的堡垒，可以想见此地从前曾有重兵压守。下岭到箐口已是午后2时，稍事休息继续前行，此去全系山谷平原，坦然大道，到牛吃水过夜，离黄螂又90里。

牛吃水又名文水，离雷城35里。全区皆系山谷沃地，山间住屋连络不绝。因防范彝人，住屋之一角必筑堡垒，以资自卫。金竹嘴离雷城只10里，我们就看到被焚的残屋3座，据云3月间匪来劫夺，毙死2人，捆去3家男女。本团到雷的次夜，金竹嘴又一家被劫，死1人，被捆7人。据云每次考察团经过雷波，多遭劫夺。由于沿途所见所闻，即知匪祸之为害不浅。无论白昼夜里，村镇山野，枪弹之声，时有所闻。河山虽美，其奈民居不安。据近在雷地调查的中大教授萧栅森云：文水一带有铁矿300万吨。无论从农业经济抑从天然富源而言，我们都必须对此雷地边区加倍注意。

雷波为一小城，城内外人口不及万人。城中一条街道，平日除茶馆外，生意萧条，但至逢场日则满挤着四方来临的买卖行客。雷波也是彝汉交易的重要场地，许多货物如布匹、盐巴、针线等，专为供给彝人的需要。平日街上彝人也不断地往来，县府门旁设有边民公寓，以资彝人过夜。彝人汉化者很多，服装方面改换之后，即不复分辨谁为彝汉。已故杨土司之女杨黛娣住城内，新近从重庆边疆学校读书归来，一身时髦服饰，且满口汉语，已不复有彝习。

雷波地处川省极南，迫近大凉山，受彝祸之深，比之马、屏、峨三县皆有过之而无不及。边区交通阻塞，内地居民则裹足不前，彼此间的消息难于通达，以是边地真相无由得悉。边地居民多恨彝人，每有谈话，皆存偏见。实则，彝人为害并不甚多，而彝汉勾结为害者更多。就中彝汉之争，彝汉联合对汉，汉彝联合对彝，彝对彝，汉对汉，纠纷捣乱之事，相继不绝。处理边政，一时尚难廓清。

本团在雷波考察之余，又到雷西15里乌角村调查。该村全为彝人势力，即少数汉人，亦在彝人保护之下。村内彝目原为胡兴民，因于5年前逝世，次妻吴奇氏又于去年亡过，现只有正妻里区氏独掌大权，统治乌角与哨上一带居民。里区氏有兄里区打吉者，住大凉山中央，常到哨上辅助其妹办理村中事务。我们到乌角之时，适里区打吉亦在，机遇至为凑巧。他系里区支的“硬都都”或有力彝目，现年只35岁，为人比较开通，也懂些汉语。因为有里区氏兄妹的帮忙，考察工作的进行至为顺利，只就体格测量而言，不二日间量至50人，此为彝区工作不易之事。我们由乌角返雷之日，遇见同济大学医学院教授方超，率领学生 2 人到此要专门测量彝人的体格。医学界人士对此尚感兴趣。我们专治人类学民族学之人，如不从事此项研究，将如何汗颜惭愧。

本团择定乌角哨上一带为小凉山社区研究的样本，就中除体质测量外，尚有语言，物质文化，社会组织，亲属关系，经济制度，宗教巫术等的考察。至于入大凉山事，已与里区打吉商量，他愿为保头，一路护送我们入山，并由雷波李开第县长，于 8 月 12 日在县府主持实行简单仪式，由双方当事人到场行礼，然后入山。按从前西部科学考察团和四川省政府施教团入凉山考察之前，先与保头杀鸡宰牛发誓，双方饮血酒为盟。因为彝人信鬼，发誓之后，不敢背叛，免鬼来作祟。实则，彝人饮血盟誓，事后背叛者甚多，徒赖誓盟，不足担保。我们此次未饮血酒，开汉彝往来关系之先例，希望以后考察人员不必拘泥于迷信风俗，反阻彝汉文化的流通。

行礼之后，本想 13 日从雷波动身，但因当时发生几桩事情，都直接间接影响到本团的预定行程。保头打吉有白彝娃子一人，因事囚于雷波狱中，要求县长释放，有意以释放娃子为护送我们入山的交换条件。李县长允阅卷考虑，因此案系前任县长移交，迄今未曾决定执行。

打吉正在等待县长的答复，但我们心急启行，力促办理彝务的洪绍云及王雨庵二氏劝告保头，并解释护送入山与释放娃子为两回事，不可混为一谈，打吉很明理，有允翌日动身之意。

次日清晨，我们正准备束装就道的时候，雨庵先生跑来我们住处，说本日不能成行，因夜里打吉向街上苏行买羊被骗，他的两个娃子被击受伤，事情很严重，正在交涉中。同时金竹嘴和城南南田坝掳人之事，层出不穷。本来雷城自县长以下科长绅士等，都曾异口同声地劝阻我们凉山之行。只有王雨庵竭力帮忙，事到如今王先生也有一些气馁。

我心上非常焦急，因已不顾一切劝告，决心入凉山一趟，我想凉山虽危险，总不至比前线更厉害，多少同胞在抗战期中浴血战场，我又何必自惜生命，并且罗罗也不随便杀人，至多捆为娃子，尚有补救的办法。因是写两封快信，一封寄重庆内子饶毓苏，一封寄回燕京大学法学院院长吴其玉兄，通告他们入山日程，黑彝保头的支系姓名，办理彝务的介绍人等等，以防意外事变的发生。同时上山的衣服食品、盐、布、银两、交换礼物等，都已备办妥当，不忍中途而止。于是央告洪王二先生，再三与保头磋商，幸买羊案调解平息，我们又急迫催促，打吉也就不得已答应成行。

离雷第一日因等待背夫，即在雷西乌角歇下。我们住在从前乌角小学校舍，今已停办。打吉与其族侄老穆为护送我们的保头，本晚先到乌角山后的哨上胡里区氏处过夜，等我们明晨路过喊约他们一声。饭后我们正准备休息的时候，忽然撞进两个生面的彝人，一个是黑彝，为阿着族支名哲觉者，另一个为他的白彝娃子。两人来势汹汹，一进屋即滔滔不绝地喊叫，我们翻译把他们的来意说明，原来哲觉系打吉的表亲，为老穆的母舅，里区叔侄因怕路上有冤家的族支，特邀他来加入为保头，但事前未得我们的同意。哲觉为人鲁莽粗暴，开口就要求我们杀羊招待，带骂带闹的喊了半天。我们因深夜无从得羊，嘱翻译王举嵩备办便饭给他们充饥。晚上睡在我们隔壁，整夜说话，闹到天明。良珍心细，劝我考虑与此疯人彝目同行，是否有危险发生的可能。

翌日我们加上一个邬姓背子，一个因吃鸦片而家产败落的人，一举步就说所背的东西太重，未到哨上已跌倒好几次，我们不得已就雇了一个白彝背子，工资很贵，但想能分担些邬姓所背的东西，不阻我们行程也就罢了。谁知经过扒哈的时候，大雨倾盆，山僻小路又险又滑，我们只能慢步前进。到了一个山岭，将近傍晚，前面系一片老林，打吉因有羊群在前，自己要赶上在林中过夜。彝人常在野外露宿，他们把脑袋缩进毡衣之内，蜗成一团，就随便倒地睡去，什么风霜雨雪都不在意。我们随着哲觉和老穆就在山后马家湾休息下来。

马家湾只有14户人家，散居山谷间，原为杨土司的百姓。我们到白彝乌七家过夜，主人出外，一切由主妇招待。屋为土墙茅顶，进口有一门，却没有窗户。屋内有锅装设在中央稍靠左边。锅装为彝人家屋生活的中心，有许多禁例与此相连，屋左隔着竹篱，为主人主妇卧宿之所，屋右安放石磨杂物，家畜猪羊也居留在内。主妇制包谷粑并杀鸡招待，杀鸡不用刀，用手捏死。我们赠主妇剪刀丝线等，狂喜大呼。邻屋老妇也携一壶酒来献给我们。

离雷第三日还是大雨，山僻小路，泥泞不堪行走，邬姓背子出门上坡即滚到坡下，幸坡下丈余有几根草木挡住，不然直滚下去，万丈深渊，必无埋骨之所。我们见此光景，知邬姓背子不能长行，他也哀求退伍，因又出重价雇白彝一人代替，并嘱乌七彝妇觅人保送老邬返雷，因乌角以西全系彝区，汉人至此非有保头不能行走。从马家湾上坡路最难行，雨后泥坡经羊群蹂躏，更见险滑，我们都是手足爬行，好像四脚的动物，每举一步就花了好几分钟。登坡更不敢俯视，因坡下深渊令人目眩，稍有不慎，跌倒之后，就直滚下去，自送性命。登山巅路稍平坦，但又须穿过老林，林中阴霾万状，雨透内衣，寒冷抑郁之状，不可言喻。经过一天的辛苦，傍晚始达拉里沟，离雷波尚不及70里。

拉里沟为一大村落，散居四五十户人家，中有六七家系汉民住户，当初彝人东侵时，因不及逃避，投在彝人势力之下生存者。拉里沟以西就没有汉民住户了。我们在拉里沟一日，稍作考察，次晚即在拉里沟对面熊家坪住下。

由熊家坪西行，登马颈子，为旧时汉人村镇。1919年之变，焚毁一空，今所余者尚有断墙零瓦。从马颈子可西望黄茅埂，北向山棱岗，山棱岗为汉城，亦于1919年被焚。由马颈子西北行，打吉老穆忽告失踪。询之哲觉，始悉此去为补既支地面，补既支为里区支冤家，因是叔侄不告我们已转弯他路而去。彝人支系各有区域范围，冤家过境相遇，必劫夺打杀，与冤家同行者，亦必遭殃。夜宿丁家坪黑彝家，彝目丁有客已入大凉山，由主妇丁里区氏招待，彝妇态度甚大方，言吐也极自由，不似汉妇婀娜羞涩。屋内有男女娃子五六人，磨谷煮菜，宰羊献酒，系入山之后第一次大餐。

丁家坪西行60里到捉脚拉达。此为一小村落，打吉等已先在此等候，相见大喜。离此不远，打吉有娃子某驱一牛过山岭，坠坡而死，因宰牛围食，深夜始入睡。明晨期望登黄茅埂，来明即起，但因行不久有一彝人背子脱逃，延误了许多时间，旅行中有种种类似的琐细事件，极是麻烦，但因篇幅有限，未能多述。此去约有百里没有村落，且多穿过老林，下雨时蚂蟥甚多，吮人血肉，有烂至成疮者。午后天黑，我们才走80里，不能登黄茅埂，就在老林中地名硬里落骨的一个小场上歇下。大家砍拾干柴，烧一堆大火，半御寒冷，半避野兽。没有携带鼎锅，不能烧火煮谷。我们饿了一夜，彝人尚带包谷粑充饥。幸我们有行军床，尚可入睡，惟夜半醒来，头面皆已露淋，身上冷不可支。虽系暑天，地近黄茅埂，海拔将近4,000公尺，难怪气候和冬天一样。

清晨起床，打吉叔侄又告失踪。昨夜因彝人背子伙食事，与打吉发生龃龉，或因翻译王举嵩双方传语不慎之故。蔡姓熟彝为我们背子，能说五成汉语，秘密告我打吉有些生气。行10余里到毛昔剧烈，将出老林登黄茅埂，阿着哲觉忽喊住一切人夫停下，说前面有冤家，要求我们出一锭银子为买路钱。罗族不用国币，沿用银两。哲觉忽然出此要求，我们极其为难，若应允出银，彝人贪求无厌，此去不堪设想。若不答允，他举枪反叛，我们死无葬身之地。考虑结果，说明我们愿承担此项买路钱，但在雷时打吉未曾提及，没有准备，望保头代出，返雷之后奉还。此事经王举嵩往返翻译，多方解释，始告平息。

本日天气清朗，晨9时登黄茅埂顶上，道途忽变平坦，埂上一带平原细草，凉风吹过甚觉清爽，精神为之一舒。从黄茅埂西行，则为康庄大道，宽度可通汽车，此非入山之人所能猜想得到。从清晨起行，约40里到消罗，入人家煮洋芋充饥。餐后继续前行，经儿侯村下坡，有一小河，河水尚浅，我脱鞋渡水，到中流时良珍为我拍一照。过河又遇打吉、老穆及其娃子七八人，不知何时先到此等待，于是合队前进。又50里到之乎者各，已近傍晚，向北过河，明日即可抵达三河以达，里区支村落。阿着哲觉家住女红，由此南行登山，他要在此分路回家，乘我们坐地休息之时，叫翻译前来索取护送礼物。我们事前不知哲觉加入为保头，未作准备，申明礼物寄存雷城，待本团返雷时补送。谁知哲觉不信，猝然翻脸，破口大骂，王举嵩胡占云两翻译力劝不听，他走到我们面前举枪相向，我心已着慌，甚为恐惧，惟外表尚称镇定，不作逃避之态，明知走避结果更是不妙。在此千钧一发之时，甚幸原来保头打吉奔来拦着哲觉，且夺去他的枪支，拉他到远处说话。我心上忐忑不安，两分钟后哲觉不受打吉劝阻，把原送的毛巾一条，狠力地丢向我身上，并且吱哩咕噜地骂了一大顿。事后才听翻译说，哲觉因大怒还我毛巾，叫我也还他路上所摄他的影片，并要求礼物至少 10 匹布，少了可不成云云。幸在未动武前，打吉又拉着他走了。

后来打吉叫老穆陪着哲觉，自己回来带领我们到附近小屋住下。经过这一场风波，始信保头不可靠。本来每日晚上在辛苦之下，也不顾一群跳蚤的扰乱尽可睡去，今夜在床上辗转不能入寐，刚才的经过历历重现眼前，哲觉粗暴凶狠和打吉模棱态度，都是可怕的东西。此时在大凉山中，已是笼中之鸟，他们要变动反叛，我又有什么法子。心内隐忧，不敢告知同行诸人，怕摇动他们的心理。回想前英人布尔克在连渣脑被害，今此地离连渣脑不过东行数十里，又法国传教士在马边附近被吊身死，许多汉人受残害虐杀，我何以不自警惕，反自坠陷阱之中。一夜沉思，百感交集，不觉鸡鸣，又须准备次日的行程、次日的工作。

次日清晨起床由里区打吉率领前行，这时知哲觉已赴女红，远离此地，心上稍觉宽慰。打吉带着我们先到一个小岗顶，指示此间地理形势。从岗顶向北下望，就是昨日沿河而行的三河以哲溪，此溪流入三河以穆河，亦即汉人所称的彝车河，成一三叉河流的汇合处，宛如宜宾的三江口，不过水量甚浅而已[①]。三江口的

① 彝车河系美姑河的上游，解放后改称美姑河。

东坡之上，就是三河以达村，里区打吉的家乡。岗西一带平地，即在彝车河南岸坡上，又是一个村落，名为巴普，系保头老穆的家乡。两村遥遥相对，都是里区支的地域。

彝车河北岸坡上名以鲁者，为里区支白彝的村落。以鲁西面为白彝苏甲支，再往西行则为黑彝阿侯支地面，与西康昭觉一带的彝人相连续。彝车河流入美姑河，美姑河东南行流入溜筒河，溜筒河又东入金沙江，始脱离彝人的区域范围。

我们下岗渡过三河以哲溪，上坡就到三河以达村。凉山中村落，住屋全系散开，没有两户相毗连的。住屋四围都是田园，多数种包谷和荞子。但是此村却有许多水田，产红米，我们曾在打吉家吃过，米粒粗大，味甚甘美。由此可知凉山土地的肥沃。

打吉的住屋有许多特色，和其他住屋不同，也是彝汉文化综合的表示。本来大凉山住屋都是土墙木顶，墙角筑一堡垒。打吉的住屋却为瓦顶，前面为砖墙，中建石制拱门。门顶一石雕刻“一品当朝”四个汉字，两边联句则为“门钱当门一品水，坐厚高山出贤人”。屋为汉娃所建，稍读汉书，文句不通，别字层出。入门即见前后两进，前进有天井亦汉式，两旁为牛马羊猪之栏。后进为住处，排列布局全为彝式，左卧房中锅装右石磨等。

打吉住屋，因系新近建成，比较干净，也很宽大。锅装石片刻有禽兽花草，别生风致。打吉把雷波带来的草席，铺在锅装的后边，并请我们坐下休息，这是尊敬贵客的礼节，好像白彝招待黑彝一样。同时献酒我们，屋内无论何人都分一杯，黑白彝一视同仁，并以糖果分赏孩子。彝家惯例有饮食必赠在座诸人，即娃子亦不向隅，这也是黑彝系维白彝的一个法子。

村内来探视打吉的人，愈来愈多，主人主妇连连倾酒相待。主妇当然就是打吉的妻子，为恩札氏，态度颇严正，不大说话，打吉出外已有三月，相见却不交一语。

当晚打吉准备送菩萨，也就是送鬼。按彝人送鬼请毕摩举行，有两种方式。第一种是疾病、打冤家或其他凶事发生的时候实行。第二种系有定时，每年阴历三月间、七月间和十月间共举行三次，这是送平安菩萨。今年因打吉出外太久，延搁到七月底归家那天才实行。送鬼用一鸡一羊。另外打吉命娃子等再缚一只大羊，说是敬献我们。我嘱翻译王举嵩力劝不住。彝人的敬客礼节，由此可见一斑。一夜消耗两只羊，大家分食醉饱。餐后毕摩一再作法念经，时至午夜，尚未停止。我旬日来因攀山越岭，疲劳太甚，想躺在床上尚可观察一切举动，谁知自己朦胧睡去，却牺牲了最精彩的门外送鬼的一段仪节。

打吉很优待我们，对于我们的考察工作也尽力帮忙。他曾几次召集村内彝人，解劝他们作体质测量。有些彝人对测量抱着极端怀疑的态度，以为测量仪器，即不啻为摄魂的工具，被测之后必魂去身死。因是不可理解的彝人，我们并不勉强他们。肯受测量的彝人，每人送他们一包针线。保头有时带领我们环视村落，访问其他住户。他又常派一个汉人娃子作我们的向导。这汉娃原姓胡，1919 年之变在山棱岗被掳，迄今已 20 余年，在此成家生子，对凉山内情甚熟识，从他口中得着许多的消息。未入凉山之前，边区朋友曾有托访家人戚属在彝地为娃者，我们一一转托这位胡向导作线索，安排秘密聚会的时地。此事要秘密进行，如果彝人主子知道，不但对汉娃不利，即是我们考察人员也有危险。

在三河以达村附近，无论山上田野，我们不知遇见多少汉娃。神貌服装都已彝化，不可分辨。但是他们见着我们，知为汉人，即开口接谈，表示亲密态度，有时凑巧旁无彝人，即托我们想法赎出，稍有知识者则望军队进攻凉山。许多青年男女，初入彝地，被迫在山上砍柴割草，遇见我们即流泪满面，哭不成声。我亦曾几度心酸，但定神一想，若欲有效地援助他们，只有先履行目前考察的任务。

过两天保头老穆来了，邀请我们到他的村上耍去。本团人员就离开三河以达，渡过以哲溪，行不上10里之路就到巴普，老穆的家乡。老穆带领我们到他的父亲约哈的住屋。约哈为人身体魁梧高大，面貌仁慈可亲。我们送上盐、布、镜子、剪刀、丝线、罐头等各色礼物，约哈表示欢喜态度，即命娃子宰羊杀鸡，又是一场宴饮，尽情招待。我们有一个老年背子，从雷波随到彝地，因要取暖，却从锅装上面跨过，犯了彝人禁例风俗，约哈父子碍于我们情面，不敢发言。我命老背子走来，当场责骂，约哈反而劝慰说明无妨。老主人见我们深悉彝情，欣悦状态，溢于言表。

在巴普又是一番考察测量，询问探查。有一次老穆带我到他自己的住屋坡下，勘察地形，这是一个平坝子，中植杨柳数千株，树林左边是一个天然的大池子。从坡上下望，池水树影，掩映生色，形成一幅绝妙景致①。老穆问我此地可否盖一个小学，并问政府能否来此兴办教育事宜。我听见极为高兴，知彝人有

① 解放后美姑县城即建立在这个平坝及大池子上。

向慕汉化之心，就极力说明教育的重要，并代他计划兴建小学，地点在此最为合宜。按巴普有50户，三河以达33户，以鲁31户，之乎者各25户，女红40—50户，尚有其他附近村落都能在一小时左右抵达这个坝子上。后来打吉也谈到这问题，极望此地有学校的成立。彝人既有向化之心，我们自应极力成全他们的愿望。

未入凉山之前，本想从雷波入大凉山，再北行出马边。后因马边西面支系复杂，恐花耗太多，我们限于经济，又因时间短促，所以决定再折回雷波。在三河以达与巴普作毕考察之后，打吉等劝我们西行出昭觉，由西康回蓉。并云此去昭觉，不但路比雷波为近，且沿途平坦，易于行走。我细想从昭觉北行，交通亦不便，恐贻误时日，仍回雷波为是。我们正在讨论之际，阿着哲觉从女红村赶来，极力游说打吉等率领我们经过女红登山由省已翻黄茅埂出拉米，然后向雷波走去。这提议我反对，因不知哲觉这几天排布什么骗局，万一坠入诡计，岂不自投罗网。后从老穆的伯父笑哈设计建议，由北路返雷。

出山第一日清晨从三河以达攀登村后山岭，向东北行，经过葡千、葡萄以达、怕托诸村落，傍晚抵达天喜，就在一个白彝的住屋歇下。保头嫌住屋太窄，率领彝娃另寻住处，所余者只本团人员、翻译背子等。当晚住屋主人为一老太婆，同住一个少妇系她的女儿，刚从夫家归来，另一少妇不满20岁，为新娶的儿媳，儿子出门，屋内没有男人。我们搬出针线、徽章、玩物等，劝请姑嫂二人奏演彝家音乐。两位少妇轮流吹奏口琴，声音清脆可听，每奏一曲皆有意义，由翻译传达，我等极为称赞。口琴有两种，一为竹片，一为银片，都藏于圆管内，挂在衣袖边，取拾方便，最后我们取出丝线共红、黄、蓝、紫四色，鲜艳夺目，为彝妇最爱好的东西。我们说明以丝线交换她们的锅装舞，姑嫂二人最初表示羞涩，不肯起舞，老太婆贪想丝线有些心急，自告奋勇，单人舞蹈，但我们未表满意。经过数度催促，又由翻译敦劝，姑嫂才肯答允，起立跳舞。少妇二人在锅装前面，同时舞蹈高歌，一唱一答。可惜秃笔不能表达歌声与舞状，惟闭目回忆，活泼姿态，隐约尚在眼前。

次晨早行，越30里到黄茅埂，大雾降临，对面不见人形。从埂顶慢下东坡，都是一片森林。彝人背子背着行军床与我二人前行，其他人员皆落后。我们走到深林中，坡下忽来彝汉一名，骑着一匹黑马，见我们立刻下马，拦着去路，要求放下行军床。我命背子冲上前去，这大汉却跑到我面前，幸背子打彝语说明我系汉官委员，汉子迟疑半晌，我就趁势夺路而走。后来打吉告我骑马大汉为黑彝恩札娃儿，著名的叛徒，曾吊杀驻马边的法国传教士，我闻之不禁吐舌。

傍晚过大小谷堆，为山谷中沃地，大谷堆住户35家，小谷堆31家，皆分布平坝斜坡之上。晚宿作家窝，七八户人家，夜半闻枪声数响，惊呼良珍并翻译等，皆熟睡不答。

出山日行百里，路经压岁只、革舌、田家湾等地。过山棱岗时，环顾故城荒草，不胜感慨，城内红墙一道，尚依稀可辨识，余皆无所存留。

最后一日由作儿窝出发，初有小雨，渐降渐大，行20里到大火店，只有二三彝户人家。此去登危岭，山棱岗未失时有大路可通雷波，今皆荒芜不可辨识。保头打吉自告奋勇，在老林丛中摸路而行，我们跟着前进。到山顶见大石磨一个，知为危干岭故址。

这时狂风骤雨大作，寒冷入骨。老背子经不住风雨冷气，数度跌倒，我命其他背子分担他的行李，嘱他空手前行。谁知他已涕泗交流，抖悚不已，我环问谁肯脱衣救命，没有人肯答应。自顾外面雨衣，全已湿透，无补于事。内部毛衣衬衫下至裤袜也全部浸贮雨水，所幸尚有贴身背心一件未湿，稍存温暖。不过略停片刻，已是寒气侵向心内，令人不能立脚。后来出资百元，向一彝人租得氅衣一件给背子披上。打吉即率我们急急前行，因手足已将僵硬。行走不过数十丈之地，后面彝人喊打吉对话，打吉转告我们说老背子已死。我初听未免心上震酸，但转想寒冷不会使人死得这样迅速，立嘱翻译王举嵩回去看视一下。王氏一闻死讯，面如土色，口不能言。但忽又听得呜呜哀鸣声，方知老背子尚未死去，于是出二两银子（当时国币 320 元）雇一随行白彝背着老背子下山。原来老背子骨硬不能行，假装死态，租衣彝人见他已死，即将所租氅衣剥去，因此老背子不得不喊叫救命。到夹夹石天色已黑，该处为雷波北山上哨站，有一班军士把守。连夜下雷波，我当日受冷伤风，旬日后始愈。

本团原定 9 月 5 日返雷，路上延搁几天，县长甚为焦虑，王雨庵先生尤其着急，到处探询消息，深恐我们出事。到此故旧相见大喜。在雷备办送保头一面红缎旗，中绣“汉彝一家”各字，下款燕京大学边区考察团敬赠，另外更以钟、表、剑、刀、布匹等为酬谢礼物。13 日离雷转道秉彝场出中都，适逢屏山、马边、沐川三县长和抗建社吕镇华经理在中都开联防会议，吕氏被举为联防主任，见面相谈大喜。次晨吕氏派团兵 10 余名护送我们越五子山出沐川，此非防彝，乃防土匪劫路。由沐川北行经犍为、五通桥到嘉定，沿途甚平坦。26 日始抵达成都。

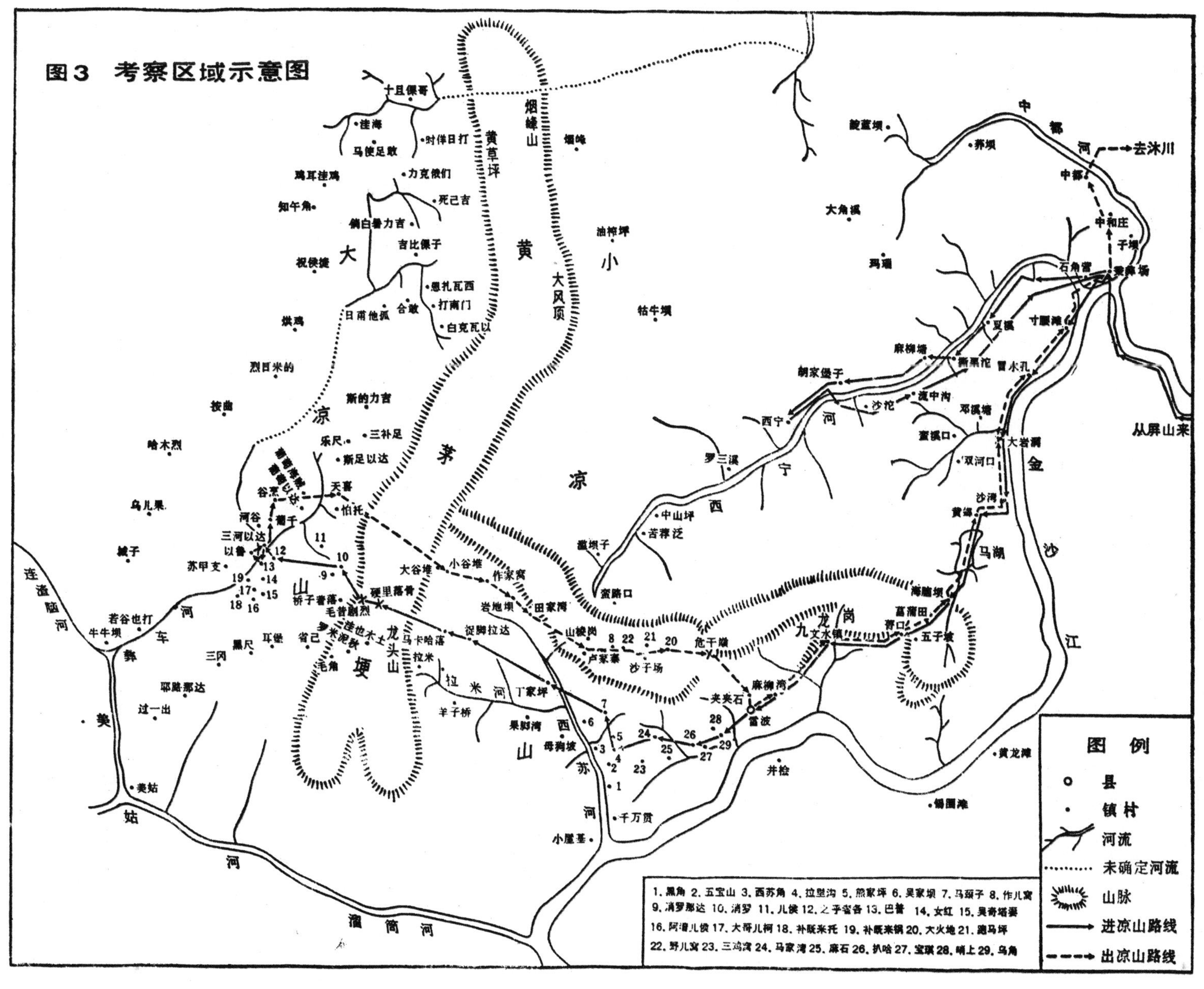
图例
县
镇村
河流
未确定河流
山脉
进凉山路线
出凉山路线
1. 黑角 2. 五宝山 3. 西苏角 4. 拉里沟 5. 熊家坪 6. 吴家坝 7. 马颈子 8. 作儿窝
9. 消罗那达 10. 消罗 11. 儿侯 12. 之乎窑各 13. 巴普 14. 女红 15. 吴奇塔要
16. 阿溜儿侯 17. 大哥儿柯 18. 补既来托 19. 补既来锅 20. 大火地 21. 跑马坪
22. 野儿窝 23. 三鸿湾 24. 马家湾 25. 麻石 26. 扒哈 27. 宝琪 28. 哨上 29. 乌角
大凉山
小凉山
黄茅埂
龙头山
西山
烟峰山
黄草坪
大风顶
九龙岗
金沙江
中都河
美姑河
溜筒河
西宁河
马湖
拉米河
连渣脑河
车
西苏河
去沐川
从屏山来
雷波
中都
黄琅
昭觉
美姑
千万贯
小屋基
井拴
黄龙滩
锡圃滩
西宁
沙沱
大岩洞
双河口
蛮溪口
麻柳湾
夹夹石
五子坡
谷堆
天喜
怕托
三河以达
以鲁
苏甲支
若谷也打
牛牛坝
三冈
黑尺
耳俄
省已
毛角
拉米
丁家坪
马卡哈落
捉脚拉达
岩地坝
田家湾
山楼岗
卢家寨
沙子场
危千坝
小谷堆
大谷堆
作家窝
硬里落青
毛普剧烈
桥子普落
罗米泥秋
洼也木土
乐尺
三补足
斯足以达
斯的力吉
按曲
烈目米的
哈木烈
乌儿果
拱鸡
日甫他孤
合敢
思扎瓦西
打南门
白克瓦以
吉比保子
倘白鲁力吉
祝侯捷
知午角
鸡耳洼鸡
力克俄们
死已吉
马使足敢
时佯日打
洼海
十且保哥
烟峰
油榨坪
大角溪
养坝
靛蓝坝
玛瑙
牯牛坝
罗三溪
中山坪
苦荞泛
漩坝子
蛮踏口
果厨湾
母狗坡
羊子桥
过一出
耶路那达
中和庄
子坝
石角营
夏溪
寸眼滩
新果沱
曹木孔
麻柳塘
胡家堡子
滚中沟
邓溪塘
蛮溪口
黄坳
沙湾
海脑坝
菖蒲田
营口
乌儿果
城子
图3 考察区域示意图

第二编　凉山彝族今昔

一

1943年夏季，我进入了中国西南腹地大小凉山，初访彝家，至今，岁月流逝已经整整40年了。那次深入凉山调查之后，写出了《凉山彝家》一书[①]。我在该书1944年序言中说：“我于十余年前曾经梦想过游历凉山深入‘罗罗国’，外人所谓独立罗罗的区域。抗战以后，辗转川滇从事任教，于是很有机缘亲历伟大的西南后方，去年夏天前往凉山彝区考察，因而实现了从前的梦想。”在那个时代，能顺利平安地进出凉山，确实是许多人的梦想，我也为这次梦想付诸现实而激动不已。自那以后，我不时又渴想着有另一个机会，重访凉山，再探彝家。1949年中华人民共和国的成立，使我这一夙愿成为随时可以得到满足的现实。通往凉山彝家的路，已由“难于上青天”的险阻变成了近在咫尺的坦途。可是，由于其他方面的研究工作，使我只好将这一夙愿搁置一边。直到1975年，也就是我初访凉山之后的33年，我才再访凉山彝家。33年，不过是历史长河中短暂的一瞬，但对于凉山而言，却是发生了翻天覆地的历史变革。恰如一个刚会走路的孩子，33年不见，已变得你不敢相认。再访凉山，前后对比，我不能不油然而生“沧海桑田”之慨！我试图去摸一摸凉山彝家那历史飞跃的脉搏，然而，我又像一个医术不甚高明的大夫，摸不准，看不透。1975年，不要说凉山，我们整个的国家脉搏的跳动，也不无时无刻地使我感到惶惑。凉山彝家今昔的题目拟好了，但我怎么也理不出一个清

---

① 见本书第一编。

晰的线索。这又使我产生了一种痛楚之感，我只好自我谴责没有尽到一个民族学者的职责。不过，我很快地就给自己找到了一个对于痛楚之感的安慰：我两进凉山的经历，本身就展示出了凉山巨变。且不说交通的方便使调查成了心旷神怡的旅游，回想一下33年前，那种不惜生命安危的“探险”对于今日的年轻人都是不可思议的事情。当年，使用重金聘请，经过盟誓，请了黑彝“保头”，才能走上危险的山路。今天，哪怕是急症突发，不出凉山，也不会有什么生命危险。想一想这两次旅程，真有下地狱和上天堂的差距！还有一点，我难以忘怀。33年前，为上凉山，我们准备下许多彝家奇缺的布匹、盐巴、食品，乃至于剪刀、针线充做礼物。记得我当年夜宿马家湾村，住在一个彝族同胞家中，当我们向主妇赠送剪刀和丝线时，她狂喜大呼。33年后，不要说这些普普通通的日用品，就是半导体、自行车、手表等，在凉山彝家也不是希罕之物。仅凭这两点，我敢说，只要是解放前进过凉山的人，都不能不得出天上人间的感慨。但是，再访凉山，给我也留下了不少困惑不解的印象，因而，我终于把凉山彝家今昔的题目搁置一边。1976年10月，打倒了“四人帮”，我心中的疑团逐个解开。在十年动乱中，凉山彝家也是在劫难逃！自1978年12月，中国共产党的十一届三中全会召开以后，神州大地万象更新。对于凉山彝家怀有特殊感情的我，不时地为从凉山传来的新消息所激动。这几年，我的同事们一次又一次地进出凉山，他们向我提供了许多今日凉山的情况、数字①。正因为如此，我又把搁置7

① 特别是1982年初中央民族学院民族研究所吴恒副教授在凉山进行一次最近的深入调查所提供的材料，以及本所研究生祁庆富同志协助搜集整理原始资料，我在此表示衷心的感谢。

年的凉山彝家今昔的题目再拣起来，希冀通过我自己的切身调查材料谈出一点体会，或许对方兴未艾的凉山研究能起到微小的推波助澜的作用罢！

二

彝族是我国多民族大家庭中人口较多分布较广的少数民族，总人口共5,453,400多人（1982年），居住在我国川、滇、黔、桂四省（区）。四川省的大小凉山、云南省的小凉山是彝族土要聚居区。大小凉山地区，处于青藏高原东缘、横断山脉北段，云贵高原和四川盆地之间的过渡地带，高山耸峙，峡谷纵横，最高处是纵贯南北的黄茅埂，此处海拔3,500公尺。凉山彝族自治州面积7万余平方公里，辖有西昌市以及昭觉、美姑、金阳、普格、喜德、越西、甘洛、布拖、雷波、西昌、德昌、冕宁、宁南、会理、会东、盐源、木里藏族自治县、马边、峨边[①]等20个市县，共有彝族1,360,579人。其中昭觉、美姑、喜德、布拖、金阳等县大约2万平方公里的大凉山腹地，彝族人口最为密集，占当地人口90%以上。这里的彝族以农业为主，兼事畜牧。我解放前后两次旅行考察，主要在昭觉、美姑、雷波三县。

彝族是我国一个古老的民族。根据汉文和老彝文历史资料记载，彝族和白族、纳西、哈尼、拉祜、傈僳等族先民和分布于我

---

① 当时，马边、峨边两县由四川省乐山专署代管，后来于1984年10月5日成立峨边彝族自治县，1984年10月9日又成立马边彝族自治县。

国西部的古代居民氐、羌有着密切的渊源关系。在公元前二世纪至公元初期，彝族先民早就活动在金沙江南北两岸的广大地区，滇池和邛都（今四川省凉山彝族自治州首府西昌市及西昌县一带地方）便是比较聚居的两个区域。从唐代（618—907）开始，彝族以“乌蛮”或“东蛮”这些名称见著于汉文史籍并已成为凉山地区的主要居民了。彝语属汉藏语系藏缅语族彝语支。在长期的民族形成和发展过程中，彝族融合进大量汉族和其他少数民族。1943 年调查过程，我对彝族特别是黑彝亲自做过人类学的体质测量。我在《凉山彝家》中已经指出：“黑彝贵族为彝中统治阶级，也是真正的罗罗氏族。按作者测量观察的结果，黑彝为蒙古种人种（Mongoloid），许多体质特征与汉人相似，诸如体高，毛发鲜少而色黑，棕色眼睛，头面轮廓等，尤其蒙古眼褶系十足蒙古种的表现。以前西方学者从简陋的旅行观察，云罗罗为高加索人种（Caucasoid），其说至为误谬。”① 彝族自古以来就是中华民族大家庭的成员。国外曾经有人散布的所谓“独立罗罗”，是根本站不住脚的，所以这一说法已被学术界所摒弃，这是理所当然的事。

自本世纪初起，海内外对于凉山彝族的考察和研究日渐重视。由于历史条件、地理环境和社会局势等种种因素交织在一起，在某一历史时期，凉山成为一个令人瞩目的神秘地带。1943 年，我初进凉山之前，也有着一种难以捉摸的神秘感。不过，任何一个民族，不论其大小，也不管其自身发展具有多么大的特殊性，都超脱不了人类社会发展的必然规律，正如恩格斯所指出的：“历史上依次更替的一切社会制度都只是人类社会由低级到高级的无穷

① 见本书第 79 页。

发展进程中的一些暂时阶段。每一个阶段都是必然的，因此，对它所由发生的时代和条件说来，都有它存在的理由；但是对它自己内部逐渐发展起来的新的、更高的条件来说，它就变成过时的和没有存在的理由了；它不得不让位于更高的阶段，而这个更高的阶段也同样是要走向衰落和灭亡的。”[①] 凉山彝族社会不管多么神秘，但只要走进去，就会看到它的历史发展的必然性。我在 1943 年的亲身调查的基础上，对于凉山阶级制度的特点有了初步的感性认识。通过国内许多学者的深入调查和研究，今天我们可以肯定地说，凉山特有的阶级制度只不过是人类社会发展的必然阶段——奴隶占有制社会。

三

奴隶制是人类历史上第一种剥削形式的社会经济形态。恩格斯在《家庭、私有制和国家的起源》中说过：“随着在文明时代获得最充分发展的奴隶制的出现，就发生了社会分成剥削阶级和被剥削阶级的第一次大分裂。这种分裂继续存在于整个文明期。奴隶制是古代世界所固有的第一个剥削形式；继之而来的是中世纪的农奴制和近代的雇佣劳动制。这就是文明时代的三大时期所特有的三大奴役形式；公开的而近来是隐蔽的奴隶制始终伴随着文

① 恩格斯：《路德维希·费尔巴哈和德国古典哲学的终结》，《马克思恩格斯选集》第 4 卷，第 212—213 页。

明时代。”[1] 如果把凉山彝族奴隶制和欧洲古代希腊罗马的奴隶制相比较，尽管在表现形式上有这样那样的不同（例如希腊罗马奴隶制是在原始公社彻底崩溃的废墟上建立起来，在那里，农村公社彻底崩溃了，农业和手工业分工明确，奴隶制商品经济发达，奴隶数目繁多，血缘组织完全为地缘组织所代替，而凉山彝族奴隶制则带有较浓厚的原始公社的残余痕迹，在那里，农业和手工业密切结合，奴隶制商品经济十分不发达，奴隶在人口比例上不如希腊罗马之大，以血缘为纽带的家支组织在社会中还起着支配的作用，等等），但是两者都是奴隶占有制社会，在本质上是一致的，它们都是建立在少数的奴隶主阶级对广大奴隶和劳动群众的统治和专政的基础之上的。由于上述种种的特定的历史原因以及历史上长时期的民族仇杀和反动统治，导致凉山彝族奴隶制一直延续到本世纪中叶还继续存在，这在世界史上不能不说是一个奇迹。职是之故，它越来越吸引着中外学术界的关切与瞩目。当然，这是从学术研究的角度而言的。但是，对广大彝族人民的命运来说，这种延续数世纪之久的奴隶占有制度对他们并不美妙，它不仅没有给彝族人民带来什么幸福、富足和繁荣，相反的是黑暗、苦难、愚昧和落后。凉山彝族社会的发展，落后了历史发展脚步两千年。凉山彝族奴隶制是在一种特殊的历史条件下延续残留下来，因而它独具着自身鲜明的特点。

首先，在凉山彝族奴隶制的社会里，奴隶主阶级和奴隶阶级的矛盾对立，是这个社会的基本矛盾。但是，这个社会又有这样

① 恩格斯:《家庭、私有制和国家的起源》,《马克思恩格斯选集》第4卷，第172页。

一个特点，即这种阶级关系是通过特有的森严的等级关系表现出来。整个社会按照生产资料占有状况和在生产中的地位以及血缘关系等等，严格划分为四个等级：黑彝、曲诺、阿加和呷西。这里，黑彝是地位最高的统治等级，其余三个是被统治等级，不同程度地受着黑彝的剥削和统治。统治等级“色颇”（主子）和被统属等级“节伙”（奴隶）之间的等级界限是不可逾越的鸿沟。黑彝的等级决定于血统，是确定不变的，其他等级永远不能上升到统治等级的地位，用奴隶主的话说“黄牛是黄牛，水牛是水牛”，绝对不容许混淆。每一等级按照其血统成分、生产资料占有的情况及其在生产中的地位，基本上都属于特定的阶级地位——奴隶主、奴隶和由于经济分化而出现的中间阶层劳动者。

下面让我们来看一下各个等级的具体情况：

黑彝，彝语叫“诺伙”，是“黑”或含有主体的意思，为最高的等级，也包括“兹莫”（汉译土司、土目、土舍的统称）在内，基本上是奴隶主阶级，占总人口 7% 左右。黑彝不同程度地占有其他三个等级的人身，占有 60% 至 70% 的耕地和大量的其他生产资料。我在《凉山彝家》中写过：“黑彝拥有土地牲畜，自居地主地位。锅装娃子为其奴隶，耕牧劳作，服侍主人，即身体亦为主人财产的一部，可以随时变卖转让。”① 黑彝是天生的贵族，自称血统“高贵”、“纯洁”，绝不与其他等级通婚。他们认为劳动是下贱的事情，完全依靠剥削抢掠为生。他们为了扩大自己的财富，不但残酷地剥削和压迫奴隶，而且经常向邻近地区挑起冤家械斗，掠夺人畜财产，尤其是在周围汉族地区掠夺人口。当我初入凉山在雷波县城

① 见本书第 80 页。

暂住的时候，往往夜半枪声大作，城外就有人家被掳去当娃子。当地汉人把这种奴隶称为娃子。1930 年 4 月在雷属蛮溪口有某垦社垦民 200 余人被掳上凉山，变卖各散四方，沦为娃子。黑彝是凉山社会的主宰者。黑彝中之有权势者，汉人称之为“保头”，彝人则称之为“硬都都”（我初进凉山，就是聘请了三个黑彝保头护送进山。即便如此，也还有随时被黑彝抓去当娃子的危险。因而，在进山前，我写两封快信，一封寄给重庆的妻子，一封寄燕京大学法学院院长，通知他们入山日程、黑彝保头的支系姓名、办理彝务的介绍人等等，以防意外发生，寻找补救的办法）。黑彝的贵族等级身份，是世袭的，即使其中有的成员经济衰落，也不会失其等级身份。而他们往往可以凭借其等级特权和家支势力，东山再起。

曲诺，彝语含有“清白人”之意，它是被统治等级中的最高等级，汉语称“白彝”或“百姓娃子”，约占总人口的 50%，是凉山奴隶制等级阶梯中人口最多的一个等级。曲诺是凉山奴隶社会中的生产劳动者，在人身上依附于黑彝。我在《凉山彝家》中记道：“到了百姓娃子的地位，经济上取得独立，但一切举动仍须听命于黑彝主人。若有抗命或得罪黑彝，必受责打，甚至枪杀。”[①] 这里所说的“经济上独立”，不过是表面的、形式上的自立门户，有一定财产，但本质上仍是奴隶制度下的隶属民。他们只能在黑彝主子辖区内迁徙，并要向主子送礼和服无偿的劳役，承受主子的强制性高利贷，出卖土地必须征得主子同意，一家人如死绝，其遗产必须归主子所有。另外，黑彝在打冤家时，曲诺得替主子卖命。但是，曲诺有相当程度的人身自由，有自己的家支，主子不

① 见本书第 81 页。

能随意杀害和变卖，不能把他们和他们的子女随意拉去做呷西（家奴）。他们有自己的财产，并可占有阿加和呷西。有少数曲诺已上升为奴隶主。他们占有 20% 左右的阿加和 40% 左右的呷西。尽管如此，他们自己的等级却永远不能上升。但少数曲诺由于负债等原因，其等级地位还要下降。

阿加，是彝语中“阿图阿加”的简称，意为“主子门里门外的人”，汉语称“安家娃子”。阿加占总人口的 33%，人身严格隶属于奴隶主，他们是奴隶主为了奴产子、增殖小奴隶的目的而强制加以配婚成家的奴隶。他们完全没有人身自由。他们的子女全部或者一部分可以被主子拉去当呷西和陪嫁丫头。属于两家主子的阿加结婚，所生子女由两家平分。他们必须住在主子宅旁，供主子随时使唤，为主子服大量劳役。即使他们有自己微薄的经济和少量的财产，但主子随时可以夺取。阿加人数虽少于曲诺，但他们是奴隶主剥削重担的主要承受者，也是主子物质财富的主要生产者。在奴隶主看来，让阿加成家并有一点财物，不仅便于束缚住他们，而且还可以为主子繁殖小奴隶。至于那一点微薄的财产，也不过是主子随心所欲、予取予夺的“外库”。

呷西，是彝语“呷西呷洛”的简称，意为“主子锅装旁边的手足”，因此汉语称为“锅装娃子”，在云南小凉山，汉语称为家奴，约占总人口的 10%。呷西主要来源，一是从外区掳掠来的以汉族为主的外族人，二是抽来的阿加子女，三是来自少数破产下降的曲诺，四是在冤家械斗中俘虏来的对方成员。呷西完全没有人身自由，也没有任何财产，他们是受压迫最深的苦难奴隶，在主子的直接监督下，从事家内和田间劳动。他们最受贱视，可以像牲畜一样被主子任意买卖、抵押、奴役甚至被杀害。我在《凉山彝家》中说过："黑彝对锅装娃子大有生杀予夺之权。"[①] 在黑彝奴隶主心目中，他们被看作是一种"会说话的工具"，像牛马一样的财富。我在《凉山彝家》中也提到"黑彝优待奴娃"的情况，诸如锅装娃子衣食皆赖主子供给，甚至客人送礼给主人，也要带娃子一份。这种情况并不说明黑彝奴隶主对锅装娃子有什么慈悲之心。只不过说明奴隶主对于锅装娃子这种活的财产，不会轻易地损失，恰如奴隶主对于牛马一样。正因为如此，奴隶主并不是轻易杀害他们。呷西是凉山彝族奴隶社会中最低层的等级，过着牛马不如的生活。呷西经过主子配婚后，可上升为阿加，而阿加也随时可以下降为呷西。

等级制度是赖以维系凉山彝族奴隶社会的根本。这种等级制度，又和血缘纽带紧密相关。黑彝常说："人由种，水由泉。"血缘因素或者说血缘纽带是决定凉山彝族等级制度的基础。因此，尽管各个等级中少数成员的阶级地位，由于经济状况的改变而发生了变化，但是，黑彝等级与其他等级的统属与被统属关系始终不变。所谓"牛再有力气，也跳不上坎子"的谚语，的确很形象地说明了被统属的等级不能突破等级界限。民主改革时所划分的阶级，说明凉山彝族的等级和阶级的区分，虽然经过历史上的错综复杂的情况，大体上还是一致的。奴隶主阶级包括绝大部分黑彝和一小部分富裕曲诺（不超过曲诺等级总户数 3%），只占凉山彝族总户数 5%。奴隶阶级包括全部呷西和绝大部分阿加以及一部分贫苦的曲诺，占总户数 70%。中间阶层劳动者包括一部分曲诺和少数阿加以及小部分贫困黑彝，占总户数 25%。因此，我们也可

① 见本书第 81 页。

以说凉山的等级制度实际上也就是在特殊情况下的阶级制度。

其次，在凉山彝族地区，由于配合森严的等级划分，产生了一套彝族所特有的社会政治结构，便于黑彝奴隶主能够对其他三个等级实行严格的专政统治。这套结构就是以黑彝父系血缘为纽带的家支制度。所谓“家支”，即依据父系姓氏分为若干家族，家族又分为若干支族，汉语称为家支，是凉山彝族所特有的一种制度。每一个家支有固定的地域范围，可能包括好几个、十几个甚至几十个村寨，有时这些村寨并不是连成一片，而是分散到各处不同的区域。我在《凉山彝家》中写的“氏族”一章，现在看来提法不甚准确，那里描述的实际是家支，虽然家支的源流来自原始时代的父系氏族，但它的性质和作用已经改变了。解放前凉山彝族还没有形成黑彝奴隶主的统一政权组织，但是为等级制度服务的家支组织，尤其是黑彝的家支起着阶级专政工具的作用。家支之上没有统一的政权组织，不同的家支之间不相统属，各自为政，彝谚所谓“鸡蛋、鸡蛋一般大，黑彝、黑彝一般大”，表示黑彝之间，彼此地位平等，没有高低之分。然而家支对它所有的成员都具有一定的约束力。每一个家支都有头人，一般称为“硬都都”。我在《凉山彝家》中对于“硬都都”做过许多详细的描述，曾举三河以达的首领里区制铁为例，制铁当年为三河以达村最有力的黑彝，人们咸称之为“硬都都”，形容有势力权柄之人，权势愈大，则其人愈硬，里区制铁后来病死，他的权势也随着他的死亡而消逝。因此彝家首领的地位，必从个人能力得到，这地位至多维持终身，不能传袭。家支头人是自然形成的，黑彝家支中谁的能力强、威信高，办事有成效，就可能成家支头人。家支内的重大事件，由头人召集家支成员大会讨论解决。宣扬血统纽带，以血统“神秘”为精神支柱的黑彝家支，实行严格的等级内婚和家支外婚。不同家支之间往往为了争夺奴隶、土地或财物而发生械斗，这叫作“打冤家”。有的冤家械斗延续几年乃至于几代人之久。黑彝全体男性成年人组成武装，打冤家时必须带头。曲诺有义务为黑彝奴隶主作战卖命。家支内部对奴隶的统治或镇压奴隶的反抗，也赖家支武装力量来实现。他们设有监狱，实行残酷刑罚。为了长期保护血缘纽带，彝族家支实行父子连名制，迄今有的黑彝还能够背诵父祖辈的名字达七八十代以上。

一个是等级，阶级制度，另一个是家支制度，二者结合起来，构成凉山彝族奴隶制的统治基础的核心。其他一切，无论是社会习俗、文化生活、道德规范、意识形态等等，都离不开这两个核心。

我们在探讨凉山彝族奴隶制时，还必须注意到它所以能够长期存在的客观历史条件。这里，最值得人们注意的是错综复杂的民族关系。

彝族是凉山地区人口最多的民族。但是，自古以来，凉山地区就是多民族的杂居区，安宁河、雅砻江、金沙江流域是彝族与汉、藏、傈僳、纳西、普米等族杂居的地区。彝族的形成和发展是与多民族的长期同化融合分不开的。而彝汉两族的关系，对于凉山彝族的发展，无论是政治、经济还是文化方面，一直有着重大的影响。追溯上去，中原人民早在秦代（公元前221—前206）就已进入了凉山地区，经过长期的历史发展，形成了彝汉杂居区。我在《凉山彝家》中已举出许多汉人变成彝人的例子。“汉变彝，彝变汉”的民族融合现象，始终贯穿着凉山的历史。彝族的创世史诗《勒俄特衣》中说：彝族和汉族本是“居木武吾”的两个儿子。彝族名叫“武吾格自”，挽起草做地界，住在高山上。汉族名叫“武吾拉叶”，垒起石头做地界，住在海湖池水边。那时候，水牛黄牛并着耕，耕时在一起，耕完各走各。彝汉相交杂，出门在一起，分散各走各。那时候，彝人说汉话，汉人留彝髻，完全是亲密无间的一家人。这美好的神话传说，反映出彝汉人民历史上的友好关系。他们共同为凉山的开发做出了贡献。由于凉山长期处在中央王朝的封建制度统治之下，凉山彝族奴隶制的发展，不能不受到封建制度强烈的制约和影响。大批汉族进入彝区，带来了先进的生产技术和文化。这对于凉山生产力的提高和进步是有影响的。然而，由于历代反动统治者实行的民族歧视和民族压迫政策，人为地制造彝汉两族的矛盾，形成了历史性的民族隔阂，给凉山彝族人民和周围的汉族人民，都带来了巨大的苦难。正是由于历代统治阶级实行残酷的种族灭绝和民族隔离政策，不断地对彝区实行“剿灭”、“平服”，而凉山黑彝奴隶主为了维系奴隶主专制统治，利用民族矛盾，对周围的汉族实行残忍烧杀劫掠政策，使大批汉人沦落为黑彝的娃子。利用民族矛盾掩盖阶级矛盾，是历代反动统治阶级的惯用手法。我在《凉山彝家》附录《川边考察记行》中指出：“边地居民多恨彝人，每有谈话，皆存偏见。实则，彝人为害并不甚多，而彝汉勾结为害者更多。”[①] 这种“彝汉勾结”，就是彝汉反动统治者的阶级联合。只要举一个例子就足以说明问题：当凉山接近全面解放之时，汉族的反动分子，包括国民党的师长、县长、地主恶霸 290 多人，逃进凉山黑彝统治中心羿子村，以“结盟”、“吃血酒”等方式投靠黑彝上层，寻求保护，伺机反扑。总之，凉山延续了两千年的落后黑暗的奴隶制，是历

① 见本书第 125 页。

代反动统治阶级实行反动的民族政策的一个恶果，希望这种制度继续存在下去的，只是彝、汉等族的反动统治阶级，而不是广大的汉族人民，更不是在苦难中受尽煎熬的彝族人民。

总的说来，凉山彝族奴隶制是很典型的，它的特点也非常突出，在目前的世界上，也可以说是罕见的。列宁在《论国家》一文中提到古代欧洲普遍经过奴隶制，现代非洲还可以找到奴隶制，但他当时还不知道在中国的四川，还保存着这样活生生的奴隶制度。正因为如此，凉山彝族奴隶制却为中外学者所瞩目。

中华民族近两千年的封建社会的进程是缓慢的，她带着沉重的封建主义镣铐，进入了20世纪。而凉山彝族背负着奴隶制的枷锁，其两千年的步履，比之整个中华民族更为艰难。马克思说过："在这种伟大的历史发展中，二十年比一天长，虽然以后可能又会有一天等于二十年的时期"。[①] 中华民族在中国共产党的领导下，终于走完了"二十年比一天长"的苦难历程。新中国的成立，也给凉山彝家开辟了"一天等于二十年"的新的历史时期。延续了两千年之久的凉山彝族奴隶制，终于在20世纪50年代，实现了历史的变革。

四

1950年，彝族人民和全国各族人民一样，在中国共产党的领导下，随着人民解放战争在全国范围的胜利，终于获得了解

① 《马克思恩格斯全集》第30卷，第338页。

放。从此，彝族人民作为祖国民族大家庭平等的一员，获得了新生。1952 年 10 月 1 日，在凉山初步建立了彝族自治地方政权，到 1954 年，根据新颁布的中华人民共和国宪法，正式成立凉山彝族自治州，辖有昭觉、布拖、金阳、美姑、普雄、喜德、普格、雷波、马边、峨边、越西等 11 个县，首府设在昭觉。1979 年，为了有利于凉山地区的工业、农业、牧业、林业的综合发展，国务院决定撤销西昌地区建制，并入凉山彝族自治州，这样，扩大了自治区域达到 20 个市县，首府由昭觉移到西昌市。在中国共产党的民族平等、区域自治政策下，凉山彝族人民真正成为凉山的主人。解放后短暂的 30 年，凉山却经历了一个从奴隶制向社会主义过渡的历史飞跃，这一历史的飞跃，给凉山带来了翻天覆地的巨大变化。1975 年我再访凉山，抚今忆昔，真是感慨万千！我初访凉山时所见到的荒凉冷落、满目疮痍的景象看不见了，那惊恐可怖的惨叫声和如泣如诉的呻吟声听不到了，那打冤家、抓娃子的悲剧再也没有了。如今火车的轰隆声，撕破了凉山晴空的寂静。彝族青年男女载歌载舞的欢乐声，山鸣谷应。我坐在从成都南行贯穿凉山的火车上遐想联翩，昔日啊，我由成都启程，历尽千辛万苦，数十天才能通过的蜀道天堑，如今已变成仅用 10 小时就可到达的快乐的坦途。这条连接川滇两省的钢铁大动脉——成昆铁路，像一条长龙，时而蜿蜒迂回在悬崖峭壁之上，时而挺进在贯通大小凉山腹心的长达 6，379 公尺的沙马拉达大隧道之中，她的建成是彝汉各族人民共同辛勤劳动的结晶，她的存在本身就是凉山随着时代步伐不断前进的标志，她不仅在地理上大大缩短了凉山同成都和北京的距离，而且在心理感情上进一步密切了彝族同汉族，同其他兄弟民族的联系，从而进一步大大缩短了凉山走向四个现代化的征途。凉山大地上种种变化，对于我这样40年前曾亲历其境的人来说，通过新旧对比，禁不住思潮澎湃，真有隔世之感。例如我在40年前初访时，雷波仅有几千人，现在已是二三万人了。西宁原来只有二十几间茅草屋的“垦民住所”，而今成为四千余人的繁闹市镇。那个坐落在山间占地万余亩自然景色佳丽的马湖，过去是反动统治者制造彝汉交恶的鬼门关，白天过此也如惊弓之鸟，不敢住脚片刻，而今正在大修水利工程，汉族、彝族和其他各族工人在共同进行着改造自然的事业。黄茅埂以西，到大凉山中心区的变化更为显著。这里原来是汉人不能进入的地方，进去只有做娃子。而今，彝汉人民共同在这里生活、劳动。当年在三河以达溪流入美姑河交叉口的地方，零散地分布着3个村寨，彝语称三河以达、俄甫和巴普。那时3个村寨只有百户人家，当年我亲眼在这里看到打冤家的情景。而今，在巴普山下面山谷平坝上，平地屹立起一座人口达万人的城镇，这就是美姑县城。这里市区街道纵横，楼房鳞次栉比，公共汽车、卡车、拖拉机等现代交通工具川流不息。昔日荒凉的山村变成今日繁华闹市，不是亲眼见到，怎能令人相信！凉山变了，凉山大变了！当然，这仅仅是能够见到、能够摸到的物质方面的变化，而在精神方面、人与人关系方面的变化，就更加深刻、更加丰富得多了。但在我这篇短文中，不可能都把这些变化一一介绍出来，现在仅就我个人切身观察体会，谈谈以下几点感受：

首先是奴隶翻身解放。昔日凉山的奴隶，是生活在人间的地狱。凉山奴隶的苦难，我的《凉山彝家》和其他许多调查已经有了活生生的记录。奴隶们最大的梦想，就是逃出虎口，重新做人。我在《凉山彝家》中写道：“作者所经凉山之区，遇见汉娃不下

100余人，皆衣服褴褛，到处操作。有新入山的汉娃，不堪痛苦，见考察团人员，则流泪满面，泣不成声，亦有暗中送信央求脱离虎口之法。”① 在三河以达村附近的山上或田野，我们不知遇见多少汉娃。神貌服装都已彝化，不可分辨。但是他们见着我们，知为汉人，即开口接谈，表示亲密态度，有时凑巧旁无彝人，即托我们想法赎出，有的则望军队进攻凉山。许多青年男女，初入彝地，被迫在山上砍柴割草，遇见我们即流泪满面，哭不成声。现在回想起来，当时以我一介书生之力，对于那些在苦难中挣扎的娃子，是不可能有什么援救之策的。当然，这仅仅是民族压迫的一个侧面。另一个侧面，则是汉族统治阶级也在压迫剥削包括彝族人民在内的全国各族人民。历史事实表明，包括凉山彝族人民在内的全国各族人民的翻身和解放，只有通过巨大彻底的社会变革才能实现。呻吟在奴隶制度下面的凉山百万奴隶和其他劳动群众的解放道路只有一条，那就是彻底打碎奴隶制，他们才能砸烂身上枷锁获得自由。这一天终于来到了！1956年春至1958年春，奴隶群众和劳动人民在中国共产党和人民政府的领导下，采取了和缓的方式，通过和平协商，胜利地进行了民主改革运动，彻底废除了奴隶制度。广大奴隶翻身解放，成了新社会的主人，走上了社会主义道路。我再访凉山，亲眼见到昔日的娃子，今日成了国家干部、工人、解放军和人民公社社员，亲耳听到他们对万恶的奴隶制的控诉和对新社会的称颂。同时，我也见到了许多昔日黑彝的上层人物，他们在改革中受到了教育和改造，党和政府对他们做出适当的照顾和安排，给以生活出路和为人民效力的机会。

① 见本书第87页。

1981 年 6 月，凉山彝族自治州召开了第四届人民代表大会，自治州州长、人大常委会的主任都由彝族担任，自治州人大常委和副州长中，彝族都占有相当大的比例。今日凉山彝族真正以平等的一员，成为凉山的主人。

其次是经济上的飞速发展。解放前，在奴隶制的束缚下，凉山的生产力十分低下，生产方式极其落后，刀耕火种的原始耕作仍在农业生产中占据主要地位，贸易实行以物易物，交通闭塞，不要说火车、汽车，就连牛车、马车也没有；至于工业，可以说是白纸一张。凉山人民的生活水平低得可怜。民主改革以后，凉山地区走上了社会主义道路，经济上出现了新飞跃，人民生活水平大大提高。随着凉山民主改革的实现，农业上出现了连年增产的局面。1961 年，全州粮食总产 3.9 亿斤，比 1957 年增长 30%。凉山彝族地区从根本上改变了历史遗留下来的严重缺粮现象，做到了自给有余。特别是党的十一届三中全会以来，贯彻落实了农村经济政策，使农业生产出现了空前繁荣景象。1980 年，全州农业总产值 418,010,000 元，比 1976 年增长 32.43%，粮食产量 20.67 亿斤，比 1976 年增长 24.44%。大牲畜 5,174,700 头，比 1976 年增长 14.69%。1980 年全州农村社员人平均从集体分得口粮 530 斤，分配收入 80.31 元。今日，凉山地区已建立了自己的工业体系，社办的企业普遍开花。1980 年全州工业总产值达 211,700,000 元。集体办的会理县机具厂生产的钢锹已畅销世界 70 多个国家和地区。凉山地区昔日闭塞的状态已被密如蛛网的公路所打破，特别是成昆铁路的通车，经过最闭塞的大凉山腹地，直达首都北京。凉山地区形成了一个繁荣发达的商业网，不出公社，就可以买到所需要的日常生活用品。今日在凉山任何一个角落，也不会看到当年我初访凉山时一点针线可以充作厚礼的情景了！这里，自行车、手表、半导体收音机等等，都已成为人民生活的自然需求的东西。在自治州的北边门户有一个小村子叫呷洛，解放初期还是一个贩卖奴隶的“人市”，当时流行一句彝族谚语：“石投河中不复起，人卖到呷洛永不还。”因为当时的呷洛只有一道竹篾编的索桥，奴隶很难从这里逃跑。今日，这里已是一个新的城镇，铁路公路大桥飞架。呷洛随着它的新生，也改名为甘洛，1975 年我就是从甘洛搭上火车回北京的。抚今追昔，凉山彝家真是苦尽甘来啊！

随着政治经济的发展，凉山的文化也不断进步。在奴隶制度下，不要说白彝娃子，即便是黑彝主子，也都没有受教育学文化的条件。彝族是一个具有古老文化的民族，早在 13 世纪以前，就创造出被称为“爨文”的老彝文。然而，在凉山的奴隶制度下，老彝文被窒息，得不到发展，成了“毕摩”（巫师）专有的工具。解放前，凉山彝族只有几所屈指可数的由奴隶主开办的学校，其文化落后程度可想而知。现在，全州基本上做到了乡乡社社有小学，早在 50 年代末，自治州已办起了普通中学、中等专业技术学校和民族师范学校。今天在中央民族学院和其他高等院校，见到从凉山来的彝家大学生已不足为奇。在党和政府的关怀下，现在正在推行《彝文规范方案》，彝语文已成为自治州各级国家机关行使职权的重要工具，历史上第一张彝文报纸《凉山报》于 1977 年创刊，几年来，用彝文编译的学习材料、出版物达 50 万册。卫生事业也有了根本改变，解放前凉山除了求神送鬼的巫师以外，根本没有医生。今日县县有医院，区区有卫生所。许多彝族传统医药知识，得到了收集、总结和提高。人民的文化生活也得到了改善。自治州有了自己的歌舞团，电影可以放映到每个最僻远的山寨，广播网更是遍布全州。彝族古老的艺术宝库正在被打开，新的创作接连不断。总之，凉山彝家进入了文化繁荣的新时期。

谈到凉山今昔，不能不提到民族关系的改善。过去，反动统治阶级制造的彝、汉隔阂和民族仇恨，随着社会的进步逐渐融释了。我再访凉山，感触很深。随着奴隶制的废除，抓娃子已成为一去不复返的历史。在凉山，我不论是到翻身的奴隶家中，还是见到昔日的黑彝上层，大家都感到是一家人。在 1981 年 6 月召开的自治州四届人大会议上，美姑县柳洪区区长罗志武讲，这个区有个尔基大队，山高路陡，几百户彝族社员住在山顶上，吃水非常困难。1979 年春，县水电局专门派来汉族技术员和工人，帮助安装了两华里长的水管。彝族社员用上自来水，高兴地说："用着自来水，就想到了汉族老大哥的深情厚意。"越西县中所区委副书记阿支说：解放前由于反动统治阶级实行的民族压迫政策，造成彝、汉两族的仇杀。现在这个区的新华大队，两族社员生活在一起，有的汉族会讲彝话，所有的彝族都会讲汉话，两个民族亲亲热热，互通有无。甚至从前彝族最反对的彝汉通婚也改变了，真是"冤家变亲家"！在彝族内部，家支之间的打冤家械斗，现在完全不存在了。今日凉山，到处呈现一派繁荣昌盛、民族团结的新气象。

两次访问凉山，经历和印象大不相同。凉山经历了天翻地覆的变化，使我想起了中国神话小说中的一句话："山中方七日，世上已千年。"从 50 年代民主改革的完成至今不过 20 多年，凉山却经历了从奴隶社会到社会主义社会的历史飞跃。这绝不是神话，而是人人共睹的现实！既然这是一场伟大的社会变革，就不会一帆风顺，也不会没有波折。这些年来，凉山也像全国其他地区一样，受到了来自“左”的方面的干扰，这给凉山的发展带来了一定的危害。1975 年我再访凉山时，正是这种“左”的干扰为害最甚之时。那时，党的各项政策，特别是民族政策遭到很大程度的破坏，使凉山地区走了一些弯路。党的十一届三中全会以后，凉山又出现了欣欣向荣的新局面，民族政策进一步落实，农村各项经济政策也开始落实了，仅以农业为例，自 1977 年起，连续 5 年获得丰收。现在许多农村开始出现“社员藏粮多，喂的肥猪多，新修瓦房多，买高档商品多”的“四多”景象。社会主义为凉山开辟了美好的前景，但美好的前景的实现，是要靠一代又一代的人艰苦努力去创造。而在像凉山这样一个由奴隶制直接进到社会主义的特殊地区，光凭热情而缺乏科学精神是不能奏效的，特别是，如果陶醉于一步跨千年的满足之中，不再深入细致扎扎实实地贯彻执行党的民族政策和其他各项方针政策，那也难免要出偏差，搞不好，会造成“穷折腾”的损失。吃一堑长一智，凉山彝族和其他各族干部和人民，在进行前人所没有过的社会主义革命和社会主义建设事业中，不断地总结经验教训，不断地向新的目标前进。

凉山彝族奴隶制是很典型的，它为民族学的研究提供了宝贵的材料。解放以后，在我们国内，已出现了许多关于凉山彝族奴隶制研究的专门调查材料和论著。正在陆续出版的“中国少数民族五种丛书”，各种丛书都包括彝族的内容。由几个单位共同编写的《凉山彝族奴隶社会》专著一书今已出版发行。可以说，对凉山彝族奴隶制的研究方兴未艾。多年来，我对于凉山研究有着一种特殊的感情，特别是近几年从凉山不断传来的新变化的消息，更使我高兴。中国有句古语“人生七十古来稀”，这话在新中国都已经过时了，我还愿在古稀之年，三上凉山，用新的材料，去补充和丰富我对凉山彝家的研究，以尽我作为一个民族学工作者应尽之职。

第三编　三上凉山

——探索凉山彝族现代化中的新课题及展望

民族学家认为，对一个民族或一个地区的社会文化进行历时的追踪调查是一种重要的研究方法。对于处在特定的社会历史条件下发生文化加速度现象，使得社会文化猝生巨变的民族和地区进行追踪调查就更有意义。因为当今世界上的各个民族，哪怕它是处在天涯海角，也无不面临着一个受到现代技术的挑战，因而要大幅度地调整自身的文化系统以适应时代要求的问题。一个民族学家如果既能把握住社会文化变迁的脉搏，又能设身处地为自己的研究对象着想，帮助自己的研究对象探索出一条成功地进行社会文化调整，并且借助现代技术的力量加速其经济文化繁荣的道路的话，那他的工作成果就一定会令人瞩目。我认为民族学界同行的肩上都负有这种使命。

但是，具有历时调查经验的人都会感到，现代世界的发展速度给我们的工作所带来的压力太大了。我们的研究对象在发生着日新月异的变化。我们的研究内容在不断地膨胀和更新，令人应接不暇。我们受责任感的驱使，往往不能有条不紊地把自己感兴趣的问题去一个一个地加以澄清。在很多情况下，我们不得不忍痛割爱，把手中的一些可能产生重大成果的研究课题放下来，去接触一些新的迫在眉睫的问题。我今天选定的这个题目，就是这种没有选择余地的选择。这也算是一种 Hobson's Choice 吧。

1943 年，我曾以少壮之躯，冒着生命危险初上凉山，为的是我刚从国外学到民族学理论和方法运用于中国少数民族社区，通过对凉山彝族的实地考察来推动当时方兴未艾的“民族学中国化”

运动。由于彝族保头鼎力相助，我得以去而复返，并将这次的工作成果写成《凉山彝家》一书公之于世[①]。但客观地讲，限于当时的条件和认识水平，我在《凉山彝家》一书中所做的只是对凉山彝族的社会制度、经济生活、文化习俗等方面的具体描述和解释，而在理论上则无所建树。从材料的翔实可靠上讲，固然无愧于心，但终不能算是一个民族学家的上乘之作。而且，自那以后，世事纷繁，我被许多更迫切的工作缠住，难以集中力量对凉山彝家的社会文化做更深入的探讨。想来令人汗颜。

1975 年我二上凉山，本想于动中取静，探讨一下凉山彝家从奴隶制向社会主义过渡的问题。殊不知当时的中国十年动乱未息，凉山虽然天荒地远，也属在劫难逃之列，一片动荡。在此形势之下，严肃的调查工作根本无从开展。我此行带回了一些材料，也带来了更多的惆怅。面对这次所谓的调查结果，我苦苦思索 7 年。直到 1982 年才补进一些新的材料，以《凉山彝族今昔》为题，写成文章[②]，并于同年 4 月 9 日在美国民族学会 140 届年会上宣读。扪心自问，我深知这不能算严格意义上的民族学调查报告，倒更像是一篇向世界介绍凉山地区所发生的变化，进而论证中国民族政策正确性的长篇报导。文中只有一小部分讲述了凉山从奴隶制向社会主义过渡的问题。在初上凉山近 40 年之后的 1982 年，我向世界民族学同行们提交这样一份答案，心下不胜愧赧。可喜的是，我在篇末顺便提到凉山彝族向现代化目标前进的一段话，却引起了出乎意料的反响。会上会下，各国同行纷纷向我发问，要

① 见本书第一编。
② 见本书第二编。

我解答凉山的现状如何，凉山现代化的任务是什么，凉山彝家将怎样实现现代化等问题。遗憾的是，我当时对这些问题缺乏专门研究，加上远离国土，手头没有充分的材料，只好婉转地从理论上做了一些推测。结果提问者和我本人都觉兴犹未尽。然而，也就是在那难忘的时刻，我受到了强烈的启示，明确了一个中国民族学工作者的当务之急。尽管我们对凉山彝家的研究在很多方面都急待深入，但“现代化”问题无疑具有最大的迫切性和实际意义。当时当地，一个念头在我的心中油然而生，那就是要在我的古稀之年，三上凉山，为推动凉山彝家现代化问题研究充当开路的马前卒。

1984 年 5—6 月间，我终于第三次登上凉山。这与我 1943 年初上凉山的时间整个间隔 41 年。在这 41 年里，凉山彝家跨越了几个社会发展阶段，由奴隶制社会直接跃入社会主义社会的门槛。我个人也从一个初出茅庐的民族学工作者变成了一名白发苍苍的老兵。现在，由我这个数度身临其境的人来抚今追昔，总结凉山巨变的过程，探索一个曾经相当落后、被人诬为“蛮子”的民族如何在 40 年的时间里脱颖而出，跻身于中华人民共和国社会主义民族大家庭的特殊经历，这本身就是一桩令人激动不已的工作。何况凉山彝家需要我承担的任务还远远不止于此。自 1979 年以来，中国的经济体制改革和四个现代化建设的浪潮波及国家的各个角落，中国的建设重心正在由东部沿海逐步西移，向内陆发展。这股现代化的浪潮为凉山彝家的经济文化腾飞提供了前所未有的机会，也向凉山彝家的社会文化系统提出了空前严峻的挑战。在这种形势之下，凉山彝家的社会文化应当如何调整才能既少走弯路，加速现代化建设的步伐，又把社会文化变迁所带来的困扰减少到最低限度呢？我此来凉山就是要考察一下这个问题。希望自己能够运用民族学的方法，参考凉山社会文化的现状，探索出一条切实可行的途径，使凉山彝家在这场现代化的潮流中既不因封闭保守而落伍，又能在前进中保持自身的特点，进而发展出一套具有本民族特色的社会主义现代经济文化，臻于繁荣昌盛之境。

我知道为这样一个庞大的问题找出圆满的答案非我个人力所能及。它需要一番大规模、多学科的综合研究。但我曾在解放前后 40 多年的时间里三上凉山，对凉山的变化有着特殊的感受。所以，在这个题目面前，我只有身体力行的责任，没有知难而退的理由。汉语中有两句古话描写不甘寂寞的老人：一句是“老骥伏枥，志在千里”；一句是“老牛自知夕阳晚，不待扬鞭自奋蹄”。这两句话恰好说出了我现在的心境。更巧的是，凉山彝家作为一个有农牧兼营传统的民族共同体，对牛对马都格外钟爱，因此，我更愿把自己比做凉山彝家的“老牛”、“老骥”，以有生之年来探索凉山彝家现代化的道路问题。在探索中，我不敢以识途老马自诩，唯愿奋蹄跃进、自强不息，以求无愧于 40 多年前我与这里的山山水水和热情的凉山彝家所结下的不解之缘。

一、凉山巨变

我此上凉山，大体上是循着前两次走过的路线。唯因交通工具不同，所以顺序上有所变动，考察范围亦有相应的扩展。1943 年，我从成都出发，经屏山过秉彝场而步入凉山，至西宁镇受阻折回秉彝场，又沿金沙江南下雷波。在雷波略事准备后，出乌角、马颈子进入凉山腹心，在现今的美姑县城附近辗转调查。事毕为策安全而从北路经天喜折回雷城。1975 年再上凉山的，主要在昭觉和美姑活动，兼及雷波。此次三上凉山，适逢国内政通人和之际，又有几个研究生张海洋、龙平平等人随伴，所以走遍前两次到过的西昌、昭觉、美姑、雷波，又向南延伸到布拖。历时近两个月，考察范围包括五县一市。其中昭觉、布拖、美姑和雷波则是考察重心。因为雷波是我初上凉山两度过往之地，而昭觉、布拖和美姑则一直是凉山彝家分布稠密的腹心地带。直至今日，三县境内居民仍有 90% 以上是彝族。整个中国除西藏以外，少数民族人口在数县连片的区域内占到如此高的比重是极少见的。考察之中，我目睹凉山 40 多年来的变化，特别是 1978 年党的十一届三中全会以来的飞速发展，真有隔世之感。本文限于篇幅，不能将凉山巨变的方方面面一一描述，只能择其荦荦大者略作一番今昔对比，使大家从中对凉山社会文化在过去 40 多年里的变迁有个大概的认识，并借以了解凉山的现状以便共同为凉山的进一步发展和凉山现代化的实现出谋划策。

凉山彝家社会文化在过去 40 多年里的变迁，首先体现在社会关系方面。解放前，凉山彝家是中国境内较完整地保留有奴隶制社会生产关系的少数民族社区。这就使得它的社会关系具有两个方面的主要内容：一是彝汉之间的民族关系，二是彝族内部以黑白彝为区别特征的阶级关系。

1943 年，我初上凉山时，最先感到的就是彝汉交恶、人人自危的紧张关系。在秉彝场通往凉山的道路上，处处潜伏着危险。我未至雷波，就数次看到山道上行客被劫留下的斑斑血迹，看到金竹嘴村被焚的房屋，听人叙述了几天前这里二人被毙死、三家男女被掳进山中的惨剧。在雷波备办进山所需物品的几日里，我听到无论昼夜都有不绝于耳的枪声。彝人外出掳汉人为奴娃的事层出不穷。在美姑县三河以达的山野里，我不知遇见过多少汉娃。许多青年男女初入彝地，被迫上山砍柴割草，遇见我们即泪流满面，泣不成声，托我想办法将他们赎出。[①]目睹此状，我心下酸楚可想而知。但在当时，我以一个书生之力，靠投保而进入凉山，连自己的性命都没有保证，更谈不上对奴娃们援手相救了。在从雷波至美姑及从美姑返雷波的路上，我自己也曾多次遇到危险。紧急时，对方的枪口直逼我的胸前，当时当地，我曾有过死无葬身之地之感。[②]联想到我来此之前，一些商人学生投保进入凉山经商探亲而被人中途反保卖为奴娃的事，我至今心有余悸。另一方面，居住凉山边缘的汉人也多恨彝人，“每有谈话，皆存偏见”。对于此点，我当时就指出：“实则，彝人为害并不甚多，而彝汉勾结为害者更多。”[③]至于汉族商人进入凉山进行不等价交换，汉族统治阶级在凉山周围设置锁彝沟、镇彝桥等禁锢凉山彝家，制造民族对立情绪的事情，更是数不胜数。正是这些民族压迫的事实，使得凉山彝家得出了“石头不能当枕头，汉人不能搭朋友”的结论。尽管彝汉两族人民在历史上的物资和文化交流相当频繁，但当时民族关系的紧张确实是到了触目惊心的程度。

在彝汉关系紧张的同时，凉山彝族内部的阶级压迫也令人发指。关于凉山彝族的奴隶制度，我已在《凉山彝族今昔》中作了分析。这里要特别指出的是，凉山的奴隶制不仅带有浓厚的原始

---

① 见本书第 87 页。

② 见本书第 131 页。

③ 见本书第 125 页。

公社残余，而且有着鲜明的种姓制度特征。黑主白奴之间，有一条不可逾越的血统鸿沟。黑彝永远是奴隶主阶级的成员，而白彝无论多么能干、多么富有，也永不能升入黑彝所属的高贵等级。本来根据我在雷波进行的体质测量，黑白彝的体质面貌并无重要区别。衣饰上“诸如‘天菩萨’、耳环、毡衣、宽裤之类，皆系相同”[①]。在凉山以外的汉人眼里，所有的彝族都显得魁梧剽悍。但进入凉山后，人们却可以根据各个彝族人的行为模式，准确地判断出他是黑彝还是白彝。为黑彝者，往往目光耿耿，嘴角下垂，状极骄傲，遇事蠢进，大有不屈不挠的精神。为白彝者则与此相反，处处谦恭受命，事主唯谨。白彝与外人往来虽表示粗暴强悍，但一见黑彝，无论属何族何支，莫不低头驯服。这两套截然不同的行为模式，鲜明地反映出凉山奴隶制对于奴隶的精神摧残。在我所目睹的解放前凉山彝家社会文化结构中，黑主白奴总是泾渭分明，家居时黑彝男女皆可出令，而白彝一切奔走听命。餐饭中，白彝必先献黑彝家主，然后才敢自食。在室内，黑彝恒居左上方，而白彝恒居右下。黑彝出行，皆有白彝追随，为主人荷枪持械，背负财物。甚至主人吸烟时，也要奴隶送上石制竹杆烟斗，并装上烟丝且帮助点燃。最能代表奴隶制残酷性的，还是奴隶的来源。解放前凉山奴隶的来源不外三种：一是奴隶自身的繁殖。有些奴隶主为得到奴隶的补充，强迫男女奴娃婚配甚至野合，所生奴产子女当然为奴隶主所有。奴隶主的女儿出嫁时，还常以奴产的娃子为陪嫁物。二是买卖。解放前，凉山许多地方辟有拍卖奴隶的市场，上市奴隶按年龄、性别、体力等标准分级标价出售。“年轻

---

① 见本书第 82 页。

力壮之人无论男女价格皆甚高”，孩提老弱之辈则等而下之。三是抢掠凉山边缘其他民族的人口。例如我初上凉山时的陪同翻译王举嵩就是彝人攻破山棱岗后被背负而去，又被辗转买卖，沦为奴娃20年才得侥幸赎出的。[①]人而可抢可卖，可以强行婚配，其处境自与牲畜无异。因此，奴隶主对于奴隶就有生杀予夺之权。40多年前，我在凉山考察路上就曾目击马边恩札支一黑彝在屏边与另一黑彝赌博。恩札支黑彝大输，倾尽身上银两，仍不能偿清，便立命随身的锅装娃子追随赌博得胜的黑彝前去抵债。娃子不愿另属他人，大哭抗命。恩札黑彝气急败坏之下，追打娃子到河边，又以大石猛砸娃子，幸未命中。当时凉山彝族内部阶级压迫的残酷与黑暗，于此可见一斑。

新中国成立以后，凉山彝家就是在这样的社会基础上进行了以废除奴隶制为中心的民主改革，并逐步建立起从自治州到各县、区、乡、村的人民政权。经过短短30年的努力，凉山的社会关系发生了根本的变化。我这次凉山之行，对于彝汉关系和彝族内部关系的变化都有极深的感受。如果说40年前我初上凉山时，时时感觉如惊弓之鸟，那么新型的彝汉关系就使我这次三上凉山处处感觉如入水的鱼儿了。

在我这次考察所到的各县区乡村，都有热情的彝族干部出面接待，向我介绍情况，并充任我的向导和翻译。这些干部中，有很多都是50年代和60年代从中央民族学院毕业的学生。他们口口声声叫我老师，把我的调查当成他们自己的事情。昭觉县副县长安学发即是一例。安学发原系土司后裔，解放初期，作为民族

① 见本书第88—89页。

上层人物子弟被保送入中央民族学院学习。毕业后到昭觉县工作，担任过教师、县教育局长。1983 年机构改革中，被提升为副县长。但他对我这个普通教师仍然十分尊敬。我在昭觉期间，正值当地暴雨成灾。安县长一面忙于视察灾情，领导抗灾，一面关照我的考察工作。还主动陪我下到竹核乡，走访专业户，为我担任翻译。每到晚上，他都放弃休息，帮我约来彝族老人或县区干部，给我讲彝族的历史，讲历史上彝族家支的分布情况，讲当地发展商品经济中存在的问题和专业户、重点户的分布特征。有他的帮助，我在昭觉县的考察真是如鱼得水，这与 40 年前投保进入凉山，处处担惊受怕的情景简直不能同日而语。这次考察中，我走访过五县一市的许多工厂、学校和医院，处处看到汉族的技术工人、教师和医生勤勤恳恳地传授生产技术和科学知识，几十年如一日地为彝族群众服务。他们与凉山彝家朝夕相处，言通韵合，彝族干部提到他们就赞不绝口。我本人作为一个汉族，也为此感到自豪。这与 40 年前所见汉族人口被掳进凉山、卖为奴娃的惨状，何啻天壤之别？！

在美姑，我为了调查，也为了报答 40 年前保我出入凉山之恩而重访了我原来的保头，里区打吉和吉曲拉莫（即老穆）的家。两位老人均已过世，但他们的子女都记得此事，向我表示了深挚的感情。老穆的家就在巴普，离县城仅一箭之地。我们走进他儿子拉莫达石的新居时，适值达石外出未归。达石的妻子虽然不会讲汉语，仍十分热情地拿出米酒招待我们。我祝贺她盖了新房子，她称赞我显得年轻。酒正酣时，老穆原来的邻居瓦西瓦尔（张铁番）又闻讯前来拉我去他屋里坐。我们搞民族学调查，唯恐接触范围不广，又听说瓦尔是个专业户，所以欣然前往。进屋后，我们一面看他屋内陈设的颇有现代气息的家具和电器，一面谈论着彝家生活方式的变化。突然外面传来一阵猪叫声，我情知不好，赶紧叫学生前去阻拦，但终究是晚了一步，一头大猪已经被打杀。接着给我们煮上了砣砣肉。临别时，还按彝家尊重长者的礼节，把半边猪脑壳给我带上。夜晚回到住处，我们正为彝家盛情待客的习俗感叹不已时，又见拉莫达石不顾劳累，搬着一大坛米酒前来看我。次日，我又带学生爬上三河以达的山坡，走进里区打吉的家。附近村里的老人闻讯纷纷赶来同我叙旧。里区打吉的儿子打吉比俄则率家人忙着为我们宰鸡杀羊，俨然像一场民族团结盛会。当我拿出40年前拍下的照片，请他们重新观看里区打吉当年的风采时，在座的彝族群众都激动不已。打吉比俄更当着众人的面，拉住我的手用彝语称我为“父亲”。我面对这个精壮的彝家汉子不敢相信自己的耳朵。直到领我们前来的美姑县长罗家修又用汉语讲了一遍，我才如梦方醒似地紧紧握住比俄的手，把他拉在怀中。一股老泪也在同时夺眶而出。我知道，这一声呼唤，不仅是对我个人的尊重，它也标志着彝汉团结已经达到了水乳交融的程度。当我依依不舍地告别三河以达时，打吉比俄夫妇和三河以达的乡亲们眼含热泪，手捧我40年前与里区打吉的合影，搀扶我一步一步走下山坡，口口声声嘱我再来。我脸上老泪纵横，一遍又一遍地与他们握手告别。他们还是坚持送我走到公路边的汽车前。目睹此状，随我前来的几个研究生的眼睛都被泪水浸湿了。40年前，我也曾见过多次汉族青年的眼泪，那是被掳进凉山的奴娃悲伤怨恨之泪。今天彝汉两家的泪流到一处，涌出的却是一片民族团结之情。这次重访故地的经历，坚定了我们为彝家的繁荣而搞好凉山现代化道路研究的决心。随我前来的研究生们也纷纷以此自勉。

凉山社会关系变化的另一个更为重要的方面，是彻底地根除了黑主白奴之间的阶级压迫，废除了以血统分贵贱的野蛮种姓制度，使白彝和黑彝平等地生活在社会主义制度之下。在美姑县召开的家支和彝族历史问题调查会上，我看到十几位彝族长者坐在一起，其中有解放前的黑彝主子，也有当时的白彝奴娃，大家和睦地坐在一起，边抽烟边争先恐后地各抒己见。再也没有解放前那种黑彝咄咄逼人、白彝噤若寒蝉的不平等现象。一大批白彝娃子已在解放后成长为各级政权机关的干部。更为可喜的是，一些解放前的奴隶竟在党的十一届三中全会以后的短短几年里成长为全国知名的现代企业家。例如布拖皮革厂的厂长赤黑约日，在解放前就是个锅装娃子。11 岁时，还光着屁股给奴隶主放猪。1956 年，凉山实现民主改革，赤黑约日得以进学校读书。1962 年，不到 20 岁的赤黑约日拜县城一个汉族工匠为师，学习修配钥匙。凭着一把老虎钳、一张钳工桌和一口红炉开始了他的创业生涯。十多年后，修配钥匙的小作坊发展成五金厂，生产彝族的家用五金器具。工人增加到 30 多名。赤黑约日当上了副厂长，把生产搞得很火热。但随着全国范围内的经济活跃，小厂受到了挑战。许多发达地区的产品涌进凉山。加上当时彝族群众还被温饱问题所困扰，购置能力不高，所以厂内产品的销路越来越窄。五金厂一度连工资都开不出来，濒临破产。在这困难关头，赤黑约日这个土生土长的彝族汉子表现出了惊人的智慧、魄力和责任感。他在忧愁中认识到：在不发达的民族地区办企业，就应该充分利用本地资源优势，大凉山山多田少，彝族人民素有畜养牛羊的传统。但当地每年产出的大量牛羊皮都被外地以低廉的价格收购而去。而住在凉山的人要在当地市场上买一双皮鞋、一副皮手套、一件皮衣服却要用好多张牛羊皮换来的钱。如果工厂转产加工牛羊皮，进而制出成品皮件，则不但能使工厂死而复生，使县城内许多彝族青年就业，还能通过彝家勤劳的双手，把一大笔应得的利润留在凉山，造福当地人民。赤黑约日说干就干，马上向有关部门送上转产报告。布拖县政府对此大力支持，决定把商业部门收购的皮张全部供应赤黑约日新办的布拖皮革厂。就这样，一个以当地货源为后盾，以彝族青年为主体，以打进国内市场为目标的民族企业在 1980 年诞生了。然而，要在当地把原皮加工成皮革制品也殊非易事，它需要很多方面的技术和必要的设备，赤黑约日这个翻身奴隶以凉山彝家特有的不屈不挠劲头接受了这场挑战。他走下凉山，冒着酷暑，到自贡、成都、贵州、上海奔走游说，凭着一颗振兴民族工业的赤诚之心，硬是把上海、遵义、成都等地的几名汉族老技师请上山来，住进凉山深处的布拖小城。在这同时，他又把 60 多名彝族青年派到各地兄弟厂家去接受训练。对于厂内的生产管理，他也进行了大刀阔斧的改革，建立了逐级承包的经济责任制。他大胆起用一个技术拔尖的临时工担任制革车间主任。一天就脱出山羊皮 500 张，相当于创业之初该车间一个月的工作量。为了调动工人的劳动热情和对工厂的向心力，他在厂内修建了篮球场、浴室和电视室等福利设施。谁家有红白喜事，他都按民族风俗帮着妥善操持。翻身奴隶赤黑约日就这样把一个走投无路的民族企业办得生气勃勃。1983 年，经全国毛皮制革产品质量检测成都站鉴定，布拖皮革厂的产品合理化指标和感观指标都达到了部颁标准，获得四川省重大科技成果奖。成百万元的订货合同，上十万元的引进资金，像水一样涌上海拔 2,400 米的布拖县城。

1984 年 6 月中旬，我在布拖皮革厂见到了这个远近闻名的彝族企业家。他长的粗壮敦实，衣着朴素，说话诚恳憨厚，完全是个普通彝族人的模样。但一谈起厂内的生产，他就眉飞色舞了。他带我看了各个生产车间，介绍我与三名上海来的汉族技师交谈，汉族师傅一面往机器里续料，一面夸奖赤黑约日的胆识和能力。并表示要为布拖皮革厂的发展而竭尽全力。最后我们走进了产品展览室，看到琳琅满目、美观新颖的新凉山牌皮鞋、皮夹克，我真不敢相信这些产品是出自世世代代打赤脚、穿瓦拉加什的凉山彝家之手。赤黑约日热情地邀我试穿皮夹克，并要送我一件。我坚辞不受，拉他一块照了张照片，以志喜悦。

赤黑约日对我讲，他的皮革厂产值在 1980 年只有 19 万元；1983 年达到了 50 万元；1984 年 1—5 月就已有 30 万元，年内拿下 60 万元已属胜券在握。4 年以来，赤黑约日艰苦创业，大胆地与国内同行业的厂家竞争。为此，这个翻身奴隶穿梭般地跑成都、奔上海、走贵阳、飞广州，与全国各地客商谈判订货，俨然一个大企业家的气概。他憨厚而自信地对我说：“我有点儿像小孩吃糖一样，嘴里含着一块，手里抓着一块，眼睛盯着一块，心里还想着更多的。要让新凉山牌（该厂产品商标）产品飞向全国，飞向世界。”就在最近，我看到布拖皮革厂传出了新的喜讯，“新凉山牌”已经在西藏、新疆、吉林、上海和北京打开了市场且站稳了脚跟！①

听着赤黑约日的谈话，我心里感慨万端。我对凉山彝家真是既感熟悉，又觉陌生。40 年里凉山社会文化的变迁何止是废除了

① 《民族画报》1986 年，第 2 期。

奴隶制度，何止是解放了千百万奴娃，又何止是改变了凉山的面貌？这场变迁造就了凉山彝家一大批面向未来、胸怀全国、放眼世界的新人啊！

谈到工厂的利润，赤黑约日略有羞赧之状，他告诉我这个厂1980年只有纯利润466元。1983年也才刚刚达到1.3万元。赤黑约日为此感到难为情，我却为此激动不已了。1.3万元固然微不足道，但赤黑约日的开创之功，岂能以纯利润来计算呢？5年以来，他把工厂从30人扩大到110人，他的产品销售额从13万元增至121万元。他开辟了从发达地区引进汉族技师、派彝族青年到全国各地学习先进技术的渠道，他摸索出一套管理现代化民族企业的经验，他为布拖城数十名彝族青年找到了就业门路，培养出了在本民族企业里就业的一批现代彝族工人。他向民族自治地方的财政部门交纳了10万元税金，根据国家政策，这些税金将直接用于当地建设。

至关重要的是，赤黑约日为凉山彝家闯出了一条通往现代化的实实在在的路子。这条路子概括起来就是：利用当地资源，依靠当地工人，引进汉族地区技术力量，生产出有特色的产品，积极地参与全国范围内的社会主义商品流通的竞争，并以有效的管理方法使自己立于不败之地。进而提高本民族地区内部的经济活力，使民族经济由供给型转向经营型，由输血型变为造血型。我不揣冒昧，称这条道路为赤黑约日之路。现在，如果有人问我凉山彝家将怎样实现现代化，我就可以自豪地向他说："请看赤黑约日之路！"

在社会关系大大改善的前提之下，凉山的建设也以惊人速度发展。我1943年初上凉山时，最感头痛的是交通问题。古人说"蜀道之难，难于上青天。"实则凉山道路之难又是蜀道中的最难者。除去彝汉交恶的文化因素不算，凉山外有雅砻江、金沙江、大渡河迂回环绕，内有小相岭、碧鸡山、黄茅埂盘根错节。加上境内河川密布，溪谷深邃，遂使整个凉山地貌崎岖破碎，处处峭绝深阻。凡此种种，皆构成凉山与外界交往的重重壁垒，也正是凉山内部家支林立的地理基础。凉山距成都平原近在咫尺，而其奴隶制度在一个统一的多民族国家里存在竟达两千年之久，也正与这种特殊的地势大有关系。解放前，人们无论从哪里进入凉山，都要翻山过河，举目投足之处，无不艰难备至，险象环生。行人因道路险陡而跌下河谷，断送性命者不计其数。地方话中有“摔岩”一词，专用于此种情况，可见其发生之频繁。1943 年，我从雷波去美姑，急如星火，却也只好与同行者“手足爬行，好像四脚的动物，每举一步就花了好几分钟”，出行 3 日，“离雷波尚不及 70 里”[①]。也就是在离雷波的第三日，我们所雇的背夫老邬因山路泥泞不堪行走而从山坡上滚下。幸坡下丈余有几根草木挡住，不然直滚进万丈深渊，必无埋骨之所。[②]

解放后，人民政府重视发展凉山交通事业，先于 1957 年，修成宜西公路，把黄茅埂两侧的大小凉山连为一体，从东面沟通了凉山与成都平原的联系。继而于 1970 年修通成昆铁路，从北而南贯穿凉山，使西昌成了北京到昆明之间的一个重要枢纽。中国民航在成都和西昌之间开辟的航班，更使内外交通十分便捷。到 1980 年，凉山州 6 万多平方公里的土地上，通车里程已达 7,000 公里，基本上实现了县县、区区、乡乡通公路。正因为如此，我的

① 见本书，第 129 页。
② 见本书，第 128 页。

这次考察才显得十分方便。

最能代表凉山建设速度的，还是美姑的变化。美姑是大凉山名符其实的腹心。现在该县彝族人口仍占总人口的96.3%。40年前，我考察过的巴普，还是个30多户人家散布的村落。在巴普投宿的第二日，我曾被老穆的父亲约哈儿喊醒，拉到山上去看打冤家。事后，保头老穆也曾带我站在山上指点山下平坝，问我此地可否盖一学校。我闻言大喜，当时即与他策划，大讲了一番在此办学的好处。在以后的几个调查报告中，我都不厌其详地讲到此事，希望引起当局注意，以使老穆的想法成为现实①。但当时杳无结果。40年来，老穆的办学要求，一直萦绕在我的心头。

这次我在昭觉调查结束，安县长特意驱车送我去美姑。汽车在山里转了3个小时后，停在一个楼房林立、车水马龙的城镇里。我正为凉山深处出现的这个闹市纳闷，安县长告诉我这就是美姑了。当时，我的惊诧之情委实难以言状。中国人常以“物是人非”这句话来形容人生易老、事物难变的道理，但我来美姑经历的却是人是物非。40年前几十户人家的村落，早被淹没在数千上万人口的市镇之中。几十座泥墙木瓦的低矮房舍，也被鳞次栉比的楼房所取代。40年前，老穆梦寐以求的是处在凉山腹心的彝家人民能有一所小学。而今，这里建成的是一座县城。城里不仅有小学，还有了完全中学。全县各级学校已有近200所。更有了老穆想也不敢想的商店、工厂和医院。同样的变化也发生在西昌、昭觉和雷波。

雷波是我初上凉山时两度过往的地方，也是彝汉冲突的一个焦点所在。我当年到此，连连耳闻目睹居民被劫持入山的惨状，

① 见本书第134页及《边政公论》1944年第3卷，第5—6期。

看到城内街道一片破败，心下有如惊弓之鸟，发出过“河山虽美，其奈民居不安”的慨叹[①]。这次再来雷波，映入眼帘的是小凉山的一颗明珠。锦屏山下一幢幢高楼拔地而起，大街小巷全都铺成水泥路面。新修的百货公司、新华书店、文化馆、图书馆、电影院、邮政局一应俱全。交通方面，这里北去乐山、西经美姑而至州府西昌都十分灵便。我们一行结束考察时就从这里返回西昌。其间400公里山路可以朝发夕至。这样一条道路，在1943年要走两个月。这一天等于两个月的速度，就是凉山今昔的真实写照。

西昌，原是历史上的建昌城。由于地势高而气压低，空气中的水分和悬浮物质少，所以是个天朗气清的所在。传说月亮虽照九州，但在西昌显得格外清彻明亮，无与伦比。因此，清风、雅雨、建昌月是川西三大胜景。但由于地处偏远，加上社会制度腐败，所以解放前的西昌凋敝不堪。9年前我二上凉山时，看到的也还是一个小镇的面貌，时隔9年之后，我三上凉山时发现它的城建面积已由原来的1.5平方公里猛增到9平方公里。且建成了冶金、机械，建材、电力、化工、皮革、食品等数十家工业企业。俨然具备了现代城市的规模，成为凉山彝家政治、经济和文化的中心。仅学校一项，西昌市内就有了小学20余所，中学10所，还有州属财贸、师范、卫生等中专和师专、农专两所高校。1984年我到该地时，州政府正发动各界筹办凉山大学。最近消息传来，说凉山大学已经建成招生了。

高速度的建设，自然是建立在生产发展的基础之上。凉山解放前的生产事业，是典型的农牧兼营。根据我1943年的观察，那

① 见本书第124页。

里还沿用火耕之法开荒种地。彝族群众也没有什么生产热情。“罗罗农产只求自足自给，一年出品够得一年的需要，已是心满意足。因此彝民耕种并不努力，农园不求增垦，耕作技艺也不求改进。凉山大好土地，多系一片荒野的区域。”①这种现象的发生，也自有其社会原因，当时的凉山黑彝极端鄙视农业，“无论是旱地的包谷与水田的稻米，全部都是白彝包办，黑彝从来不去参加。”②白彝务农已在下贱之列，打出的粮食又多被黑彝夺取。锅装娃子的劳动所得，自然为黑彝所有，即使是百姓娃子地上的出产，也要交给黑彝5—6成。经济上剥削之残酷，已使奴隶无心出力促使土地增产。何况在政治上他们连完全人格都没有呢。凉山的生产力不高，更有文化的原因。“按罗罗原来风气，不尚交易商业，款待客人最是殷勤”，“凡是罗民，只要不是本族冤家，到处可以得到寄宿与食粮，不费分文”。彝人出访“路中经过之区可随便寄宿，主人必须招待。无论何等食物，主客分食，不能独享。吝啬之人为社会所鄙视，习俗所不许”。倘招待不周，引起龃龉，生客“愤怒或有不利的举动，甚至亦可引起打冤家斗争”③。这种吃大锅饭的习俗，显然是原始共食之风的残余。是原始人类在生产力低下时，为维持群体的生存而采用的一种行为方式。这种风气在凉山千年不变，本身就说明凉山的生产力水平不高。而大锅饭之风盛行，又必然挫伤人们发展生产的积极性。正是技术、社会与文化几个方面因素的综合作用，使得凉山的社会生产力长期得不到发展，凉山的奴隶制也就因此而长盛不衰了。

---

① 见本书第73页。
② 见本书第69页。
③ 见本书第75页。

新中国的建立、民主改革的实行，使百万奴隶得到解放，冲破了生产关系对生产力的束缚。全国范围内社会主义经济建设的展开，又为凉山带来了先进的技术力量，打破了维持千年的消极平衡。以这两种进步因素为前导，凉山的生产力有了长足的发展。遗憾的是，60年代开始出现的“左倾”思潮，干扰了这种发展的进程，直到1978年，党的十一届三中全会召开，中央重申“实事求是”和“一切从实际出发”的方针，凉山的生产力才又走上迅猛发展的轨道。这一曲折过程在昭觉和美姑两县的多种经营统计数字①中留下了鲜明的标志：1952年，美姑多种经营产值132万元（昭觉缺项）。1976年，昭觉571万元、美姑393万元。1982年，昭觉1667万元、美姑1210万元。这些数字表明，在三中全会之后的短短6年里两个县的多种经营增值都达2—3倍。这充分显示了凉山经济发展的迅猛势头，也说明党和国家的正确政策对于凉山的经济发展起着至关重要的保障作用。

我三上凉山不仅看到了凉山社会生产力在原有的基础上得到了解放，而且看到了一大批新生事物正在出现，显示出凉山经济文化腾飞前的种种征兆。这些新生事物中最引人注目的就是生产部门的出现和传统产业中的一批专业户和重点户的成长。

1943年初上凉山时，我从雷波走到美姑，没见到彝家有自己的工业。只有少数木石匠和铁匠在农闲时从事季节性的手工劳动。彝区人民生活中大到生产工具，小到针头线脑都依靠外地客商贩入。而今，凉山全州已建成了包括冶金、电力、煤炭、化学、机

① 根据统计资料，“多种经营产值”指的是除开工业和粮食种植业之外的产值，即林牧副业的产值。

械、建材、纺织、造纸及其他工业在内的工业体系。全州工业产值在工农业总产值中所占比重由解放初的 3.8% 提高到 1983 年的 35.6%。凉山腹心地带的工业也已颇有规模，除了在布拖看到的皮革厂和制糖厂以外，我还参观了美姑的化工厂。但给我印象最深的还要数昭觉和美姑等县的小水电事业。凉山深处的河流溪谷，自然落差十分明显，形成办水电得天独厚的条件。各县水电事业因之得到蓬勃发展。在全国电力比较紧缺的 1984 年，昭觉、美姑等县的电力却有不少剩余。各县政府都在计划鼓励群众变烧柴为用电煮饭。我觉得这是一桩大有可为的事业。因为它不仅能减少彝家的劳动强度，节省时间，改善卫生条件，而且能推动彝家生活方式的改变使之向现代化靠近。同时，变烧柴为用电，也必然能够减少对树木和野生植被的砍伐，收到保护生态环境的功效。在去三河以达拜访打吉家的路上，我顺便参观了路边的胜利水电站。这个站装有两台机组，发电量可达 2,250 千瓦。但因为地广人稀，工业发展跟不上能源发展的速度，所以开动一台机组已可满足附近居民和县城化工、木材两个企业的用电。电站的负责人被装好的设备不能充分工作而影响效益的问题急得团团打转。一再向我诉苦，这真是形势喜人而又逼人啊！

凉山彝家传统生产领域内出现的新生事物，就是一大批专业户和重点户的成长。专业户、重点户都是党的十一届三中全会以来，各级政府为了鼓励农民发展生产和开展多种经营而提出的新概念。由于生产发展存在着不平衡的状况，所以各地专业户，重点户的标准亦有所不同。根据凉山州的指标，每个农家人均收入达 500 元（1983 年时，全国农民人均收入为 385 元，凉山州 247 元，昭觉、美姑和雷波农民人均收入还略低于此数），所生产的产品 60% 拿来出售的即为专业户。全家人均收入 300 元以上，产品的商品率在 30% 以上者为重点户，重点者，可以作为重点培养而成长为专业户之谓也。

例如前面提到过的美姑县巴普乡农民瓦西瓦尔，全家 7 口人，有土地 4.2 亩，其中一亩用于种粮，亩产千余斤，折款 200 元，基本上自食。但其余 3 亩种时鲜蔬菜，售给县城非农业人口，每年可得款 2,000 多元，均为商品收入。瓦尔家每年又养猪 11 头，其中自食 2—3 头，售出 5—6 头，收入也在 1,000 元以上。如此则瓦尔一家全年总收入超过 3,500 元，人均在 500 元以上。其中猪、菜大部分售出，商品率超过 60%，故瓦尔家就是一个专业户。瓦尔家因种菜而产生的粮食不够吃问题，由国家帮助解决，每月每人供粮 30 斤，全家 210 斤。粮价低于交售价，全年只要开支 200 元左右，不影响瓦尔的专业户地位。

又如昭觉县竹核乡农民甲巴阿吉，全家 5 口人。1982 年他养牛 2 头、马 1 匹、羊 14 只、鸡 134 只、猪 145 头（多为仔猪），种地收粮 11,700 斤，全年合计收入 4,000 元。人均 800 多元。所养牛、马、猪、羊、鸡的商品率达 75%，全部产品有 60% 以上作为商品售出，故甲巴阿吉家也是个专业户。甲巴阿吉养鸡的经历很有戏剧性。1980 年，他花 1.5 元钱从州农科所买回 10 个良种鸡蛋，孵出 8 只雏鸡。到 1982 年，鸡总数即达 134 只。他还从出售鸡蛋和更新母鸡中得款 760 元。全家人均 150 元。鸡蛋生鸡鸡生蛋，本是欧洲人嗤笑为空想的一句话柄，但在党的十一届三中全会以后，凉山彝家却能把它变为现实。这一点就可以说明挣脱了奴隶制枷锁和“左倾”教条主义羁绊的彝家人民具有多么大的创造力。

需要说明的是，我上面列举的两个例子，并不是因为他们富裕，而是因为两家的状况都是我亲眼所见。实则凉山彝家收入在万元以上的人户也是有的。近年来，整个凉山成长起来的专业户、重点户数以万计。他们当中，有的靠发展畜牧养殖、有的靠栽培经济林木、有的靠科学知识，有的靠机畜运输、有的靠制造民族手工艺品，更有的已经打破以户为单位的小农经济，开始联办企业。昭觉县竹核乡拖都村农民尔吉久布1981年与另一农民自愿结合，自筹资金2,000余元，联办小加工厂和砖瓦窑。仅用不到1年时间，就还清了借款。到1982年底，得到收入2,400元，经分成各得1,200元。加上家里农副业收入，全家6口人平均收入818元，成为竹核坝上的富户。

通过对凉山专业户和重点户的考察，我对凉山彝家的现代化前景更加深信不疑。彝家人民不仅可以在工业方面从无到有，大打翻身之仗，而且可以一靠政策、二靠科学，在因地制宜地发展传统产业，开展多种经营方面大有作为。我再次不揣冒昧，称此为专业户之路。如果有人对走赤黑约日之路信心不足，认为凉山不可能通过发展工业而实现全面现代化的话，那么，我还可以对他讲："请看专业户之路！"

生产力的发展也必然带来凉山彝家生活水平的提高。解放前，凉山彝家生活十分清苦，"平日便饭，包谷粑之外，有酸菜汤用为佐餐。若加上煮洋芋或豆腐及青菜合成的连渣菜，就是比较丰厚的餐饭了。"① "睡眠无床铺，只倒地而卧。……卧时无被褥的设备，倒在地上用毡衣盖上，首部缩于衣内，身脚亦缩成一团。"② 当时

---

① 见本书第51页。

② 见本书第53页。

的彝家甚至连夜晚点灯的条件都没有。“我们旅居彝家，因带有蜡烛，燃光照耀，彝人莫不希奇。”[①] 黑彝“硬都都”家的生活亦不过如此，白彝娃子平日之苦更是可想而知。我初上凉山时，为彝家准备的礼物是盐巴、剪刀、针线、布匹之属，这在凉山当时都是奇缺之物。记得离开雷波赴美姑的第二日，我投宿马家湾白彝乌七家，屋是土墙茅顶，有门无窗，锅灶旁隔着竹篱即是主人夫妇卧所，家畜猪羊也居留在屋内。我们赠主妇剪刀丝线等。她高兴地狂喜大呼，视为珍异。[②] 现在，不仅上述的日常用品早已不是稀罕之物，就是自行车、手表、电视之属，在凉山也已司空见惯了。根据彝族干部的劝告，我这次调查冉也不用带什么礼物，只要买上些糖果烟酒为彝家老少添些喜气就行了。在美姑县巴普乡的瓦西瓦尔家，我看到了他的住房格局。除了象征性地在堂屋中央设个锅装外，他的屋内摆设均与城内人家无异。不仅人畜早已分开而且住房有了内外间的分别，卧室里有床铺、被褥、蚊帐、桌椅，堂屋里摆着电视、钟表、收录机和缝纫机。老穆的邻居，青年农民瓦西幸福家不仅有了电视，还专门为此盖了一间小屋，让乡亲们共同享受娱乐。我们在昭觉时，参观过尔吉久布的砖瓦厂，又看了他新盖的三间新房，通体的砖墙瓦顶、水泥铺地，门窗俱按新式样，庭院里还砌起了花坛，全部投资计 4,560 元。这个 34 岁具有初中文化程度的彝族青年对我讲：“我们祖先的生活方式落后，是因为没有经济力量。现在经济上好起来了，生活方式也应逐步改变。因此，我不顾别人议论，盖了新式样的房子。我们专业户

① 见本书第 53 页。

② 见本书第 128 页。

不仅在生产上要带头，在生活方式上也应该革新。”

总而言之，我三上凉山不仅看到凉山彝家社会关系的变革和生产的发展，也看到生活方式上正显示出的新气象，各方面的变化都是这么迅速和惊人，使我感到自己虽然年逾古稀，也不能不在凉山彝家现代化道路问题的研究上下一番功夫了。因为我深信，民族学这门学科的生命力，决不仅仅在于它的学术价值，不仅在于它能为我们认识和解释各种文化现象提供一套理论工具，更重要的是它能以自己独特的方式研究各民族在发展中存在的现实问题，帮助我们找出改造世界的最佳方式，进而使自己的研究对象在适应社会文化变迁的过程中，获取最高的发展速度和最大的经济与社会效益。

二、凉山社会文化变迁中存在的问题

40 年来，凉山发生的巨变是有目共睹的事实。但是，我们不要忘了，凉山彝家是带着两千年奴隶社会制度所打下的深深烙印而步入社会主义的。这种烙印不仅在民主改革以来的 30 年里有顽强的表现，而且还在构成凉山彝家通向社会主义现代化进程中的重重文化障碍。有鉴于此，我们有必要把这些问题摆出来，分析其原因，并提出妥善的对策。根据三上凉山所做的考察，我认为彝家传统文化与现代化互相矛盾的部分包括下列几个方面：

首先是消费方式与积累和扩大再生产的要求不相适应。历史上，凉山彝家受地理环境、社会制度等方面的影响，养成了一种以低消费适应低生产的社会文化模式。把“荞粑粑、酸菜汤，火塘旁边话家常”当成理想的生活目标。换句话讲，彝家的生活追求不在舒适，而在温饱。彝家在经济领域里的行为方式，不是通过发展生产来提高生活，而是用超低物质需求来适应生产的不发达状况。由此又产生了彝家社会文化的又一特征，那就是不重视物质产品的积累而情愿把相对剩余的产品用待客的方式消费掉，这种风气在历史上自有其存在的根据。当时，凉山处在奴隶社会的低下生产力水平上，彝家在自然灾害、病月荒年面前束手无策，只好注意平时结纳亲友，以便在灾难临头时有所求告。也就是说，彝家的积累不是靠自己聚集财富和扩大再生产，而是靠把相对剩余的产品作为礼物或饮食去巩固亲友关系，把剩余产品储存在自己与周围一定的社会成员结成的关系里面。此外，财富的积累和生产的发展都需要一个安定的社会环境，凉山彝家所缺的正是这样一个环境。在家支林立、械斗频仍、人人自危的情况下，与其积累财富而得罪同家支或友邻家支的成员从而使自己在冤家械斗中因孤立而处于必败之地，实不如疏财仗义来得划算。久而久之，凉山彝家自然形成了一种自己平时省吃俭用，而待客时又不惜倾家荡产的文化习俗。这种习俗又会进一步升为社会公德而进入人们的观念之中。

解放后，随着生产力的发展和社会的安定，这种习俗应该说是丧失了存在的条件。但因为意识总要落后于存在，因为社会发展中存在的文化停滞（cultural-lag），所以这种风气依然盛行，以至于我们在这次考察中还时时为这种盛情的款待而感到窘迫。此去凉山近两个月的时间里，我们只要进到一个人家，该家的主人必要杀猪、杀羊，请我们吃砣砣肉，并置酒款待。昭觉的甲甲阿吉因为家住平坝，为让羊儿避暑而寄放到山上的亲戚家里。我们去得仓促，他一时也捉不到羊，就一气杀了 4 只鸡，还再三地表示十分羞愧。尔吉久布见我们来到，当场就花 200 块钱买下一头牛来要打杀。我们一面坚拒，一面匆匆登车告别，如逃跑一般；虽然心知这样必然惹他不悦，也不敢让他无端蒙受如此损失。这样的事情一再发生，吓得我们后来不敢轻易下到户里，尽量召请乡亲们到村管委会询问情况。当地干部对此也深有体验，昭觉县退休担任顾问的老县委书记李永昌讲道："三中全会以前，我们下去群众害怕，因为我们一到乡里就要割人家的资本主义尾巴。现在群众盼我们下去我们不敢去，因为所到之处，群众必定要杀猪款待。我们吃了于心不安，不吃群众又有想法，真是左右为难。"

待客之外，凉山彝家的另一种不合理的消费方式就是遇有红白喜事时大肆杀牲置酒。昭觉县城北乡农民勒尔伍哈去世，家人杀牛 7 头，猪、羊 40 只。昭觉县南坪乡一人去世，家人请客杀牛，多达 10 头。美姑县巴普乡青年农民瓦西幸福的岳父去世，他作为女婿前去吊丧，也杀了一头牛，沽酒 300 余斤。谈到此事，他很感自豪。须知 1983 年时，凉山彝家的平均经济收入还不甚高，昭觉、美姑、雷波等县都在 250 元以下。如此耗费，不仅直接影响对再生产的投资，影响生产规模的扩大，而且势必导致生活水平不但不能提高甚至下降。

凉山传统文化与现代文化要求不相适应的另一种表现就是商品观念的严重缺乏。鄙视经商的风气仍然相当浓厚。彝家产品有了剩余，多收存起来准备用于周济亲友或款待客人。轻易不肯出售，尤其不肯上市出售。如果说手工工艺匠卖些木石器具还不致遭人非难的话，一般的农民要把自己的农牧产品变成钱就显得不符合传统的社会规范了。国家提倡搞活经济之后，昭觉、美姑等县都采取了一些鼓励措施，增设了好几个集市。彝族群众农闲时也乐于往市场上跑跑，但多数人不肯加入贸易的行列。他们在市场上主要热衷于聊天、看热闹，找熟人凑在一起喝酒，再买点日常用品。有些东西非卖不可时，他们也只是把东西摆在地上，再默默地坐在旁边，等买主前来问津，绝不肯大声吆喝招徕顾客。遇有熟人时还要做掩饰状，仿佛经商是一种很不光彩的行为。山里人家更把牲畜视为财产的象征，数目唯恐不多却又长养不卖，结果不仅浪费了饲料，还把好端端的猪、羊养老了。有识者称之为养“万岁羊”，经济效益极低。据统计，昭觉县 1982 年的农畜产品商品率只有 5%，1983 年羊只出栏率也只略高于 10%。凡此种种，都反映出凉山彝家在闭塞环境内养成的自然经济观念仍然根深蒂固。这种观念不破除，则商品经济难以繁荣。当地政府把商品率为衡量专业户的一项指标，十分必要。

生活方式落后于生产方式和时代的需要，是凉山彝家通往现代化道路上的又一障碍。目前，虽然附城而居的一些专业户和重点户的生活方式已经具有了浓烈的现代化气息，但远离城镇的多数彝家人民的生活方式并没有随着生产的发展而有明显改变。现代化的种子还没有在凉山遍地开花。一山之隔、数公里之遥，即可见城乡之间在生活方式上存在的重大差距。如昭觉县城西乡的火莫拉托村，距县城只有十几里山路。因为没有通车，显得相当闭塞。群众进城买卖东西，需要负重爬山，十分艰难，那里也颇有几户人家因为发展畜牧而致富。户养牛羊有达近百头者，收入应该说是可观的。但他们的住房仍是土墙木顶。因为窗口很小而且常常遮住，更加之在屋内栏放牛、猪等牲畜，使得室内光线昏暗，空气浑浊。桌椅床铺等日常用具也不添置，一家的生活中心仍是地上的火塘亦即锅装。我们与彝胞共进餐饭也是席地而坐，持木碗、马匙子围锅装就食。值得指出的是，当地政府曾根据胡耀邦同志1982年视察凉山时的指示，用公款为群众建了一些新式住宅。昭觉县城附近的南坪乡就有这样一个新村，但群众搬进去之后，又把窗子堵上，把牛羊猪等栏进屋里。因为，按照彝家的说法，有窗的房子显得空旷，而牲畜如果不与人住在一起，闻不到人的气味和锅装的烟火气味，就长不壮。这种情况表明，彝家在现有生产水平上保持先前的生活方式，并非单纯出自经济上的原因。传统的观念和生活方式还盘踞在他们的头脑里，体现在日常活动中，并正在反过来制约着凉山彝家的生活现代化进程。

面对这些现象，人们不禁要问，除了凉山的经济不够发达、交通比较闭塞的原因之外，究竟还有没有别的社会力量在制约着人们的行为，使他们不能毅然摆脱不适合现代化要求的传统文化的羁绊而甘于随俗呢？答案是肯定的，凉山彝家传统社会文化中的家支制度和观念，在这里起着极大的作用。

家支，彝语称“楚西”或“楚家”，是一种以父系血缘为纽带的家族联合组织。我在《凉山彝家》一书中所写的“氏族”一章，描述的对象实际上应说是家支。解放前，整个凉山没有统一的政权组织，所有的是上百个互不统属的黑彝家支。家支内部严禁通婚和婚外性生活，又有父子连名制为纽带，所以组织极为严整细密。每个黑彝家支的成员无论走到何处，只要背熟自己的家支谱系并指出自己在这一血缘链条中所处的环节，那他立即就会得到承认并享受应有的权利。凉山除黑彝有严格的家支外，白彝曲诺亦有家支组织。但根据谱系研究，白彝家支的历史大大短于黑彝家支。因此可以说他是次生的。此外，白彝不甚强调血统的纯粹性，所以家支的严密性较黑彝要等而下之。更因为整个白彝阶层都处于被统治地位，他们人格不全，所以白彝家支在地位上是从属性的，受黑彝家支的控制。当然，在习惯许可的范围之内，白彝家支也能对其成员起保护作用。讲到家支的重要性，彝谚说得很清楚："少不得的是牛羊，缺不了的是粮食，离不开的是家支。"举凡济困扶危、报仇泄愤、喜庆丧吊、道路食宿等均非家支莫能济其事。解放前，普雄县有一果基家黑彝，为了侵吞一孤身富裕曲诺的绝业（根据习俗，黑彝有吃白彝绝业的特权），竟施恶毒手段将该曲诺杀害。因此而引起被杀曲诺家支成员的愤怒，共起反抗。果基家为平息事端，不得不将违反习俗的肇事黑彝开除出家支。该黑彝既被除籍，只好外逃他乡。而没有家支的黑彝为凉山彝家所不齿。按习惯他又不能降身为奴，最后竟因走投无路而自杀身死。[①] 可见家支对于黑彝来讲，甚于性命，也就无怪乎每个黑彝就甘愿为家支的利益奋不顾身了。

关于家支的社会职能，我们可以从本质上把它分成对外对内两个方面。对外，首先是黑彝奴隶主暴力掠夺的工具。解放前，凉山黑彝奴隶主四处绑架汉人为奴，一般都是以家支为单位组队出袭。此外，它也是彝家反抗外来压迫的组织。如 1945 年，越西普雄的黑彝阿候家和果基家械斗方酣，忽闻国民党军队前来进攻，两家黑彝马上解仇结盟，一致对付国民党军。待他们把国民党军打败，两家又执仇如旧，械斗重开了。家支在凉山彝家内部，首先是起着保护奴隶制度，镇压奴隶反抗，以强力维持奴隶主地位和利益的作用。彝谚"马的劲在腰上，牛的劲在角上，黑彝的劲在家支上"和"老虎靠嘴巴、猴子靠树林、黑彝靠家支"都是

---

① 参见程贤敏：《凉山彝族的家支问题》，载四川省民族学研究会、四川省民族研究所论文集《四川彝族家支问题》，1985 年编，第 101 页。

讲的这个道理。解放前，许多精壮汉人被掳进凉山为奴，却无论如何也难逃出的事实本身就说明各个黑彝家支虽不相统属，却互有默契。无论其自身如何矛盾重重，但在对待奴隶上却毫无二致。黑彝家支同时又是进行冤家械斗的武装集团。这种械斗起着维护凉山的习惯法并限制和调节奴隶主内部矛盾的作用。由于家支有父子连名制为血缘纽带，又实行严格的家支外婚制，所以每个黑彝家支都不是孤立的。冤家械斗之中总有血缘关系较近或不同血缘联姻的家支援手相助。故黑彝家支虽有大小强弱之分，却无高低贵贱之别，反映到人们的观念中就是“鸡蛋一样大，黑彝一样大”。如此这般，则冤家械斗之中把那个家支完全消灭或使之变为附庸的事就永远不会发生，凉山彝家内部的统一政权就永远不能出现，凉山的社会发展速度就不能加快。凉山奴隶制也就是这样靠着家支这套复杂而奇怪的机制而延续了两千年。

解放以后，党和人民政府在废除奴隶制，解放生产力的同时，也为消除家支制度和家支观念的影响而做了大量的工作。比如根据大事化小、小事化无的原则和制订《彝族团结公约》等方式来调解、平息和制止家支械斗。通过建立人民政权和开展以居住地为单位的互助合作运动等方式来保护生产力，发展生产。从而使凉山的社会面貌迅速改观，使家支制度丧失了数千年来赖以存在的社会基础。但是作为彝家传统文化重要组成部分的家支观念，遂或多或少地存在于彝家群众的头脑中。特别是黑彝奴隶主已被打倒，但白彝曲诺还是要续家谱、认家支，还是彝族群众见面时经常谈论的话题。这本来也是正常现象，可以通过发展生产、提高生活水平和文化程度以及教育疏导等方法逐步克服。但在“文化大革命”中，“左倾”思潮泛滥，凉山的生产力遭到破坏，群众生活受到影响，人民之间的正常交往也被扣上家支活动的帽子，拉到阶级斗争的纲上去认识，这就大大伤害了彝族群众的感情，使他们产生了严重的逆反心理，家支观念反而增强。由此而出现了“文革”之后，高压解除，家支观念强烈回潮的现象。我此行无论走到哪里，都有彝族干部向我介绍家支引起的问题。通过总结，我感到凉山彝家的家支观念在新的社会条件下出现了不少新的特征：

一是现在政治民主、交通便利，所以家支实体有了扩大化的趋向。如 1982 年，美姑县新桥乡吉列家支召开了一次 400 人左右的家支大会。会上决定：第一，把已经发生通婚关系的吉列家支下属的 8 个支——吉古、吉列、吉约、吉伯、吉比、色吉、马、列列，重新联合，一律不许再相互开亲，只能与外家支开亲；第二，吉列家支成员要团结一致；第三，吉列家支成员有事，大家要互助，出资方面，富有的出一元，贫者出五角。为保证上述决定能在本家支通行，吉列家支召集了散布在昭觉和雷波的成员①。1981 年，昭觉县庆恒乡海来家支因民事纠纷也曾召集四县 300 人参加的家支大会，且宰杀耕牛 9 头、羊 1 只、猪 4 口②。

二是家支开始在国家政权与彝族群众之间形成一股按习惯法解决民事纠纷的仲裁力量。据有关人员在昭觉县、竹核乡、伙罗村调查统计，该村 1983 年发生的民事纠纷有 80% 左右是由家支出面调解平息的。这股习惯力量影响之大，已使有些本应由政府出面解决的事也被家支包揽。据昭觉县干部介绍，近年冕宁有一彝

① 参见郎伟：《凉山彝族家支现状浅议》，载《四川彝族家支问题》论文集，第 70 页。

② 《四川彝族家支问题》论文集，附录第 108 页。

族人用气枪打鸟，误伤一名汉族小孩。该小孩家长不到法院起诉，而是按彝族的习惯向肇事者索要命金3,000元。肇事者家支闻讯纷纷出钱，一个月就把3,000元凑齐。其他由于个别家支成员犯科被政府处罚而整个家支代付罚款的事也屡见不鲜。昭觉县彝族干部阿尔及革在担任供销组长期间贪污千余元。案发后，他退赔不起，应受刑事处分。他将此事诉诸家支，全体成员帮他把钱凑齐。结果，退赔实现，阿尔及革被免除刑事处分。除此之外，利用家支力量干涉婚姻，发泄怨愤，请毕摩卜卦弄法，向成员摊派钱物的事也时有发生。

对于新形势下家支观念的上述表现，国内学者，特别是四川的学者正在展开研究。有些学者且在探讨家支作用是否存在积极的方面[①]。对此，我认为凉山彝族家支的所谓积极作用，完全是建立在解放前凉山生产力落后的基础之上的。如恩格斯曾说："劳动愈不发展，劳动产品的数量、从而社会的财富愈受限制，社会制度就愈在较大的程度上受血族关系的支配。"[②]解放以后，凉山的生产力虽然得到迅速发展，但在相当一段时间内，凉山彝家还曾被温饱问题所困扰。家支成员之间的及时互助，也还不失其意义。但党的十一届三中全会以来，凉山的生产突飞猛进，人民生活有了明显改善，各级党政干部的作风进一步端正，各种法律文件和司法机关逐步健全，大量新生事物正在涌进凉山。在这种全新的形

① 伍湛：《当前四川彝族地区家支问题态势述略》，载《四川彝族家支问题》论文集，第27页。

② 恩格斯：《家庭、私有制和国家的起源·第一版序言》，载《马克思恩格斯选集》第4卷，第2页。

势下，家支的积极作用已无从谈起，它对现有经济基础所产生的消极影响，对凉山彝家现代化建设的束缚作用倒是越来越明显了。

首先，凉山彝家的现代化需要社会分工的加强和商品经济的繁荣，而家支观念却与此格格不入。前面提到过彝家习俗鄙视经商，这里也有家支观念在起作用。因为彝家的思想深处还认为自己的剩余产品在很大程度上应为家支成员所共有，自己拿来卖了必然影响到对家支其他成员的资助，因此是不光彩的。据介绍，昭觉县有一农村基层干部 1983 年经人动员，贷款在集镇上开了个小饭馆，想以此致富。不到一个月后竟致关门大吉，因为按彝家传统，同家支的人前来吃饭，没有收钱之理。这位干部自然按习俗办事。更糟的是，同家支的人觉得饭馆是本家开的，吃来心安理得。每逢集日便成群结队前来，来了就吃，吃了就走。很快就把这小本经济吃得亏空了。真正是“氏族制度与货币经济绝对不能相容”。[1] 也由此可见，要使商品经济得到发展，就非克服家支观念不可。

其次，家支观念妨碍凉山彝家采用新的生产和生活方式。本来中国的经济体制改革和四个现代化向凉山的深入为彝家人民提供了前所未有的机会，每个人都可能根据自己的能力和认识水平闯出一条通向富裕的道路。但家支观念迫使人们在做出决定之前首先考虑自己的行动是否会得到家支成员的赞成，无端地失掉很多良机。又从法律上讲，解放以后，每个公民都有完全的人格，可以在法律允许的范围内根据自己的意愿采用自己的生活方式。但家支观念的存在，却在法律和个人之间形成一股强大的社会制

① 恩格斯:《家庭、私有制和国家的起源》，载《马克思恩格斯选集》第 4 卷，第 107 页。

约力量。每个家支成员在追求现代生活方式时——无论是自由恋爱，选择职业，还是在住房内开窗架床——都不得不顾虑到家支舆论的反应，而家支舆论所代表的又往往是老一辈人的观念和意志，这又使得人们倾向于裹足不前了。

再次，家支势力包揽民事纠纷，削弱了国家政权和有关法制与彝族群众之间的联系和沟通。它的仲裁作用貌似公允，实际上必然受血统观念的支配，由此变成恃强凌弱，以众暴寡唯家支是理的现象。这就很容易激化矛盾，使纠纷升级。我所见到的昭觉、美姑两县4起刑事案件的记录，开始时都是一般的民事纠纷，曾经过家支的仲裁并按彝家习俗打酒杀牲以示庄重。结果，或因输理方面不服，或因有理方面不满，酿成了刑事大案，甚至出了人命①。

事实表明，家支观念作为生产力低下的产物虽然曾在一定程度上对彝家生活提供某种意义上的保障，但它也一直是凉山社会文化发展的一个重大障碍。同时，这也是一个恶性循环的圈子：人们因为生产不发展、生活有困难而求助于家支，家支又以自己的方式制约生产发展，加剧人们的生活困难，长此以往，将无出头之日。在凉山彝家迈步走向社会主义现代化的过程中，这种消极作用会变得愈加明显，因此，应在克服之列。克服的方法，就是运用优越的社会主义制度，通过发展生产来加速凉山社会主义物质文明和精神文明建设。在这方面，昭觉县解放乡丰收村已经走出了可喜的一步。丰收村地处西昌和昭觉之间，有17户彝家，三中全会以后，随着各项农村政策的落实，村内多种经营蓬勃开展。1983年，全村农牧业总产值达42,364元，其中牧业产值27,180元，占

① 《四川彝族家支问题》论文集，附录第107—116页。

总产值62%，农牧产品上市商品值17,216元。商品率达40%，人均商品收入就得200多元。群众生活因此而有了重大改善。由于生产发展快，商品生产搞得活跃，加上乡、村领导工作深入，较少官僚主义，基层调解组织健全，法制宣传比较透彻等因素，使得家支势力没有了市场，群众的家支观念逐渐淡薄。人民群众开始养成了有事找政府而不找家支的新习惯，社会主义的道德风尚得到了发扬光大。这一事例很有代表性，它说明现代化的潮流与彝家的传统文化接触时，可能造成一些新问题。但现代化绝不仅仅是造成问题，它同时提供了解决各种问题的方法。事情的关键就在于我们应该充分认识现代化到来的意义，了解和把握社会文化变迁的规律，进而从中因势利导，摸索出加速凉山彝家现代化建设的最佳道路。

三、社会文化变迁的规律和凉山彝家走向现代化的必然性

以上概述的，是凉山彝家在过去40年里取得的成就和目前存在的一些问题。这些成就和问题同时也构成了我们探索凉山彝家现代化道路的基础和出发点。我们要找出凉山彝家向现代化发展的最佳道路，就不能不对上述情况进行一番消化，以求从中总结出规律来。这又迫使我们去接触又一个庞大而复杂的问题，那就是社会文化的变迁。

民族学家们都知道，大千世界里任何有人们共同体存在的地方，就会有知识的积累和交流。这种积累和交流达到一定程度，就会引起物质生产方式即社会经济基础的改变。基础的变更又迟

早要影响到上层建筑和意识形态，从而迫使有关的人们共同体在上层建筑方面做出适应经济基础的调整。这是社会文化变迁的总规律，也是一个连续不断、逐步升级的过程。正因为这个过程连续不断，人类才得以从区区动物，变为万物之灵；从穴居野处发展出高楼广厦，从树皮草叶中发展出锦绣衣冠，从茹毛饮血生吞活剥发展到食不厌精、煎炒烹炸。人类社会才由原始群进化为现代国家。这个变化过程既广博宏大、又细致入微。作为单个的民族学家，我们固然难以对这个历时好几百万年的过程进行面面俱到的追溯，但从个人的所见所闻对一个具体的社区在几十年里发生的变迁进行总结，还是我们应该勉力为之的。因为它对于我们认识人类社会的发展规律也具有十分重要的意义。

当然，为了求得认识上的深入，即使是对小社区短时间的社会文化变迁进行研究，也有必要采用民族学的方法，对研究对象的社会文化变迁特点加以整理和归纳，这样才能条理分明。根据历史唯物主义的认识论和国内学者的见解①，我同意把一个社会的文化系统分成四个层次来认识：一是作为基础的物质文化层次；二是人们围绕着物质的生产和分配而形成的人际关系和社会制度层次；三是人们在社会制度约束之下围绕物质文化产品的消费而形成的生活方式和风俗习惯层次；四是人们的意识形态、宗教信仰和价值观念这个层次。从存在决定意识的一般规律上讲，文化变迁往往自物质层次开始，或是先在物质层次上得到体现，然后逐级透过制度和风俗习惯层次，最后影响到价值观念。当然，这

① 参见《理论信息报》1986 年 4 月 7 日第 3 版，余英时著《从价值系统看中国的传统文化》。

只是一般的规律，各种社区文化变迁的实际过程会产生千差万别的表现。制度、风俗和价值观念虽然受物质存在的影响，却也能以其自身的反作用来影响物质文化变迁的速度和方向。在特定时期的民族交往中，更有因为上层建筑的某个层次首先改变而带动物质文化发展的先例。中国云南的某些保留原始社会生产方式的少数民族先从制度上超越过渡到社会主义，又使经济建设得到发展即是例证之一。说到凉山彝家则更有其独特的发展历程。

根据历史、考古、语言和民族学等方面的材料，凉山彝家的渊源可以上溯到新石器时代的古羌人那里，对此，吴恒教授在他新近发表的《略论彝族渊源问题》和他主编的《彝族简史》中都做了精到的论述[①]。就我所知，凉山彝家保留到解放前后的火葬习俗，保持到今的父子连名制，以及凉山彝家格外注重畜牧等文化特征与古羌人在很大程度上是一致的。讲到畜牧习俗，我在40年前就注意到“罗罗轻视农业使作者感觉到牧畜系黑彝原有的经济活动，彝人原来为牧畜的民族”[②]。直到今日，人们还可以从彝家的生产活动中找到许多畜牧文化的因素。比如，彝家的餐具容器全系木制，绝少陶器，这是对迁徙生活的一种适应。彝家待客以砣砣肉为上品，此又与中国北方畜牧民族的手抓肉异曲同工。至于夏日将羊群赶上山去以避暑热，冬季再放到平坝的放牧方法，更非农耕民族所能创用方法。彝族家支制度那种重血缘轻地缘的特点，亦与游牧民族依稀相似。关于彝家何时进入凉山的脉络，国内学者多根据凉山古侯、曲涅两大黑彝家支的父子连名制材料追溯至二千年前，约与中原的

① 吴恒：《略论彝族渊源问题》，载中央民族学院民族研究所编《民族研究论文集》第1集，1981年版，第248—269页。

② 见本书第69页。

汉朝相当，而且根据彝家传说，他们是从滇东北渡江而来。我意古侯、曲涅只是凉山彝家中占人口极小部分的黑彝阶层的主体，一般彝家先民进入凉山未必先到滇池，也不至于如是之晚。最近我到昭觉县的解放沟参观新发现的博什瓦黑石刻。看到画面中除了大量礼佛的内容和毕摩形象之外，还杂有一些表示男女两性生殖器崇拜内容的刻像。这些石刻可能是出于彝家先民之手，而生殖崇拜形象的形成又可能遥遥在其他刻像之前。

根据彝家传说，古侯、曲涅两家黑彝未来凉山之前，已经进入阶级社会①。这一点，已经得到晋宁石寨山墓葬材料的证实。那么凉山的奴隶制始于何时呢？彝族传说古侯、曲涅两家进入凉山后即开始为“争结米绝业而相敌，……为争百姓而相敌”②。按“吃绝业”是凉山奴隶主在解放前的特权之一，由此可以知道奴隶制可能从黑彝进入凉山时就开始了。我们还可以从汉族史书中找到这方面的证明。据东汉史书《华阳国志》卷十《禽坚传》记载，禽坚的父亲禽倍在东汉前期作为汉官到越西公干，不幸“为夷所得，传卖历十一种”。禽坚长成后为寻父三入夷中，费时6年，始得相见。他的精神，感动了夷人头领。头领允其将父亲赎出，禽坚父子终于团圆。察越西乃西汉时在凉山建立的郡制。如此则凉山至迟在东汉时就不仅已有奴隶制，而且已经开始买卖奴隶；不仅是一般的买卖，而且有把一个人转手倒卖11次之多的情况了。

① 四川民族调查组翻译的彝族史籍《玛姆特依》中讲到彝族先民在“滋滋蒲吾”时，就已出现管理生产、本人不参加劳动的“滋”和专事调解纠纷的“莫”，负责祭祀的“比”，担负守卫，修造房屋的“曲”和从事生产劳动的“卓”。

② 参见彝族史籍《勒俄特依》，四川民族调查组译。

可见我们讲凉山彝家存在过两千年奴隶制度并非谎言。

凉山奴隶社会的两千年一贯制，在世界史可说是绝无仅有。无怪乎国内外学者都对它何以能延续这么长时间感兴趣。关于这一点，我们前面已经一再讲到过，这里没有什么神秘可言，就是因为凉山彝家在峭绝深阻的环境中发展出了一套以低需求适应生产的社会文化机制。在整个凉山之中，无论黑彝白彝都以打赤脚穿擦尔瓦为衣着，也都以荞粑粑酸菜汤为日常饮食。建立在低生产和分散而又封闭的地理环境基础上的血缘组织——家支以及家支之间的械斗，更无端地消耗了大量的人力物力，使积累和扩大再生产无法进行。统一的政权组织因之无由建立。这样一来凉山的社会发展不得不在原地打转，奴隶制也就在此前提之下得以延续。当然，建立在个体农业这种封建自然经济基础之上的整个中国的不发达状态，也构成了凉山奴隶制延续的外部条件。

1949 年新中国的成立，特别是随后几年社会主义制度在中国的建立和巩固，使凉山奴隶制首先失去了它赖以存在的外部条件。1956 年的民主改革又从凉山内部社会制度这个层次上打开了社会文化变迁的缺口。党的正确民族政策，社会主义国家经济的有力支援与凉山百万翻身奴隶迸发出来的巨大社会生产力合为一体，使凉山经济文化出现了空前的大飞跃。经过近 30 多年的努力，凉山彝家成功地进行了一次社会文化调整，基本上解决了先进的社会制度与落后的社会生产力之间的矛盾。但是，凉山先进的生产方式与落后的生活方式及传统观念之间的矛盾还是存在。整个凉山的经济文化与全国相比也还存在着不小的差距。解决这个矛盾，消灭这个差距，使凉山经济文化在本世纪末或下世纪初达到与全国并驾齐驱、共同繁荣，就是我们所说的凉山彝家现代化的基本内容。为达此目的，凉山彝家面临的任务是十分艰巨的，在某种意义上讲，其艰巨性较之30多年前的民主改革是有过之而无不及。这是我们必须以冷静头脑对待的现实问题。

但是，社会主义建设新时期的新形势也正为凉山的现代化提供前所未有的良好条件。党的十一届三中全会以来，经济体制改革在全国范围内雷厉风行，从政策和技术上为凉山的发展给予保障。凉山地上地下的丰富资源，是彝家建设现代化的雄厚物质基础。据勘测，凉山9千万亩幅员中，有森林2千万亩，草场3千万亩，还有面积与此相当的大片荒山。这些森林草场和荒山是彝家开展多种经营的广阔舞台。凉山境内密布的河流沟岔，曾是彝家社会发展的地理障碍，现在成了蕴藏量上千万千瓦的水电资源。凉山还是国内有名的成矿带之一，已探明的矿产地有1,546个，其中有67个是大中型矿床；按储量计算，凉山的铜矿占四川全省的72%，锡占88%，锌占88%，富铁矿占85%。凉山彝家在前工业社会守着这些资源过了几千年的穷日子。新兴的工业技术将把它们变成带动凉山彝家向现代腾飞的翅膀。

再看凉山的经济形势：1975年我二上凉山时，凉山全州的工农业总产值为5.8亿元。1983年已达10.8亿元。三中全会以来的5年之中，全州工农业总产值的年增长率为9.1%。我所考察的大凉山昭觉、美姑、布拖和小凉山雷波的工农业总产值年递增率分别达9.9%、10.8%、11.38%和10.99%。据有关部门统计，整个中国自1979年改革以来的工农业总产值年递增率为7.4%。如此说来，凉山州的工农业总产值在增长速度上已超过全国平均水平。诚然，统计数字上的增长率是受基数影响的。凉山州产值递增率高，正好说明凉山的基数小，起点低，工农业基础薄弱，但它在速度上高于全国的发展毕竟是破天荒的大事，因而是可喜的。它至少能够说明凉山彝家已经开始从经济落后的状态中得到解脱。凉山的现代化已经不仅仅是人们的理想问题，而是一个迫在眉睫的现实问题了。

这种形势，对凉山彝家来讲，当然是极大的福音。但是我们同时应该看到，现代化的潮流向凉山彝家的传统社会文化提出的挑战也是空前严峻的。尽管凉山彝家珍视自己的文化传统、生活方式和价值观念，但只要他们走上通往社会主义现代化的轨道，一场新的社会文化变迁，一次大规模的生活方式和价值观念的调整就在所难免。对此，我们有必要大声疾呼！使凉山彝家认识到现代化的到来的必然性，并为迎接它的到来做好充分的精神准备。这是因为，作为民族学家，我们深深地知道，现代文化和技术与一个民族的传统社会文化发生接触时，如果该民族缺乏现代观念，不能主动而成功地调整自己的社会文化系统以适应新的形势，也可能造成意想不到的消极后果。例如解放以前的一段时间里，现代武器作为一种新的技术传进凉山，就不仅没有产生积极作用，反而迅速地与家支制度结合起来，成为奴隶主四处掳掠人口、镇压娃子乃至各家支之间进行冤家械斗的利器，给凉山内外人民的生命财产所带来的影响都是灾难性的。当然，在社会主义制度之下，这种悲剧是不会重演了。但对出现另外一些消极影响的可能性，还不能轻易排除。我此次上凉山，昭觉、美姑的干部都谈起过饮酒问题，据他们估计，近年生产发展，彝家手中有了些钱，就出现了很浓的豪饮烈酒的风气。两县人均年饮白酒都在 10 斤以上，酒费开支用去家庭收入 20% 的户已为数不少。前面提到的家支实体扩大化趋势，也在很大程度上是利用了现代交通带来的方便条件。另外，前些年盲目发展粮食种植，在陡峭山坡上开荒种地，也给生态环境造成了很大的压力。近年，昭觉县每遇暴雨便有山洪夹砂带石顺坡而下，摧桥毁路，压盖农田，甚至冲走住房，伤害人畜，这也应是滥用新技术造成的消极后果之一。

当然，在通往现代化道路上发生的一些偏差，不应成为人们因噎废食、拒绝现代化的理由。作为20世纪80年代的民族学家，我们也不能想象采用文化保护主义的方式，避免现代化对凉山彝家的传统观念造成的触动和冲击，使他们在整个中国范围内的现代化潮流中作壁上观。因为这既不符合中国国情，也不符合凉山彝家的意愿和根本利益。讲到中国的国情，大家都知道，中国是一个统一的多民族的社会主义国家，56个民族早就在历史上结成了你中有我，我中有你，谁也离不开谁的共生关系。中国大地上发生的任何一件事情，都会影响到近千万平方公里内的各个角落，根本不存在闭关自守的世外桃源。何况现代化是全国范围内的一场如火如荼的深刻变革呢？！此种形势也不独中国为然，我们所在的整个地球都在现代化的潮流冲击之下加速运转。试看当今世界之上哪里还有一块让发展中的民族与世隔绝以保持自己社会文化发展的纯粹性的绿洲呢？说到凉山彝家的根本利益，我认为凉山彝家作为一个特点鲜明的民族共同体得以延续，靠的是他们在自己居处的地理环境之内所做的艰苦卓绝的努力，而不是靠了别人给了他们什么有意识的保护。凉山彝家既然有足够的勇气和能力在30多年前打破奴隶制的枷锁，他们就同样有能力在党的正确的民族政策光辉照耀之下，参与全国范围内的社会主义现代化建设。凉山彝家不仅要求和全国各族人民共享现代化的成果，而且要求像全国各族人民一样参与全国范围内的竞争和进取，享受奋斗和创造财富的欢乐，使自己在奋斗中创造出更有活力的社会经济文化，达到与全国各民族共同繁荣的境界。这一切都是凉山彝家不可剥夺的权利。

总之，现代化的前程正为勤劳勇敢的凉山彝家创造出进一步发挥聪明才智的用武之地。如果说1956年进行的民主改革是凉山彝家两千年来的第一次社会文化大调整的话，那么文化加速度现象正把现代化的命题摆到他们的面前，要求他们进行第二次调整。这次调整所涉及的不仅是生产方式，而且将深刻地改变凉山彝家的生活方式和价值观念。如果说社会制度和生产方式的变革和发展可以通过国家帮助而收到显著成效，那么生活方式和价值观念的改变则要更多地依靠凉山彝家自己的觉悟和努力。

四、凉山彝家的现代化道路展望

凉山彝家究竟将通过什么途径实现现代化这个问题虽然涉及的是未来，但其答案却不能不以凉山乃至整个中国的历史和现状为根据。当然，一个民族走向未来的具体途径不会也不应该是由民族学家来设计和规划。但民族学家还是可以而且应该运用自己的知识，根据自己的研究对象所要达到的目标，来出谋划策，提出设想，以供自己的研究对象去选择和参考。我认为中国民族学为现实服务，为研究对象服务，为社会主义现代化建设服务的宗旨，最终还是应该在这种出谋划策中体现出来。基于这种认识，我把下面的一些想法作为研究成果提供给凉山彝家：

1. 在发展建设中尊重客观规律，保护和改良生态环境。

党的十一届三中全会以来，党中央和人民政府为使民族地区的人民尽快富起来，发布了以落实农村生产责任制和民族自治地方自主权为中心的一系列方针政策。为凉山彝家发挥聪明才智、加速经济文化建设创造了优越的客观条件。根据这些政策，凉山的大部分耕地、林木和荒山草坡都已经承包到户，作为新凉山主人的凉山彝家可以放开手脚大干一番了。但在这同时，我们应该认识到，凉山 64,000 平方公里土地上的山山水水乃至一草一木都不仅是我们这一代人的财富，而且是子孙万代借以繁荣的根基。凉山的雨水不均，山势陡峭、地形破碎、土层不厚，生态系统是比较脆弱的，一旦遭到破坏则不仅难以恢复，而且将首先威胁到公路系统，给本来困难的交通条件雪上加霜，进而影响当地的现代化建设。因此在发展生产的同时，应该未雨绸缪，十分注意生态环境的保护和改良。不能因为自己手里有了技术和自主权就自毁长城，干出“吃祖先的饭，砸儿孙的碗”之类的事情来。值得庆幸的是，由于凉山的气候条件较佳，加上解放前交通闭塞，生产力不高，所以生态环境尚未遭受重大破坏。更为可喜的是，凉山州政府在过去 30 年的时间里，走出了飞播造林这条成功的道路，凉山自 1958 年开始飞播造林事业，一直持续至今。在全州 9,000 万亩总面积中，已造林近千万亩，并已收到良好的生态效益和经济效益，使许多历史上的荒山害河变得山清水秀。如西昌所在的东西河流域在造林前由 9 条害河组成，是暴雨型泥石流的发育地区之一。1893 年，一次特大洪灾，曾冲走西昌街道 5 条、死亡千余人。从 1893 年，九条河流发生洪灾和泥石流共 50 多次，冲毁房屋 600 间、毁农田 400 亩。飞播造林后，9 条害河绿树成荫，洪水和泥石流灾害被驯服。据测定，现在的河水泥沙含量比造林前减少 77%，水土流失面积减少 80%，最大洪水位降低 60%，下游 14 万亩农田得到保障，跨越9条河流的40多公里公路、铁路干线免除了洪水威胁。还开始部分地解决林区居民的烧柴和用材问题。这条道路应该走下去，使凉山的山一年比一年绿、水一年比一年清，为凉山彝家子孙万代的生活幸福打下好的基础。

2. 走专业户之路，因地制宜，发展多种经营和商品经济。

凉山彝族自治州总面积6万多平方公里，其中耕地面积只有5%，其余皆是林地、草场、河谷及荒山草坡。因此，除了粮食种植之外，具有发展林牧副渔及多种经营的天然条件。凉山彝家在历史上也是一个农牧兼营的民族。党的十一届三中全会以后，当地领导本着“一切从实际出发”的精神，纠正了前些年忽视凉山地高土寒的特点，让凉山跟着热山跑，片面追求粮食种植的错误，制定出“绝不放松粮食生产，积极开展多种经营”的正确方针，鼓励林牧副业的发展收到了良好的成效，由于畜牧业的投资周期短，见效快，还能增加农耕地的肥源；而林业能涵养地力，防止水土流失，改良局部小气候，所以三者常有相得益彰的关系。昭觉县1982年实行退耕还林、退耕还牧，耕地面积比1976年减少3.55%，粮食作物产量反而增加63.4%，多种经营产值比1976年增加123%，多种经营产值在农业总产值中所占比重高达42%，充分显示出综合性大农业的优越性。事实上，昭觉县和整个凉山州近几年成长起来的专业户中，纯靠粮食种植而致富者为数极少，绝大部分都是靠畜牧、经济作物、经济林木或经营手工艺品才走上富裕之路的。专业户密布的地带，不是城镇附近的平坝，就是边远的山区。因为前者不仅致富门路多，而且有发展商品经济的良好环境，后者则有利用荒山草坡多养牲畜的独特条件。实际上，走专业户之路，开展多种经营的作用，还不仅仅在于增加彝族群众的收入，通过这条道路还能收到强化社会分工、搞活商品经济，进而改变彝家旧的生活方式和价值观念的功效。凉山彝家在解放前的漫长历史中生产力没有得到长足发展，除了地理和社会制度方面的原因之外，也与由分散居住所决定的自然经济大有关系。解放前，凉山虽有村落“但村落住户的排布和汉人村落不同，不是户户毗连，而是住户散布于斜坡或平坝之上。住屋与住屋间的距离，从二三丈到数十丈不等”，而且村落规模也都在几户到几十户之间。[①] 至于城镇，则凉山腹心地区可说是根本没有形成。这种格局，本是自然经济之下生产力不发达的产物。反过来它又阻碍生产力的发展，起到鼓励自然经济的作用。这次我在雷波，曾问落水湖边一个彝家农户何不种些蔬菜拿到城里去卖以开辟生财之道。答曰：“县城非农业人口不过万把，剩下的农户所出产品大体相同，你有的我也有，谁也不用买谁的东西。”查雷波地处凉山边缘，是彝汉杂居之地，又是历史上从元到清历代长官司的衙属所在，数百年的发展才有如此规模，则凉山深处新设县的美姑、布拖等地县城之内，也不会有很多的非农业人口。这样低程度的劳动分工，对商品生产的发展和商品经济的形成，是个极大的阻力。因此，凉山要现代化，就须发展商品经济，要发展商品经济，就须大力促进专业户的成长，使越来越多的人从分散的自然经济状态中解脱出来，使社会分工得到强化，使人口相对集中，使城镇在规模和数量上都大大增加。如果凉山腹心地区的每个县内都有三五个万把人的城镇，则许多事情都会好办得多。凉山彝家要现代化，这步棋就非走不可；而走了这步棋则生活方式和价值观念

① 见本书第26页。

等方面的许多问题就迎刃而解了。

3. 走赤黑约日之路，发展民族地方工业。

凉山彝家在近几年的建设实践中，已经悟出了发展经济“无农不稳、无工不富、无商不活”的道理。虽然现在凉山的专业户成长如雨后春笋，虽然凉山的农业和多种经营的发展成功地解决了彝家的温饱问题，并肯定会使他们在几年之内达到小康，但我们在这里还是得承认，凉山的经济起飞不能单靠农牧林等第一产业的发展，更重要的动力有赖于第二产业即现代工业的壮大和繁荣。凉山的现代化不仅需要充分利用地面资源，而且需要把在地下沉睡千年的矿藏开发出来作为新的经济动力。而且，在发展工业当中，必须注意大量吸收当地的彝家青年。目前凉山的工业体系虽然初具规模，但真正扎根彝族群众之中，发挥自己的资源特长，由彝族企业家经营管理，主要招收彝家子弟并且使产品成功地打入国内各地市场的还为数不多。赤黑约日的布拖皮革厂在这方面仍堪称典型。凉山彝家应在政府的帮助之下，发扬赤黑约日精神，见缝插针，对地上地下资源尽量加以开发利用。通过自己的劳动，把应得的利润留在当地，把资源优势转变为经济优势；国家也应在各方面给民族地方的工业建设以大力扶持。建国 40 年来，国家对民族地区的经济支援，多采取补贴的形式。即各民族地方的财政收入，全部留在当地使用，支出部分也由民族自治地方安排，支大于收的差额，则全由国家给予补贴。近 40 年来，凉山州接受国家的补贴，数以 10 亿计。这从主观上讲，是国家关心民族地区发展的有力体现，但在客观上也造成了凉山彝家经济供给型、输血型，缺乏自身应有的活力。我们建议今后国家把对凉山彝家的支援重点转到对工业企业的技术指导和资金扶持上。以专项投资的方式，引导彝家有重点地兴办因地制宜的工业项目，并吸收彝家参与工业企业的生产和管理。在一定期限内让这些民族地方工业企业享受优惠的资金条件，以示鼓励。到期之后，即撤掉优惠措施，使之以平等条件参与全国范围内的竞争。以此激发凉山内部的经济活力，把彝家的经济从供给型变为经营型；从输血型变为造血型。让彝家人民从参与现代经济建设中得到培养和锻炼，体验竞争、创造、奋斗和进取之乐。通过繁荣工业这种新兴产业部门，凉山彝家不仅能收到预期的经济效益，而且将对凉山彝家的社会文化产生深远的影响。凉山的社会分工会因此而得到加强，彝家与全国的经济文化联系会更加紧密，商品经济会因此而取得飞跃性发展。凉山彝家星罗棋布散居山中的传统居住形式也会很自然地发生改变。大批人口会随着工业的发展而实现相对集中，从而为生活方式和价值观念的现代化造成有利的环境。例如现在昭觉和美姑的许多电站在夏季都有过剩的电力，苦于无处输送。分散山中的彝家住户又因为架线引电得不偿失而不能享受现代技术成果。如果工业发展，人口相对集中，形成一些大的村镇，这样的矛盾就会被化解于无形之中。以前，许多人受“左倾”思潮的干扰，在搞建设中继续使用搞革命的经验，强调不破不立。对社会文化变迁的进程操之过急，结果事倍功半。如果我们反其道而行之，把工夫下在对新生事物、新兴产业部门的扶植上，让新的事物、新的生活方式、新的观念在与传统事物、方式和观念并存，通过比较与和平竞争而逐步占领阵地，则可能有更好的效果。我们认为在强大的社会主义国家经济为后盾的情况下，人们完全可以用“不立不破”的襟怀对待社会文化变迁中的生活方式与价值观念的改变问题。这样做了，也必然能收到事半功倍的效果。

4. 发展民族教育事业，为建设凉山彝家的现代经济文化准备人才。

我们已经把保护生态环境，发展多种经营和加速工业建设作为凉山彝家实现社会主义现代化的途径。那么，这些道路将靠谁来走，这么多的任务将由谁来完成呢？当然要靠凉山彝家。但是，要使一贯经营农牧业的彝家成为现代化建设的生力军，就不能光是指明道路和任务，还要通过发展教育去把凉山彝家用知识和科学技术武装起来。在本文的前面，我们曾一再倡导赤黑约日和专业户这两条道路，大谈多种经营与现代工业的意义。现在要指出的是：无论是赤黑约日这样的企业家还是数以千计的专业户，都是在党的民族政策和十一届三中全会方针所造成的新形势之下自发地成长起来的。尽管他们的成功经验为凉山的现代化闯出了切实可行的道路，但他们的数量毕竟是太少了。为了加速现代化的实现，凉山需要数以十万计的专业户，需要成百上千乃至成千上万个赤黑约日，需要整整一代具有现代科技知识、素质更强、水平更高的新人。这种规模空前的人才需求，当然不能靠自发成长来满足，而必须有计划地大力发展民族教育事业。

解放 40 年来，凉山已经形成了一套从小学到大专的民族教育体系。凉山大学的成立，更使这套系统得以完善。但是，我们从师资水平、校舍建筑、教育质量以及入学、巩固、毕业率等项指标考察，就会看到凉山彝家的教育事业还远远不能适应现代化的需要。以校舍为例，在我们考察所到的地区，只有县城以上单位的学校称得上完善，区乡以下就非常简陋，村一级的小学条件之差有不堪入目者。昭觉县城西乡拖堵村小学只有一间旧式房屋兼做教室办公室和教师宿舍，校内教师也仅有一个，还得兼做各种杂活儿，其教学质量可想而知是提不上去的。据统计，昭觉县1983年受过初中以上教育的人口不到10%，文盲却占到总人口的55%。全县7—11岁儿童的入学率仅有33%。以彝家人口的这种知识结构来应付现代化的挑战，显然会力不从心。因此，凉山彝家的干部群众应该把办教育与现代化目标结合起来考虑，花大力气培养人才。限于凉山现有的条件和群众的认识水平，凉山彝家的教育事业可以用两条腿走路的办法：即一面整顿巩固现有的普通教育体制，提高其质量，一面大力发展密切结合当地资源和生产生活实际的初、中等职业教育，并尽量在教学中使用彝家语言推广彝家文字，把办教育同群众发家致富的要求直接结合起来，以调动群众支持办学的积极性。我们也期待整个社会都对这一事业给与更多的关注，从师资和资金两个方面支持彝家的教育事业。

5. 广辟财路，开发旅游资源。

随着人民生活的显著提高，国内的旅游活动已逐步蔚成风气。这使我想到凉山潜在旅游资源的开发利用问题。将近50年前，我初渡马湖，泛舟水上，但见四周皆山，湖水洁净，波光粼粼，日光映在水上呈金黄色，加之空气新鲜，寂无声音，真给人心旷神怡之感。[①] 从此之后我对凉山旅游资源格外属意。通过三次的出入往返，我发现凉山天生丽质，景色之美更有胜过马湖者。马湖虽为凉山三大高峡平湖之一，但水面仅10,500亩。而西昌的邛海则有水面35,000亩，盐源县的泸沽湖更有90,000亩水面。三湖均处于万山丛中，四周林木葱茏，景色秀丽。邛海边上更有号称“川南胜境”的泸山。山麓古树参天，掩映着观音阁、玉皇殿、蒙

① 见本书第123页。

段祠、青牛宫等15座依山建造的古代庙宇。登泸山览邛海，可见眼底烟波浩淼，沃野平畴；远处山村错落，田园风光。若值阴历6月24日彝家火把节之夜，更能看见漫山火把，令人生“谁把太空敲粉碎，满天星斗落人间”的遐想。讲到交通条件，凉山与峨眉、乐山之间可以乘车朝发夕至，惠而不费。成都、西昌两地乘飞机只用一个小时，方便快捷。论物质享受，三大湖水产丰富，能使人一饱口福，昭觉县竹核乡有大股温泉，玉池天成。游览山光水色，参观大熊猫的乐园——美姑县大风顶自然保护区，是巨大的精神享受。而凉山彝家独特的语言文字、服饰器物和待客礼俗更能时时处处给人以文化陶冶。这些资源如能通过适量投资，逐步加以整理开发，辅以宣传疏导，必能使无烟工业在凉山遍地开花。同时，大量的人员往来，还会使凉山彝家与国内乃至国际的交流和联系更加紧密频繁。凉山的多种经营事业将有更大的市场，凉山彝家的物质文明和精神文明建设，将得到有力的推动。

以上是我三上凉山之后经过多时思考得出的一些体会，也是我向凉山彝家献上的一片心意。对于彝家的未来，我持有充分的信心。有人害怕现代化会使彝家失去民族特色，担心彝家的社会文化会被现代化的潮流席卷而去。根据个人对凉山彝家的了解，我相信此事绝不会发生。中国有世界上最开明的民族政策，凉山有独特的地理环境，凉山彝家能在这种社会和地理环境中用自己的双脚走上通向现代化的道路，他们就一定能够在这条道路上发展出有自身特色的新型社会文化。可以断言，曾在民主改革中打碎了奴隶制千年枷锁，赢得了一个新凉山的彝家人民，在现代化这场社会文化变迁中失去的只会是物质上的贫困和文化上的旧锁链，他们得到的将是一个具有现代化社会主义物质文明和精神文明的未来美好的凉山。近代史上，凉山彝家曾以千年奴隶制这一不光彩的社会标志引人注目。我相信，在不远的将来，凉山彝家会当以其绚丽多姿的现代化面貌，以其勇敢接受现代化潮流挑战，迅速建成本民族现代社会经济文化的成功经验而引人入胜，使世人刮目相看。我个人作为凉山彝家将近 50 年的老朋友，愿为促进这一天的早日到来而贡献余生！

第四编　半个世纪以来凉山彝家的巨变

1943 年我初上凉山，写了《凉山彝家》一书，曾经译为英文：*The Lolo of Liang Shan*，遍传国内外，为诸多国家学术界所重视和关注。解放后我于 1975 年二上凉山，论述《凉山彝族今昔》一文，并于 1982 年在美国民族学会 140 周年年会上，亲自做了报导并解答了国际友人在大会上的提问，而且受到了该年会主席、哈佛大学人类学系教授大卫·麦倍里-路易斯（David Maybury-Lewis）的高度赞扬。1984 年我第三次到凉山彝族地区做社会调查，又写了长篇论文：《三上凉山——探索凉山彝族现代化中的新课题及展望》。1986 年 9 月 1—7 日我参加了在英国南安普敦市召开的世界考古大会（The World Archaeological Congress），并于 9 月 2 日在社会科学大组上做了题为“中国解放时期的一些原始时代和奴隶制时代的少数民族”的报告，并解答了听众的一些提问①。事后英中文化协会副主席饶逊女士（Jessica Rawson）告诉我听众反映很满意，尤其是有影片放映配合的报告，大众喜欢。讲题中凉山彝族奴隶制占了大半篇幅，这也是我在三上凉山之后在国外传达了我对凉山彝家研究的成果。

为应《凉山彝家》原出版社商务印书馆邀约完成一部《凉山彝家的巨变》的著述，把 50 年前 1943 年我初上凉山到 1984 年三

---

① 原文“Primitive and Slave Societies of Some National Minorities in China During the Period of Liberation”，载在 The World Archaeological Congress（1—7 September, 1986）: *Comparative Studies in the Development of Complex Societies*，共 6 页，载在第一卷内（会议记录共三大卷）。

上凉山的资料编辑在一起，自觉缺乏了解近年来凉山彝家的发展情况，因自己年迈不能成行，特地委托我的博士研究生凉山彝族青年潘蛟同志于 1992 年春间前赴凉山两个多月，集中调查彝族在当前发展中的五个问题，以便完成半个世纪以来的《凉山彝家的巨变》这部著作。

现在根据潘蛟同志实地调查以及一些参考资料，分成五个专题，加以阐述说明。

第一章　自治政权的建立和完善

直至全国解放前夕，凉山彝族中心地区一直是对外封闭并独自为政的地方，也就是外国人所谓的“独立罗罗”区域。过去凉山彝族内部家支林立，各自为政，从来也没有过统一的政权。虽然自元朝以来的中央政权曾在凉山周围地方建立了土司制度，但土司作为中央政权的代理人却从来没有有效地治理过凉山彝族地区，所以在历代王朝看来，凉山彝区仍旧是一片所谓“化外”的区域。

历代中央王朝不能实现对凉山彝族地区的政治整合，原因较为复杂，我们认为除了凉山地势险恶之外，还因为在阶级压迫和阶级剥削的社会背景下，阶级矛盾和民族矛盾交织在一起，这种整合具有民族降服和民族压迫的性质，从而遭到整个凉山地区彝族人民的顽强抗阻。新中国政权之所以能够实现对凉山彝区的解放，其主要原因却在于全国各族人民已废除了阶级剥削和阶级压迫制度，汉族人民和其他各族人民能够消除历史上遗留下来的民族之间的隔阂，其中包括彝汉民族之间的隔阂，并在凉山彝族地区实行民族区域自治，实现民族平等和民族团结。

第一节　凉山彝族地区的解放

中华人民共和国于 1949 年 10 月 1 日成立的时候，凉山彝族全区还没有得到解放。国民党残余部队还盘踞在凉山的周围地区。1949年12月间，国民党胡宗南在川西溃败后，撇下部队乘飞机逃至海口。蒋介石闻之勃然大怒，命令他飞回西昌，戴罪立功。蒋介石交给胡宗南在西昌的任务，就是固守西昌3个月，等待国际形势变化，收拾川西脱围部队加以整编，保卫西南大后方。胡宗南在西昌召集其幕僚就此任务做了讨论分析，多数人认为，西昌及凉山一带最多只能作为反共游击区，不可能作为复兴根据地。他们的理由就是："西昌是一个彝族地区，汉人很少，一旦失败，将全部覆灭，石达开即其先例。诸葛亮对孟获七擒七纵，亦没有把他们感化过来，只有威力才能震慑他们，我们现在威是没有了，他们是会收拾我们的。……西昌是大陆上的一个孤岛，内无守力，外无援兵，且系彝区，是绝地，是死地，一旦共军进攻，彝人夹击，无路可逃，只有等待覆灭。"①

后来的事实果真不出所料。当西昌旋将遭到来自云南方向的中国人民解放军攻击时，胡宗南仓惶乘飞机出逃，其残余部队4,000余人向北逃窜。当北窜部队进至今喜德县鸡窑沟时，便遭到了彝人的攻击，他们700余名官兵的武器及衣物被剥夺精光；当他们行至今喜德县与越西县交界的小山地区时，再次受到彝人围堵，以致北面来自四川的人民解放军仅以两连先头部队就将之全歼在小山地区。在小山地区，国民党四川省政府主席、陆军上将唐式遵，兵团司令兼69军军长胡长青，副军长鲁孟林，游击司令罗子洲等人当时均被击毙；宁雅司令羊仁安、副司令王炳炎两人被生

① 中国政协文史资料委员会:《文史资料选辑》第50辑，文史资料出版社1964年版，第117—119页。

俘；敌军枪械衣物大多被彝人夺走，不少蒋军官兵甚至被抓入彝区去做了奴隶。原在宁南、德昌阻截南来人民解放军的朱光祖所部一营多人向北往昭觉方向逃窜，行至该县燕麦地时被当地彝人全部歼灭。宁属靖边司令部副司令孙子文，彝务团长罗大英，国民党立法委员并27军副军长岭光电等人均率部队起义投诚，在一定程度上也是因为他们都是彝人，不愿为汉人旧政权竭尽愚忠①。

实际上中国人民解放军于1950年3月间才开始进入凉山地区，目的就是要清除国民党军队集结在这一带的残部势力。没想到在仅3个月时间里就全部消灭了敌军。尽管在这期间广大彝族群众对新中国的革命事业尚不甚了解，但他们对汉族国民党政权的痛恨，却在客观上加速了国民党军队在凉山地区的灭亡。

第二节　初步建立凉山彝族自治政权

西昌等地区解放以后，人民解放军并没有急于进驻凉山彝族腹心聚居区，对彝族社会进行改造，而是集中精力消除历史上遗留下来的民族隔阂，争取团结彝族上层人士，帮助彝族人民建立民族区域自治政权，实现民族平等和民族团结。

西昌地区解放时，西昌军事管制委员会旋即以彝汉两种文字发布公告：宣布废除旧政权所立的一切具有压迫彝族性质的法案，废除旧政权强加于彝族人民（包括居住于彝汉交接地区的彝族人

① 中国社会科学院民族研究所：《凉山彝族奴隶社会变革资料摘编》（内部资料），第8—11页。以下有许多资料及数字，均可参见此书，不一一加注。

民）的种种苛捐杂税，废除汉族官僚地主对彝族人民的种种债权，取缔并更改那些具有封锁、限制和侮辱彝族性质的碑记和地名。

紧接着，我们党和政府便以四川乐山、西康西昌、云南昭通为基地，组织工作团，配备医疗、商业贸易和电影工作队，深入彝区，同彝族上层人士接触联系，宣传党的民族政策，向群众发放救济，为他们免费治病，向他们低价出售食盐、布匹等生活急需用品。据不完全统计数字，仅 1952 年，党和政府在大凉山方面就发放救济金 36.88 万元，其中在今昭觉、布拖、喜德、金阳一带发放的救济款额可折合成耕牛 375 头；农具 8 千余件；羊 3 千余只；粮食 12 万斤；寒衣 1.8 万套。在 1953—1954 年间，党和政府在凉山救济发放的农具达 35 万件，寒衣 9 万余件[①]。当时彝区生产落后，彝族群众能够拿出来交换的产品并不多，商业方面贸易在彝区方面常常入超。据统计，1952 年仅雷波县彝区贸易入超数额高达 60%。实际上工作团走到哪里，就把商业贸易带到哪里，彝人在那里就能买到他们急需的生活用品。当时国家商业部门同彝族人民所做的贸易交换是非营利性质的交换，甚至有时是有意识赔钱的交换。雷波县贸易公司甚至在 1950 年底开业时，其商品均按一般卖价的八折出售给彝人，因而每日门庭若市，拥挤不堪。在出售的商品中，食盐、布匹和酒是最受彝家青睐的，往往是一售而空，供不应求。总之，商业贸易有力地配合了民族工作的顺利开展，它使彝族人民比以往更直接地感受到了彝汉之间的“两个离不开”。

当初这些工作是在一些深谙彝情的向导配合下进行的。即使

① 参见《凉山彝族自治州概况》，四川民族出版社 1985 年版（下同），第 140 页。

这样，有时也还遇到了一些事前怎么也未预料到的文化适应问题。例如，在放映电影时，许多彝族老人看见银幕上的人一闪就不见了，心里甚感恐怖，以致后来电影只能在村外放映。再则，在一个村子附近形成了较为固定的医疗服务和电影放映点之后，又引得四周的彝人纷至沓来，给该村群众带来了必须不断接待前来治病或看电影的亲戚朋友安排食宿等困难，以致后来上级政府不得不要求工作团提供巡回医疗服务和放映电影，否则会发生一地群众被吃空的危险！彝人十分喜爱喝酒，在买酒突然变得十分方便的条件下，因喝酒误事等事件便时常发生。1952 年 9 月间，当时凉山彝族自治区人民政府为了保证其第二次政府委员会议和政治协商会议顺利进行，避免委员们酒醉后妨碍开会，竟不得不发出通知，饬令昭觉县城中酒商在会议期间停止卖酒[①]。

为了进一步增进彝汉人民的相互理解，在这一时期，一方面由中央政府组派了大规模的民族地区访问团，深入彝区宣传党和政府的民族政策，向彝族人民赠送礼品，传达中央政府的温暖；另一方面则由地方政府组织彝族上层人士去汉区内地参观访问，以便让他们打开眼界，感受到祖国大家庭的强盛和温暖。据不完全统计，至 1952 年底，地方政府组织去汉区内地参观访问的彝族上层人士已达到 3 千多人次。

这里需要指出的是，即便像当时组织彝族上层人士去内地参观访问这样的工作，也需要耐心地说服动员，因为一些彝族上层人士最初总是担心在外被扣作人质。有时组织安排参观内容也很重要，否则会带来一些消极后果。例如，有的上层人士在内地参观时，由

① 参见《凉山彝族奴隶社会变革资料摘编》，第 65 页。

于没有看到驻防于内地的部队，回来后便宣传：汉人部队均已调到朝鲜和凉山地区，内地防务空虚，只剩下了一些交通警察。

对于凉山彝区的奴隶占有制度和社会陋俗，党和政府在这时采取了克制容忍态度。在这一时期，政府曾明文规定，不准动员娃子（奴隶）逃跑和参军；不准宣传土地改革和禁止买卖婚姻；不准宣传禁种、禁食及没收鸦片，即便在工作条件具备的地方也只宣传烟毒的害处和多种粮食的好处。对于把鸦片带到汉区的彝人，只是劝其带回，而不予以没收①。当彝汉交界地区进行减租退押时，党和政府曾规定，凡是彝胞为地主，汉人为佃户者，不实行减租退押；彝胞为佃户，汉人为地主者，则由农协酌情减退。对于彝人出外掠夺奴隶以及扰乱汉区等问题，政府通过召集各家支头人，遵照彝俗，打牛钻牛皮、喝血酒盟誓等方式，与他们达成“政府爱护和保护彝胞，彝胞不再抓汉人当娃子和退回新抓娃子”的协议。但是，尽管有了这种协议，彝区中仍不时有些无业流氓外出掳掠汉人做奴隶，有的甚至把进入凉山工作的汉族工程师和干部抓去当了奴隶。当时政府对于这类事件的处理也是极其克制。对于掠奴者，政府只是进行批评教育，让他们退人即可，一般并不予以法律追究。

直至凉山解放前夕，凉山彝区一直没有统一的政权，境内黑彝家支林立，彼此之间的冤家械斗连年不断，给彝区社会带来了极大危害。根据记载，仅在1952年8月至11月间，在普格、布拖、美姑、昭觉和普雄等地就发生了16次较大规模的冤家械斗。其中

① 彝族地区鸦片销售市场主要在汉区，当汉区全面禁食鸦片以后，彝区的鸦片种销便自然衰落了。

在一次械斗中，双方动员了 7 千多人参加，战斗持续了 5 天 5 夜，双方群众死伤极为惨重。①

调解彝族家支之间的纠纷，制止和避免发生冤家械斗，一直是政府工作团开展彝区工作的重点。本着“旧案互相谅解，新案帮助解决，大事化小，小事化了”的原则，工作团干部不辞劳苦，甚至冒着生命危险穿梭来往于各冤家头人之间或械斗现场，调解各种冤家纠纷。据统计，1950 年至 1954 年之间，政府工作团在凉山彝区调解了一万多起家支间的纠纷事宜。家支纠纷调解工作的意义和影响是十分深远的，它给凉山彝区带来了前所未有的社会安定，使彝族人民切身感受到他们需要有一个超脱于各家支利益之上的公正政府，而这种政府的模型就在他们眼前。关于这一点，美姑地区的一些黑彝家支头人在去昭觉邀请政府工作团回驻美姑时表达得很朴素真实。他们说：自政府工作团从美姑撤回昭觉后，他们除了吃不上盐巴，买不到布匹之外，更为重要的是家支之间的纠纷无人调解。美姑人民就像一些小孩，政府就像父母，他们不愿做没有父母的孤儿，希望政府工作团早日回驻美姑。

因此，在努力消除历史上遗留下来的民族隔阂，增进民族之间的相互理解，以及调解彝区社会内部家支纠纷，树立新中国政府的高大形象的同时，为了进一步实现民族平等，保障彝族人民能够充分行使自己的合法权利，建立一个由彝族人民自己当家做主的民族区域自治政府就势在必行。从而建立这种政府的筹备工作也在逐步进行中。

除了吸收大批彝族进步青年加入革命干部队伍，并对他们加

① 参见《凉山彝族自治州概况》，第 141 页。

以速成培训之外，早期建政筹备工作中更主要的内容是邀请和说服彝族上层人士与政府工作团合作。对于这些上层人士，政府工作团采取的政策包括：对他们充分信任，委之以实职性职务，让之大胆工作，遇事与之商量，虚心听取他们的意见，并根据他们所担任的职务，每月发给薪金并保证他们享有较优厚的生活待遇。

总的说，争取彝族上层人士出来与我党合作建政的工作是十分成功的。但是，在具体做这项工作时也曾遇到过一些问题。在刚开始这项工作时，一些上层人士对我党怀有戒心，认为出山参政等同于过去派人轮流去汉人政府中坐当人质。后来当这种顾虑消除之后，一些上层人士中又出现了争名夺利，竞相在政府中获得较高职位等现象。例如，美姑地区某家支头人最初是让一名已被其家支开除了的人去担任雷波县政府委员。他后来看到政府委员的待遇好，又要求政府撤换此人，让自己年仅 12 岁的儿子来担当这项职务。许多家支头人，在看到参政的种种好处之后，纷纷前来与党和政府接头联系，要求政府落实他们的职务和待遇，以便他们回去“自治”。总之，在较长一段时间里，许多彝族上层人士所理解的“自治”与我党宣传的“自治”在含义上是有较大差别的。

经过一年多的准备工作和各界人士的充分协商，具有深远历史意义的凉山第一届各族人民代表大会终于在 1952 年 9 月 25 日在昭觉召开。经过反复协商，与会代表选出了凉山彝族自治区主席、副主席和政府委员 34 人。会议于 10 月 7 日闭幕时庄严宣布凉山彝族自治区人民政府正式成立。自治区主席由瓦渣木基（原中共冕宁地下党彝族党员）担任；在 3 名副主席中，汉族 2 人，彝族 1 人（王海明，老红军战士，中共党员）；在余下 30 名政府委员中，彝族 22 人，汉族 7 人，苗族 1 人；在 22 名彝族政府委员中，彝族上层人士占18人[①]。

凉山彝族自治区人民政府的成立，结束了千百年来该地区彝族人民没有统一政权的局面。喜讯传出，凉山一片欢腾。昭觉、布拖等地群众专门举行了盛大欢庆活动，人们载歌载舞高兴地说，过去我们彝族没有自己的政府，就像没有家一样，今天是共产党、毛主席给我们安了家，我们子子孙孙永远也不会忘记共产党的恩情；并且欢乐地唱道："凉山是我们可爱的家乡，自治政府是我们自己的家当，金沙江流向远方，没有共产党的恩情长。"

第三节　军队进驻凉山彝区

凉山彝族自治区人民政府成立于1952年10月，但是我军和政府工作团真正全面进驻彝族腹心聚居地区，以及这些地区的建政工作，实际上是在1953年才开始的。

这时凉山四周汉区的土地改革运动以及土改复查工作已经基本结束，彝区奴隶主阶级对汉区土改情况已有耳闻，从而对我军和工作团的进驻又生了戒心，有的甚至进行武装阻挠。就在凉山中部，1952年8月底进驻美姑的工作团于9月间遭到奴隶主武装的袭击。出于策略上的考虑，该工作团于1953年2月初撤回昭觉。在南部地区，彝族反动头人安曲土与国民党残匪相勾结，于1953年2月4日南渡金沙江袭击掠夺云南黄坪地区，制造了震动全国的黄坪事件。为了便于协调和指挥对凉山彝族腹心地区的全面进

① 详情参见《凉山彝族奴隶社会变革资料摘编》，第63页。

驻，中共西南局和西南军区于1953年2月5日决定成立中共凉山工作委员会和中国人民解放军凉山指挥部。考虑到凉山的特殊情况，中共凉山工委再次强调了不宣传解放奴隶，不宣传土改等政策，并向彝族上层人士通报，少数民族地区是否搞土改，这将由少数民族自己决定。但是，即便这样，我军和工作团的全面进驻仍遭到了彝族奴隶主阶级的武装抗阻。

我军和工作团向南部瓦岗地区的进驻是与清除逃藏在这个地区的国民党匪特残余的工作结合在一起的。国民党匪特刘俊辉（原胡宗南部团长）等200余人与彝族头人安曲土勾结制造了黄坪事件后，遭到我军追击，龟缩于瓦岗地区。在进驻和清匪工作中，我党十分注意把民族问题与匪特问题严格区分开来，明确规定，对于在战斗中俘获的彝人，一律不关不杀，只加教育便释放，带枪的释放时仍将枪还他，对其死者则安埋，伤者医治，从而孤立了国民党匪特，争取到了广大彝族群众的信赖和支持。但是，反动头人安曲土等人却不仅先后拒绝了我军30多次争取，并且经常袭击我军，阻挠我军进驻瓦岗地区。鉴于这种情况，我军在群众中充分揭露了安曲土等人的反动本质之后，对之进行了军事打击。经过激烈的战斗，安曲土等人于1954年4月10日败逃到一个山洞中并被我军围困。即便在安曲土等人实际上已是瓮中之鳖的情况下，我军仍耐心地组织了一些彝族上层知名人士劝其出洞投降。最后于4月12日安曲土等人终于出降。经过教育以后，我军便当场发还其武器并将其释放①。至此，我军和工作团在凉山南部的进

① 安曲土被释放半月后，我党便送他去昆明参观。参观返回后，安曲土被委任为瓦岗工作团副团长。1956年民主改革时，安曲土再度叛乱，终被击毙。

驻即告胜利完成。

我政府工作团进驻凉山中部美姑地区的过程颇为曲折。1951年初，中央访问团曾到过美姑牛牛坝访问。7月间，地方政府亦曾派过人数不多的工作组进入过美姑。1952年4月中央人民政府政务院批准成立美姑县。8月，有关方面从西昌派出了一个由70余人组成的工作团进驻美姑。9月，工作团在美姑牛牛坝遭到奴隶主武装袭击，至1953年2月，该工作团主动撤至昭觉县竹核区。因此，我军及工作团对美姑地区的全面进驻实际上开始于1954年6月间。

这时，美姑彝族上层人士对我军和工作团进驻的态度和看法存在着较大的分歧。一些上层人士认为，政府是可信可靠的。自政府工作团撤走后，家支纠纷不能得到有效的调解，吃盐买布十分不便，因而希望政府工作团早日回驻美姑。他们当中一些人甚至去昭觉请政府回来，并声称如果在昭觉请不来政府，他们将去雷波请政府。另一些上层人士则认为，政府进驻后将会像在云南那样搞“先甜后苦”。与其将来吃苦，不如现在就硬拼一场，将政府拒之于门外。还有一些上层人士的态度则是矛盾的。他们知道政府力量强大，进驻在所难免，同时也看到了过去工作团进驻美姑所带来的种种好处。但另一方面，他们听到汉区的土改情况之后又甚为恐慌，十分担心政府工作团进来后也会搞土地改革。总之，对于政府的进驻，他们意见分歧，不知如何才好，只好抱观望态度。

1954年6月下旬，我军和工作团开进美姑地区的天喜、巴普、三岗及林美甲谷一带。一些家支头人在强大的军事压力下，表面上欢迎政府进驻，暗地里却传送“木刻”，联络各家支，以“打牛羊”、“喝血酒”等方式宣誓结盟，并相互交换人质，准备武装叛乱。8 月下旬，我军和工作团进驻凉山彝族腹心聚居区牛牛坝。9 月 8 日，各家支数十个头人率众 3,200 余人，带枪 2,100 余支，在牛牛坝向我方发动攻击。但这次叛乱遭到了我军的坚决反击，至 9 月 19 日叛乱即被平息下来。事后参叛人员一度十分恐慌，担心遭到政府清算。有的举家逃入原始森林，有的则企图服毒自杀。然而，我方则根据上级指示，及时开展了深入细致的政治工作，说明平叛的必要性，解除彝族群众的种种疑虑，澄清各种谣言，对群众进行及时的安抚救济；并对参叛俘虏予以教育释放，对未参叛的家支头人给以奖励和提拔，对于误收的枪支及时予以退还。经过大量政治说服工作，我军和工作团争取到了广大彝族人民的理解和支持。在参加叛乱的 79 个主要头人中，直接认错交枪者 72 人，派人与工作团接头认错者 4 人。在一些地区，参叛家支头人还宰杀牛羊，主动向工作团赔礼道歉。总而言之，整个美姑地区的社会秩序很快就得到了恢复。

牛牛坝平叛是从中华人民共和国创立以来，我党和政府与凉山彝族奴隶主阶级之间的第一次大规模的武装较量。虽然这次平叛是我方迫不得已而做的自卫还击，但通过平叛，我军和工作团实现了对凉山中部的全面进驻，狂妄自大的彝族奴隶主受到了震慑，从而不敢再有什么叛乱的举动了。

平息了牛牛坝叛乱之后，我军和工作团稍作休整便乘胜向普雄、申果庄和呷洛等凉山北部地区开进。总的说我军和工作团对凉山北部的进驻较为顺利，基本上没有遇到武装的抗阻。1955 年 4 月，工作团在一些彝族进步上层人士的配合下，说服了凉山彝区最大的土司岭邦正出山与政府合作。该年 7 月间，我军对凉山彝区的全面进驻即告完成了。

第四节　自治政权的逐步完善

凉山彝族地区的自治政权是在我党和政府工作团的领导和协助下，逐步地建立和完善的。1953 年在凉山彝族自治区只建置了昭觉和普格两个县。1953 年以后，党和政府在凉山自治区名义下先后增置了金阳、喜德、布拖、美姑等县。1955 年 3 月，为了适应民主改革准备工作的需要，上级在凉山建立了临时军政委员会，原属四川省乐山专区的雷波、峨边、马边三县（峨边、马边仍由乐山专区代管）和原属西康省西昌专区的越西县被划归凉山彝族自治区。1955 年 10 月，西康省并入四川省，凉山彝族自治区随之隶属于四川省。1956 年 2 月，临时军政委员会撤销。4 月，凉山彝族自治区第二届人民大会召开，会上凉山彝族自治区被更名为凉山彝族自治州。就在这年，该州又增设了甘洛、瓦岗、洪溪、普雄四县。1960 年，洪溪县被并入美姑、峨边两县；瓦岗县被并入雷波、昭觉、美姑三县；普雄县被并入越西县；布拖县被并入普格县。1962 年，布拖县建置得到恢复。至此，凉山州共有 11 个县，由于马边和峨边仍由乐山专区代管，因而实际只管辖了昭觉、金阳、普格、布拖、美姑、雷波、越西、甘洛、喜德 9 县（即今日人们常称的老 9 县）。1978 年，西昌专区建置被撤销，该专区除米易、盐边两县划属渡口市外，其余西昌、木里、盐源、德昌、会理、会东、宁南、冕宁等 8 县被划属凉山州；自治州首府由昭觉迁至西昌。1980年，该州增设西昌市。迄今全州共有20个县市，实辖 18 个县市，峨边和马边两县仍由乐山专区代管。

解放后，凉山地区建立的政权是民族区域自治政权。民族区域自治是我国各少数民族在最高国家机关统一领导下，在其聚居地区设立自治机关，行使管理本民族内部事务的权利。根据我国的《民族区域自治法》，凉山彝族自治州具有以下自治权利：在遵循国家宪法的前提下，依照当地民族的政治、经济和文化特点，制定自治条例和单行条例；上级国家机关的决议、决定、命令和指示，如有不适合民族自治地方实际情况的，自治机关可以报经上级国家机关批准，变通执行或停止执行；自治机关有管理地方财政的权利，属于自治地方的财政收入，由自治机关自主地安排使用；自治机关有权自主地安排和管理地方性经济建设事业，有权自主管理本地方教育、科学、文化、卫生、体育事业；依照国家的军事制度和当地的实际需要，可以组织本地方维护社会治安的公安部队等。

凉山彝族区域自治政权建立后一直在不断发展和完善。它的发展和完善高度综合地反映在自治机关工作人员民族化程度不断提高这一指标上。

大致说来，凉山彝族自治机关工作人员的民族化进程可划分为1958年以前和以后两个阶段。

在1958年以前，即在凉山建政和进行民主改革时期，在政府和政协中担任职务的主要是彝族上层人士。在1952年成立的凉山彝族自治区政府的34名政府委员中，彝族委员占70%；在彝族政府委员总数中，上层人士占75%。至民主改革前夕，在凉山彝族自治区实际管辖区域内，共有1,328名彝族上层人士在各级政府和政协担任职务。在民主改革期间（1956年底数字），共有2,943名上层人士在政府和政协中得到了职务安排，其中副州长5人，州人民代表委员会处长18人，州政协副主席5人，州政协委员106人，副县长27人，县政协副主席40人，县政府政协委员1,401人，视察员 1,341 人①。

1958 年民主改革复查补课结束后，在政府和政协中担任职务的彝族上层人士人数未再增加，但党和政府培养出来的彝族干部人数则在逐年增长。

凉山地区刚解放时，彝族干部（国家编制内的干部）只有几十人。他们当中有的是红军长征路过凉山时参加革命的红军战士，有的是解放前夕从事地下工作的中共党员。到 1952 年自治区建立前夕，彝族干部已发展到数百人。1958 年民主改革结束后，彝族干部猛增至 1,600 人。在 1978 年与西昌专区合并以前，全州彝族干部人数已达 8,700 多人。1985 年全州少数民族干部 14,000 多人，其中 9 人担任州领导职务，占州级领导干部总数 77%；50 多人担任县领导职务，占县级领导干部总数 41%；46 人担任州属局级（县团级）领导职务，占州属局级领导总人数 80%；1,800 多人担任乡领导职务，占区乡领导总人数 80%。1985 年以来，彝族干部人数增长更为迅猛。根据 1990 年全国第四次人口普查统计，凉山州彝族在职国家干部已达 22,578 人（不包括离退休干部、商业工作人员、服务性工作人员、生产工人和运输工人在内），为 1985 年全州少数民族干部人数的 1.61 倍。

再则，自 1985 年以来，凉山彝族自治州机关人员民族化还具有以下发展和变化特点：

第一，彝族领导干部人数在彝族干部总人数中所占比例上升。1985 年，全州共有乡级以上少数民族干部 1,905 人，占全州少数民族干部总人数 13.6%；1990 年，全州乡级以上彝族干部

① 具体数字参见《凉山彝族奴隶社会变革资料摘编》，第 223 页。

为 5,464 人，占全州彝族干部总人数 24.2%。这说明彝族领导干部人数在不断地上升。

第二，彝族专业技术工作人员在彝族干部总人数中所占比例上升。1985 年凉山州少数民族专业工作人员共计 1,700 多人，占全州少数民族干部总数 12.1%；1990 年，全州彝族专业技术工作人员已达 11,704 人，占全州彝族干部总数的 52%。这些数字不仅综合地反映了凉山彝家这些年来在文教卫生和科技工程等方面所取得的巨大发展，同时也反映出了这样一些事实：这些年来凉山州党政机关人员民族化已近饱和；彝家人口非农业化或社会成员向上流动途径已不再是以提拔党政干部为主；当代彝区社会专业技术人员的自足程度正在不断提高。

第三，汉族干部或因进山工作期满，或因到了离退休年龄纷纷下山，如在汉族人口主要是由汉族干部及其家属构成的昭觉、布拖、美姑三县，汉族人口呈负增长势态。1986 年，汉族人口在昭觉县为 8,700 人，在美姑县为 4,453 人，在布拖县为 8,485 人。至 1991 年，汉族人口在昭觉县减少至 8,026 人，在美姑县减少至 4,346 人，在布拖县减少至 7,813 人。与 1986 年相比较，1991 年汉族人口增长率在昭觉为 –8.65%，在美姑为 –2.46%，在布拖为 –8.6%。这些数字表明汉族干部进山协助彝族人民的建政工作的需要性逐步减少。

解放后凉山彝区社会的整个现代管理系统，是在国家大力扶助下建立和完善起来的。为维持这个系统的运行，国家每年都要下拨给凉山地区巨额财政补助。解放初期，由于彝区经济落后，国家不可能在这里组织财政收入，开展民族工作所需资金全部由国家拨给。直至 1953 年，凉山州才开始在条件较为成熟的昭觉、普格和喜德三县开征工商税。而在彝区开征低于汉区的农业税则是 1958 年以后的事情。据统计，在 1951 年至 1958 年间，凉山州所组成的财政收入仅为 444.4 万元，而在这期间的财政支出则高达 4,663.7 万元。直至 1992 年的今天，凉山州每年仍需国家下拨大量财政补贴。总之，如果没有国家的扶助，凉山彝区社会现代管理系统的建立和运行均是不可想象的。

但是我们也应该指出，经过长期的经济建设和经济发展，特别是经过党的十一届三中全会以来的经济建设和发展，凉山州的财政自给率逐年提高。1986 年，该州财政收入为 14,000 万元，支出为 33,348 万元，自给率为 42%。1990 年，该州财政收入增至 34,018 万元，财政自给率升至 58.6%。

凉山州财政自给率的逐年提高，彝族干部人数特别是专业技术干部人数的逐年增加，反映出当代凉山彝家社会管理系统的运行无论在经济资源方面，还是在人力资源方面，都在经历着一个由对外来扶助的依赖向自给自足转变的过程。根据这些事实，我们可以说，尽管凉山彝家的现代社会管理系统是在外界力量的扶助下得以建立和维持的，尽管当代彝家的社会变革是在其与全国各民族紧密整合的条件下发生的，从而具有一定的渗透涵化性质。但是这种渗透涵化是一种具有各民族平等互助性质的社会主义的渗透涵化。在中国共产党的各民族共同繁荣发展政策指引下，在实行民族区域自治的条件下，在与全国各民族紧密整合的同时，凉山彝家新构建的社会主义社会文化系统仍具有相当程度的自主自足性，而且随着彝家社会经济的发展，这种自主自足性还会不断地逐步提高。

第二章　生产关系的变革

通过凉山彝区的建政工作，我们党和政府清除了历史上遗留下来的民族隔阂，改善了彝族和汉族的关系，在广大彝族群众中树立了崇高威望。但是，凉山建政工作毕竟是在维持彝区奴隶社会现状的条件下进行和完成的，它并没有根本改变凉山彝区旧有的社会面貌。真正使彝区社会面貌发生巨大变化的，乃是民主改革和社会主义改造等一系列生产关系的变革。我们今将分节阐述如下。

第一节　凉山彝区的民主改革

凉山彝区的民主改革开始于1956年2月，结束于1958年3月。民主改革的目的是废除奴隶制度，解放广大彝族奴隶和劳动人民，扫清彝族人民与全国各族人民一起走向社会主义发展道路的前进障碍。

民主改革以前，生活在黑暗奴隶社会制度下的广大彝族奴隶的命运极其悲惨，他们不仅没有自己的财产权利，而且被剥夺了人身的自由。在奴隶主的残酷剥削压迫下，广大奴隶缺乏生产积极性，他们或者揭竿起义，或者消极怠工，或者毁坏生产工具，用各种方式来反抗奴隶主的剥削压迫。因此，不论是出于人道主义的考虑，还是出于社会生产力发展的必要性考虑，废除凉山彝区奴隶占有制度都是十分必要的。

就全国政治经济的发展形势以及全国各民族的团结整合需要来看，最后决定在1956年废除凉山彝区奴隶占有制是势在必行的了。

1956年社会主义改造已在全国进入了高潮期。在这样的社会经济大背景下，凉山彝区奴隶占有制的继续存留愈加显得不合时宜。它的存留不仅阻碍彝区社会自身的发展，进一步拉大彝区与全国的发展差距，而且还不利于全国社会主义建设的顺利发展，阻碍着民族团结的巩固和加强。

实际上，为凉山彝区所要进行的民主改革的准备工作，早在1950年凉山解放以来就已开始。至1955年底，我党在凉山彝区已取得了以下工作成就：历史上遗留下来的民族隔阂已基本消除，彝汉人民的关系已有很大改善；人民解放军和工作团对凉山彝区的全面进驻业已完成；必要的公路驿道和现代通信设施已修筑开通；各县建政工作已基本结束，彝族干部队伍已有相当规模的发展。所有这些工作的成就都是发动民主改革所必须具备的客观条件，如果没有这些条件，仅凭社会主义改造高潮，是很难带动彝区民主改革运动的。

有关凉山彝区的民主改革运动的实施，以下分为4个专题分别阐述。

1. 宣传动员工作

凉山州的民主改革宣传动员开始于1955年。这一宣传动员工作是与学习贯彻1954年通过的《中华人民共和国宪法》及刘少奇同志《关于宪法草案的报告》等活动配合进行的。

1954 年的《中华人民共和国宪法》规定了各民族社会发展方向，明确指出“建设社会主义社会，是我国国内各民族的共同目标”。《关于宪法草案的报告》指出，“现在没有完成民主改革的少数民族地区，今后也可以用某种和缓方式完成民主改革，然后逐渐过渡到社会主义。”

凉山州州内的民主改革宣传要点大致有三：（1）从社会发展规律出发，指出奴隶制在当今世界是一种黑暗落后的社会制度，它必将被新的社会制度所取代；（2）以大量事实控诉奴隶制度给凉山广大奴隶和劳动人民带来深重苦难，激发他们推翻奴隶制度的决心；（3）宣传民主改革的方针政策和具体做法，解除奴隶主的种种顾虑，让奴隶群众和劳动人民在民改斗争中注意掌握政策和策略。

1955 年冬季，民主改革由宣传转入试点阶段。这一阶段的工作主要有：（1）充分发动奴隶群众，支持和引导他们起来自己解放自己，帮助他们建立“彝族劳动人民协会”；（2）与民族上层人士和平协商民主改革事宜，对之进行社会主义教育；（3）颁布禁止奴隶主抢劫、买卖和虐待奴隶，禁止加租夺佃，逼租逼债和乱杀牲畜、破坏生产等法令，打击不法奴隶主的破坏活动；（4）制订民主改革政策和具体实施办法；（5）进行试点，摸索经验，扩大影响。

广大奴隶和劳动人民对民改宣传和试点工作的反应是积极热烈的。他们看到了自己翻身解放的希望，激动地说，“现在才晓得政府和我们是一家”。他们纷纷起来反对奴隶主虐杀、买卖奴隶，拒服无偿劳役，抗租抗债，扭送不法奴隶主到政府说理。在许多地方，奴隶们则采取逃跑形式摆脱奴隶主压迫。据统计，仅 1955 年下半年，昭觉、布拖、美姑等县逃跑的奴隶就达 4 千多人次。在一些地方，奴隶们还集体写血书向政府请愿，要求政府迅速解放他们。民改工作队每到一地，常常会遇到广大奴隶和劳动人民的强留。一些地区的奴隶群众甚至每天都要去看看工作队宿营的帐篷是否还在，如果不在，他们就准备集体逃跑。

奴隶主阶级对民改宣传动员的最初反应是震惊惶恐。他们觉得党和政府变了。过去，政府不仅不搞奴隶解放，而且还帮助他们找回逃跑的奴隶——在他们看来这就是“民族互助”，而现在则不仅要搞奴隶解放，而且还要没收他们的财产。在震惊之余，他们开始宣泄心中的不满。有的奴隶主开始虐杀和恐吓那些与工作队积极来往的奴隶。据昭觉、布拖县统计，在1955年共发生了100多起杀害奴隶的事件①。普雄县申果庄地区有一个奴隶主为了表示蔑视政府有关不许虐待奴隶的法令，重申和强调奴隶是自己任意处置的财产，甚至用10锭（每锭10两）银子专门买了一个奴隶来准备杀给奴隶们看（后被政府制止）。有的奴隶主则宰杀牲畜，大吃大喝，以免到时让“政府和奴隶们拣了便宜”。例如，申果庄地区的一个黑彝奴隶主在一天之内就宰了4头猪，2只羊。

后来，通过党和政府的耐心教育，特别是看到广大奴隶和劳动人民已被充分发动起来，奴隶主阶级内部对民改的态度出现了分化。据1955年11月统计，在全州2,121名头人中，支持改革者占10%；持中立观望者占60.2%；反对改革者占29.8%。布拖、美姑和昭觉三县的不完全统计还表明，在这些地区的39名大头人中，赞成改革者占18%，中立者占54%，反对者占28%；在196名中等头人中，赞成者占19%，中立者占54%，反对者占27%；在607

① 参见《凉山彝族自治州概况》，第150页。

名小头人中，赞成者占 12%，中立者占 53%，反对者占 35%[①]。

在大中头人中反对民改的人所占的比例低于小头人中反对民改者所占的比例，这与解放以来党和政府对他们进行安置的程度有所不同有一定关系。自凉山解放以来，许多大中头人在政府中得到了职务安排。他们在生活上享有较优裕的待遇，并且经常外出参观学习，因而思想比较进步，能够较清楚地认识到奴隶制度的不合理，民主改革势在必行。

关于上层人士中改革支持者对民改的认识，通过摘抄 1955 年 10 月在昭觉召开的一次头人学习讨论会记录或许更能生动地加以说明。在这次会上，一位头人说，民主改革是一条好路，“到了社会主义那天，将不会再有打冤家，不会再有抢劫拉捆，不会再有互相压迫剥削，不会再有贫穷人了，每个人将吃不完，穿不完，黑彝和白彝都将过着一样幸福的日子”。另一位头人（副县长）说：“民主改革很好，我没意见，惭愧的是自己拿钱多，做的工作很少。”还有头人说，政府每月都要发给他薪水，所以他不仅不怕改革，反而希望早点改革，“因为不改革就到不了社会主义”。也有头人（科长）说：“黑彝不要梦想了。民主改革你不喜欢，别人喜欢。你想反对政府，是鸡蛋碰石头；你个人反对，你的娃子根本不会再跟着你反对了。”

那些对改革持中立态度的头人的心态是矛盾的。他们既看到了民主改革势不可挡，但又痛惜自己的阶级利益受到损失。有的人甚至因看到那些人多势众、过去称强称霸的家支头人也赞同改

① 参见《凉山彝族奴隶社会变革资料摘编》，第 63 页。以下有的数字均参见此书，不再加注。

革而感到气愤。他们想，既然你们这些占有奴隶多、过去对奴隶压迫极为残酷的家支都同意改革，那么我们为什么又要反对改革呢？于是便抱着一种“一个羊子能过河，十个羊子也能过河”，“羊子能走的路，猪也能走”的中立观望态度。

在对民主改革持反对态度的头人中，有些人认为，奴隶制是彝家祖祖辈辈传承下来的老规矩，不能随便改，改了会损害自己的阶级利益。此外，他们还担心，自己过去残害奴隶，造孽甚深，在改革中很难得到宽大处理。

2. 政策的制定与执行

根据全国的政治经济发展要求，结合凉山彝区的具体情况，通过与彝区上层人士进行和平协商，我党和政府先后就彝区民主改革制定了一系列切实可行的政策。

1956年2月，凉山彝族自治州第三次人民代表会议通过了《四川省凉山彝族自治州民主改革实施办法》，规定了民改的性质、任务和具体政策。

关于凉山州民改的性质和任务，这个文件指出：为了发展生产，巩固民族团结，进一步发展彝族地区政治、经济、文化，改善人民生活，使凉山彝族得以跻身于先进民族行列，逐步过渡到社会主义社会，凉山彝族自治州人民决定“废除奴隶制度，解放奴隶。实行人民的人身自由和政治平等；废除奴隶主阶级的土地所有制，实行劳动人民土地所有制，借以解放农村生产力，发展农业生产，为实行农业社会主义改造，开展合作社运动创造条件”。

关于民主改革的阶级路线和阶级政策，党和政府认为：

民主改革应该坚定地依靠奴隶和半奴隶（奴隶主要是由该社会中的呷西和安家构成，半奴隶则主要是指一些贫穷曲诺）。他们在彝区社会中受苦最深，要求改革最迫切，斗争最坚决，他们人口占彝区总人口的70%以上，因而是民主改革的主力军。为了发挥他们在民改斗争中的积极性，党和政府的政策规定：“（1）应该首先解决他们的实际痛苦和困难；（2）各级劳动者协会和武装自卫队的主要领导应由他们担任；（3）教育他们提高阶级觉悟，坚决斗争，在运动中发挥骨干作用。”

关于劳动者（主要是由曲诺构成），党和政府认为，民主改革对于他们有五大好处：（1）不再给奴隶主纳贡送礼和服劳役；（2）其政治地位会有所提高，不再受奴隶主的统治压迫；（3）他们当中缺乏土地的人可以分到土地；（4）不再受“杂布达”等具有超经济强制性质的高利贷剥削；（5）不再担心被奴隶主抽去打冤家和被奴隶主吃绝业。总之，民主改革对他们有利，从而完全能够把他们团结起来同奴隶主阶级进行斗争。

关于奴隶主，党和政府认为应该将之改造为自食其力的新人。对于他们所掌握的大量枪支和弹药，党和政府决定根据“枪换肩”原则，区分不同情况采取没收、借用和让之献交等方法，交归武装自卫队管理。在经济方面，党和政府规定，对奴隶主不算老账，不挖底财，不要求他们退还押金。对于他们多余的土地实行没收，对于多余的耕畜、农具、粮食和房屋则实行征收，对于其他财产，如银子、衣物、家禽家畜，则让之保留。对于那些生活上确实困难的奴隶主，政府可以给予适当补助。对于那些因缺少劳动力而不能耕种其土地的鳏寡奴隶主，仍允许他们雇人劳动。在政治上，则规定彝区不搞反霸。对于那些遵纪守法，向劳动人民承认自己的历史错误，愿意向劳动人民靠拢的奴隶主，政府仍让之享有选举权。对于那些在政府和政协中任职的头人，仍旧让他们继续任职，并继续给以信任。另外，为了加强对民族上层的团结，根据上级有关“要养活上层人士中 50% 的人”的精神，地方政府在民改期间，还以“民主改革视察团”等建制扩大了对上层人士的职务安排。据统计，在民改时间，党和政府新安置了上层人士 1,615 人，其中被安置为民改视察员的上层人士达 1,341 人。每位民改视察员每月能领取 20—30 元的国家薪金。

3. 民主改革中的平叛过程

然而，民主改革毕竟是一场消灭奴隶主阶级的尖锐斗争，一些不甘心灭亡的奴隶主还是发动了反对民主改革的武装叛乱。

奴隶主阶级的武装叛乱最早（1955 年 12 月 24 日）爆发于普雄地区，接着便在美姑、布拖，喜德、昭觉和瓦岗等地区蔓延。

平息叛乱的工作大致可分为三个阶段。第一阶段始于 1955 年 12 月底，迄于 1956 年 1 月。党和政府在这一阶段的平叛方针是，“集中优势兵力，首先打击叛乱重点地区的主要敌人和气焰最嚣张的叛匪”。第二阶段为 1956 年 2 月至 1957 年 1 月。这一阶段的特点是，在军事打击的基础上，积极开展政治攻势，边平叛，边改革，保证了 80% 以上地区民改工作的胜利完成。第三阶段为 1957 年 1 月至 8 月。这一阶段具有局部性清匪等特点，所采取的方针是，集中力量，平息一方，巩固一方。

党和政府之所以能够胜利平息叛乱和完成民主改革，主要是因为成功地发动和组织了广大奴隶和劳动人民起来同奴隶主阶级作坚决斗争，有力地防止了阶级敌人企图搞乱阶级阵线，将这场阶级斗争与历史上彝汉之间的民族斗争混同一谈。

在民改斗争中，党和政府在农村发展了劳动者协会会员 22 万名，农民武装自卫队队员 11 万人。这些劳协会员和武装自卫队员与驻扎于该州内的上万人的正规军队以及在全州 58 个区乡组建的近 5 千人的武装民兵基干队相配合，在凉山彝区形成了全民皆兵、合力平息叛乱的壮观局面。据统计，在平叛斗争中，彝族群众武装先后曾随军作战和单独作战 4,685 次，缴获叛匪枪支 8,431 支，为胜利完成民主改革做出了巨大贡献。

在叛乱者这一方，他们也意识到了能否以“民族斗争”的旗帜来掩盖这场斗争的阶级性是阻止民改成败的关键。在叛乱的初期，他们并不是直接以保护其阶级利益为口号，而是打着“捍卫彝家传统”，“打击汉人及其走狗”的旗帜来反对民改，杀害起来寻求自身解放的劳动人民和支持改革的黑彝上层人士。在叛乱的中晚期，有鉴于自己得不到群众支持而节节失败，一些地区的叛乱分子在仿照现代军队的科层建制调整和加强其内部组织的同时，还调整了对待奴隶和劳动群众的政策。为了把这场阶级斗争转化为民族斗争，他们开始把过去那种对彝族劳动人民实行残酷报复的做法改变成欺骗拉拢。在马边地区，叛匪们提出，“凡是愿意参加打政府者，就可以保证其安全，并分给其土地，不让之交粮。”在美姑地区，叛乱分子们宣传，只要群众不参加基干队，不给政府通风报信，即使不愿意参加叛乱，也可以保证其安全。在普雄和喜德地区，叛乱分子甚至以这样一些条件来鼓动群众参叛：（1）大家团结起来打走政府，胜利后平分东西；（2）不用你们当娃子；（3）不要你们的女儿（作）陪嫁（奴隶）；（4）不吃你们的绝业；（5）不要你们还旧账；（6）今后（由彝族）自己来分土地。昭觉、美姑、普雄等地的叛匪甚至还召开联席会议，制定有关拉拢收买群众的具体政策。会议决定，对彝族基干队员实行宽大政策，凡是能脱离政府参加叛乱者，发给好枪一支，并奖给银子若干；

对彝族干部投降者，保证其生命安全，愿意回家者，可护送其回家；对于前来投靠的奴隶，负责帮助他们安家。

应该说，在民改中一度存在着某些极左做法和遇到一些民族问题不能很好加以处理的情况下，叛乱分子的上述政治宣传是有一定欺骗性的。

凉山彝区民主改革的一个突出特点是，一边改革一边平叛，平叛时间较长，几乎是与民改同期结束。平叛斗争历时较长，这除了是由民主改革这场你死我活的阶级斗争本身的性质所决定外，也是由于民改政策的制定和执行存在着一个逐渐完善的过程，在其间出现过一些过激做法，从而造成一些奴隶主反复无常，时而接受改革，时而参加叛乱。

在民改初期，对于奴隶主的财产所实行的是没收而不是征收。政策之所以如此，是因为当时存在着这样一种看法：只有通过阶级斗争得到的果实才容易巩固。如果政府花钱从奴隶主手中把土地和奴隶的人身自由赎买来还给奴隶，便可能使奴隶群众丧失斗志，坐享其成，以致将来民改成果难以得到巩固。如果群众没有与敌对阶级做斗争，没有与奴隶主阶级撕破脸皮，将来就容易与奴隶主妥协。

由于许多干部在参加民改以前，除了只听了一个关于反对右倾的报告以外，并没有很好学习其他有关民改的政策和文件，从而在改革中存在着对一些过激做法制止不力的现象。

在有些地区，没收了一些不应该没收的东西，给奴隶主留的土地太少，住房过窄。例如，当时昭觉地区的一位上层人士就曾抱怨政府只给他留下了一间住房，而按彝族风俗，其儿媳妇是不能与公婆共住一屋的。又如，在美姑某地区，工作队对参加叛乱者采取了

“扫地出门”的办法，对其土地和房屋均加以没收，不予保留。这些做法显然给劝说叛匪投降等工作造成了一定的困难。一些奴隶主本来已经过关，但过了几天工作队又继续向他们追要粮食；一些参叛人员已被劝降下山，但回来后又被一些奴隶泄愤杀掉；有的劳动群众旧恨难消，竟强迫以前的奴隶主吃劳动群众孩子的大便，等等。

在严酷的平叛斗争中，有的地方甚至还出现了危及民族团结的倾向。一些地方的工作队对彝族干部信任不够，不敢让他们放手工作。在一些武装自卫队中，甚至让一些“汉根”队员去监视那些“彝根”队员。喜德县一个工作队在被叛匪包围时，曾设立了三道防线，指定外围的第一道防线由武装自卫队员坚守，第二道防线由基干队负责，炮楼里的“第三道防线”则由工作队干部们自守。结果引起了自卫队员的义愤，造成了9名自卫队员携枪投敌的恶果。在普雄的一次战斗中，有一自卫队员牺牲后被抬上担架准备运走，但当看到一位汉族战士负伤后，救护人员又放下了这位自卫队员，去抬负伤的汉族战士。此事引起了一些自卫队员的强烈不满，他们中有的人在战斗结束后干脆就交枪不干了。一些地区的工作队，在平叛中甚至规定，凡逢彝族群众到区乡开会或求见汉族干部时，要对之进行人身搜查。这种做法极大地伤害了彝族群众的感情，以致有的群众说：“奴隶主整我们，汉族干部不信任我们，我们怎么活？”

以上工作偏差引起了党和政府的高度重视，及时得到了纠正。对于奴隶主，党和政府在加强对干部和群众进行政策教育的同时，还新制定出了一系列宽大让步政策。这些政策包括：对奴隶主的财产（除土地和奴隶以外）由没收改为征购，扩大政府和政协对上层人士的职务安排，等等。对于有害于民族团结的事件，党和政府作了严肃处理。在汉族干部队伍中，党和政府再次加强了民族团结和民族政策教育，对大汉族主义再次进行了严厉批判，从而保障了民主改革的顺利完成。

总之，和许多大规模的群众革命运动一样，凉山彝区的民主改革运动并不是一帆风顺的，它的胜利完成过程同时也是一个不断改正工作偏差和调整政策的过程。

4. 民主改革的胜利

凉山彝区各地的民主改革一般均按四个步骤进行。第一个步骤主要是发动、组织和武装群众，造成浩大声势，使改革成为群众的自觉行动。第二个步骤是划分阶级成分。第三个步骤是没收和征收奴隶主的枪支、土地等生产资料。第四个步骤是整顿基层组织，建立基层政权，处理改革遗留问题。

经过两年多的时间，民主改革在凉山彝区取得了全面胜利。通过民主改革，凉山彝区的奴隶占有制度被彻底摧毁，40 多万名奴隶得到了解放，奴隶主的一切特权和债务权利被废除；奴隶主阶级手中多余的 120 多万亩土地被没收，7 千余间房屋，2 万余头耕牛，3 万余件农具和 1,400 余万斤粮食被征收。所有这些被没收和征收的生产资料都分给了广大奴隶和穷苦劳动群众，从而过去那种广大彝族劳动人民没有人身自由和无地少地的状况得到了根本改变。

在民改期间，党和政府没有囿于彝区社会中的传统等级界限，而是根据人们对生产资料的实际占有状况和在生产、分配过程中实际所处的地位，就彝区社会成员的阶级成分做了划分。划分的结果是：奴隶主占总户数的 5%，从过去的等级上看，他们是土司的全部和黑彝中的绝大多数；劳动者占总户数的 25%，从等级上看，他们是曲诺中的多数，安家中的极少数以及一些贫穷黑彝；

奴隶占总户数的70%，从等级上看，他们是呷西的全部，安家中的绝大多数和曲诺中的少数。阶级成分的划分进一步明确了人民民主专政所依靠的阶级力量，为以后在社会主义革命和社会主义建设中贯彻阶级路线提供了根据。

在民改斗争中，除了发展了大批劳动协会会员和武装自卫队员以外，党和政府在彝区农村还重点培养了民改积极分子3.5万人，发展党员2,380名，团员8,060名，建立党支部251个，团支部363个，培养提拔农村彝族干部2,300多名，建立和健全了农村基层政权，为继之而来的社会主义革命和社会主义建设提供了组织保障。

民主改革的胜利不仅为凉山彝族人民走向社会主义发展道路扫清了前进障碍，而且还为实现全国各民族大团结清除了社会制度障碍。通过废除奴隶制度，凉山彝区社会内在的造成其与四周各民族关系紧张的原因被消除。通过平息叛乱，党和政府没收和征收了解放前流散在凉山彝区社会中的5万余支枪支，为在彝区内外建立和平安定的社会秩序开创了崭新的局面。

第二节　凉山彝区的社会主义改造

直至解放前夕，凉山彝区社会还是一个没有行业分工的社会，从而解放后该地区的社会主义改造实际上仅仅是农业社会主义改造，也就是农业合作化和人民公社化。

1. 农业合作化

实际上，凉山彝区的农业合作化运动是与民主改革运动配套进行的，两者之间没有明显的间隔期。在许多地区，甚至没有等到民改结束，只要把田地等生产资料一分给群众，就开始着手建立合作社了，同时，奴隶主反对民主改革的叛乱也是与其反对合作化运动交织在一起的。

凉山彝区建立合作社的工作开始于1956年初，这年共建了500多个合作社，入社农户占农户总数的8%左右。1957年，彝区农业合作社增至1,500多个，入社农户占农户总数的20%。至1958年春，彝区农业合作化已基本实现，入社农户已占农户总数的85%。由于时间紧促，许多地区实际上并没有经过建立互助组、初级社等发展过程就直接建立了高级农业合作社。

从外部环境来看，凉山彝区合作化运动之所以这样急促，是由于它直接受到全国农业合作化高潮的推动。按当时的分析，随着合作社的建立，全国社会经济将会有一个巨大的飞跃。如果不迅速在凉山彝区建立合作社，凉山彝族社会就会失去一个高速发展的机会，它与全国的社会经济发展差距就会进一步拉大。因此，为了改变彝区的贫穷落后面貌，就有必要在该地区建立先进的生产关系来推动其社会经济的高速发展。实际上，甚至连民主改革本身也是在全国合作化运动高潮的直接推动下进行的。关于这一点，1956年1月颁发的《四川省凉山彝族自治州民主改革实施办法》讲得很清楚。这个文件曾开宗明义地指出，在凉山彝区进行民主改革的目的是为“实行社会主义改造，开展合作化运动创造有利条件，……使凉山彝族得以跻身于先进民族行列”。

就凉山彝区的内在情况来看，紧接着民改建立合作社有利于解决安置大批解放奴隶等民改善后问题和巩固民改成果。

民主改革解放了大批奴隶，他们当中有许多人无家可归。他们虽然已分到了土地，但却因缺乏农具和住房而难以从事正常生产。当时，昭觉县有一个乡，民改后只征收到了奴隶主多余的农具 26 件，平均每个奴隶还分不到一件农具；金阳县为安顿解放奴隶尚缺少住房 209 间，耕牛 200 多头，甚至有 60 户解放奴隶仍无地可耕。美姑县牛牛坝区仍有 120 多个解放奴隶没有住房，长期露宿在工作队的屋檐下。据统计，民改结束后，被安置在劳动者家庭中寄宿的解放奴隶大约占其总数的 20%。寄宿时间长了，这些解放奴隶难免会与户主发生争吵，闹不团结，有的解放奴隶甚至因此赌气搬到其原有奴隶主家中借住。为了解决这些问题，党和政府曾在 1956 年和 1957 年两年中拨款 120 万元为解放奴隶修建住房，购置生活和生产用具。但即使这样，许多单身奴隶仍是十余人同住在一间大屋里，集体开饭，集体生产。对于许多呷西（单身奴隶）来讲，他们过去所习惯的是集体劳动和集体生活，而现在突然要单独料理自己的生活和生产确实也有一些困难，因而他们在民改中往往是要求以集体为单位参与分田分地，得到政府的集体安置。总之，面临着这样一些奴隶安置问题，即使在民改之前没有建立合作社的计划，人们也难免会在民改中创办出合作社来。

由于在民改中对奴隶主执行了较为宽大的政策，让他们保留的土地、房屋、耕畜和农具较为齐备，再加上其他像家禽家畜和金银这样的财产又未征收，其经济实力仍比一般劳动人民雄厚；而在生产资料私人占有的条件下，雇工剥削一时又不能禁绝，因此，如果不实现生产资料集体所有，建立农业生产合作社，长期下去，这些个体农户可能会转化为富农，那些解放奴隶可能会再度陷入受剥削的不幸境地。总之，出于长期巩固民改成果的考虑，紧接着民改而建立合作社也是十分必要的。

认为凉山彝人的私有观念发育程度有限，人们在社区生活和生产中，特别是在同一家支内部的生活和生产中具有互相帮助不计报酬等传统习俗，从而农业合作化在凉山彝区比汉区更有社会文化基础，这也是致使凉山彝区农业合作化运动十分急促的原因之一。这种认识，在今天看来，至少有一部分仍然是正确的，那就是，合作化确实与凉山彝人的传统价值取向有着某些亲和之处。自解放以来，彝族人的传统价值观念所遇到的严峻挑战与其说是过去的合作化，倒不如说是当今的商品化。

农业合作化在凉山彝区遇到的抗阻除了来自于一些奴隶主之外，更多的来自于一些富裕劳动者。有的奴隶主不愿意“摘帽子”，怕“摘了帽子”后就得入社，连自己的土地都会归公；有的叛乱分子甚至以不办合作社为和谈条件。那些富裕劳动者不愿入社，主要是因为他们的生产资料齐备，觉得自己不入社也能搞好生产。有的则认为自己财力雄厚，入社会吃亏，甚至认为“民主改革是搞奴隶主，办社是搞劳动者”。但是，也有迹象表明，这种抗拒不完全是因为私有观念在作祟，它与旧有等级观念和家支观念的残留也有密切关系。有的曲诺不愿意入社，主要是嫌安家和呷西的等级身份低，因而不愿意与他们合作劳动，受其领导。有的曲诺甚至宁肯把自己的土地分一部分给那些安家或呷西，也不愿意入社。有的则热衷于以家支为单位建社，或组建那种只由曲诺组成的“中农社”。要明确区分出凉山彝区社会中对农业合作化的抗阻原因究竟是私有观念，还是等级观念或家支观念，实际上是很困难的，因为在凉山彝区这三者本身就是互相依存交织在一起的。至于造成三者相互交织依存这一现象的原因，则与私有制和私有观念在凉山彝区的发育程度有限，人与人之间的行为尚在很大程度上受着血缘关系的支配有关。由此，我们可以说，农业社会主义改造在凉山彝区遇到的抗阻既与该社会原本是一个私有制社会有关，又与私有制在该社会发育不足有关。如果认为凉山彝区社会中原有的那种集体主义价值取向与社会主义社会中的集体主义价值取向完全合拍，那就错了。与社会主义社会中的集体主义价值取向不同，凉山彝区社会中原有的集体主义价值取向具有较狭隘的血缘局限性。这种局限性同样也会对社会主义改造构成抗阻。总之，尽管社会主义改造在凉山彝区具有一定的适应基础，但它也曾遇到了一些抗阻。从这个角度来看，紧接着民主改革进行社会主义改造，具有毕其功于一役，避免再次造成不必要的社会震荡等积极意义。

合作化运动在凉山彝区社会中具有一定的适应性，例如，许多奴隶群众更习惯于集体生产和集体生活，一般劳动者在生产和生活中具有相互帮助、不计较报酬的传统习俗等等。但是，由于社会经济、文化发展水平有限，农业合作社的经营和管理在彝区也遇到了一些问题。例如，在当时彝区农村中几乎就没有人能够胜任合作社的经济核算分配工作。合作社与生产队、作业组与个人之间的账务在有的地区是通过刻木记数来注账，在有的地区则是通过在纸上烧烙孔眼计数等方法来注账。许多地区的群众嫌每天评工分麻烦，长期不评记工分，以致劳务账目混乱。又如，在生产安排管理上也没有计划性，社队干部常常是干完了今天的农活，就不知道明天该干什么。而社员群众劳动则喜欢凑热闹，很少去考虑劳动效率。例如，当时昭觉县城南乡一个合作社的社员进城挑粪的场面是：前面6个人挑满粪桶，后边6个人空手鼓劲呐喊，一趟接着一趟地来回赛跑。在城北乡一个合作社的一块仅有 6 亩面积的水田中，竟有 24 个人挤在一起插秧。由于看不到劳动直接带来的收益，再加上国家不时又会发放一些救济以及闻悉国家在汉区征收农业税和实行统购统销，在合作社建立的初期，有不少群众竟误认为在合作社劳动是为政府劳动。

为解决凉山彝区农业合作化遇到的经营管理问题，党和政府采取了一系列特殊措施。这些措施大致可分为加强彝区合作社的干部配备和培训，以及调整彝区合作社规模两个方面。前一个方面包括：暂时由国家给各合作社配备专职会计；责成西昌民族干部学校和雷波民族干部学校，委托西南民族学院等院校，分批分期培训合作社正、副社长和会计人员；在各县则采取开会参观和开办农民夜校等办法，对大批作业组长进行培训。在后一个方面，则根据凉山彝区多山，人们居住分散，以及社会文化发展水平低等特点，确定了彝区农业合作社规模宜小不宜大，规章制度宜简不宜繁等一系列建社原则。由于采取了上述措施，凉山彝区农业合作社的正常运营得到了基本保障。

2. 人民公社化

受全国人民公社化运动的推动，刚建立合作社不久的凉山彝区也在 1958 年秋季开始试办人民公社。据统计，这年在凉山少数民族聚居区一共试办了 46 个人民公社。1960 年，根据四川省委指示，凉山彝区停止了建立人民公社的工作。1962 年，国家处于经济调整时期，凉山少数民族聚居区的人民公社被减至 30 个。1965 年配合农村社会主义教育运动，凉山彝区再度开始分期分批地建立人民公社。1966 年底，受“文化大革命”的干扰，建立人民公社的工作又一次被中断。1971 年，人民公社建社工作再度得到继续。

至 1974 年，全州农村终于实现了人民公社化。

新建的人民公社一般是由若干个原来的高级合作社合并组成。在人民公社之下，原来的合作社有的演变成了生产大队，有的则演变成了生产小队。人民公社是一种政社合一的建制，一般是在一个乡建立一个公社。凡公社建立之处，乡级人民政府建制即被撤消，其行政职能便由公社取代。在经济上，人民公社实行“三级所有、队为基础”的制度，即生产资料分别归公社、生产大队、生产小队所有，以生产队为基本核算单位。由于在这种政社合一的体制下，财产权和收益分配权成了行政权的附庸，平调之风禁而不绝，按劳分配原则不能完全兑现。由于个体家庭仍旧是产品分配和生活消费的基本单位等原因，农民很难真正把集体财产看成是自己的财产，农民参加与公共财产有关的劳动的积极性不高，集体大田的生产效率大大低于农民的小块自留地，对于社区范围内的公共事务和利益的兴趣和责任感不但没有进一步加强，反而有所削弱。一部分农民只要有机会就参与对集体财产的侵占和蚕食。总之，在人民公社时期，广大彝族农民的生产积极性不仅没有得到充分调动，反而还受到一定抑制，以致彝区农业生产在这期间的发展较为缓慢，彝区农村的贫穷落后面貌并未得到较大的改善。

党的十一届三中全会以后，极左路线得到了纠正，党和政府在农村进行了经济体制改革。1981 年底，凉山彝区实行家庭联产承包制，全部耕地和一部分山林、荒地均承包给了农户，集体的牲畜和大中型农具均折价卖给农户，卖款留归集体。由于生产经营权交到了个体农户手中，经营收益除了极少部分交归集体之外，其余全部归经营者所得，广大彝族农民的生产积极性空前高涨，彝区农村经济有了较大发展。随着生产经营权和经营收益权交归个体农户，公社和生产队等单位的经济实体职能实际上已丧失殆尽。1983 年，根据上级指示，凉山彝区实行政社分设，人民公社和生产队等建制单位被撤销，其行政职能已被新建立的乡、村等建制单位取代。

第三章　社会经济的发展

通过建立先进的生产关系来带动凉山彝区的社会经济发展，这是解放以来我们党和政府帮助凉山彝族人民改变贫困落后状况，实现社会经济腾飞的基本思路。凉山彝区的社会经济发展，特别是彝区农村社会经济的发展是以其生产关系的变革为基础的。

第一节　农业生产的发展

直至解放前夕，整个凉山地区的生产力发展水平低下。1949年，凉山州全州粮食作物种植面积为398.28万亩，粮食总产量65,041万斤，平均亩产163斤，而彝区平均亩产则更低，仅为90斤左右。当时全州农业人口为161.68万人，平均每人产粮402斤。

民主改革使广大彝族奴隶和劳动人民获得了人身自由，分到了生产资料，从而调动了彝族劳动人民的生产积极性，促进了彝区农业经济发展。据统计，1956年，即便在民主改革尚在进行、奴隶主武装叛乱还未平息的条件下，彝区农业生产仍增产10%。1957年，虽然遇到了数十年来未有的自然灾害，农业生产仍比1956年增产3%。

1957年以后，受大跃进、三年自然灾害以及“文化大革命”

极“左”路线的影响，凉山彝区的农村经济增长速度虽然较为缓慢，但却一直有所增长。至1980年，全州粮食平均亩产383斤，人均产粮808斤。与1949年相比较，31年间，全州粮食平均亩产增加了220斤，人均产粮增加了406斤。这年彝区（以美姑县为例）粮食平均亩产322斤，人均产粮652斤，与1949年彝区粮食平均亩产相比较，31年间彝区粮食平均亩产增加了230斤；与1949年全州农民人均产粮相比较，31年间彝区农民人均产量增加了250斤。

党的十一届三中全会以后，特别是实行联产承包责任制以后，彝区农村经济增长速度有了较大提高。至1985年，美姑县粮食平均亩产达426斤，农民人均产粮784斤，与1980年相比较，5年之间，粮食平均亩产增加了140斤，农民人均产粮增加了132斤。至1989年，该县粮食平均亩产已达482斤，农民人均产粮已达836斤。

十一届三中全会以前，受极“左”路线的影响，国家对农村经济管得过死，除了种粮之外，农民经营其他副业受到种种限制，再加上国家实行统购统销，对农业产品价格压得过低，因此，农民对集体生产没有太大兴趣，彝区农民在集体劳动中“出工不出力”现象普遍，劳动效率低下，一个全劳力一天的劳动仅值一二角钱。例如，直至1978年，美姑县农民的人均年纯收入仅为55元。十一届三中全会以后，彝族农民的经济收入状况逐年有了较大改善：在1985年，美姑县农民的人均收入已达187元；至1990年，则已增至279元。

美姑县农民的经济收入增长与粮食增产有关，但更主要的是与产业结构的变化联系在一起的。1978年以来，彝族农民有了较大的经营自主权。在粮食价格尚未完全放开而价格仍旧偏低的条件下，农民热衷于把劳力和资金投向牧业、林业和其他副业生产，因为其产品价格更接近市场价格。这种投入取向导致这些年来彝区农业总产值构成发生了以下变化：牧、林、副业在农业总产值构成中所占比重逐年提高，种植业所占比重逐年下降。1978 年，种植业产值在美姑县农业总产值中占 61%，1985 年降至 54%，1990 年降至 41%。在种植业产值构成中，经济作物产值所占比重不断上升，粮食作物产值所占比重相对下降。1978 年，经济作物产值在美姑县种植业总产值中仅占 0.5%，1985 年增至 5.2%，1990 年增至 7.6%。

关于彝区农村产业结构的变化，尤为值得一提的是，这些年来，在彝区农村社会总产值构成中，农村工业产值所占比重在逐年提高。1978 年，美姑县农村工业产值在农村社会总产值中仅占 3.5%，1985 年则增至 4.5%，1990 年已达 7.4%。通常认为，人口的非农业化程度是一项能够反映一个社会现代化程度的重要综合指标。自解放以来，凉山彝族人口的非农业化一直具有较强的政治择向性和行政制约性。例如，彝族人口的非农业化主要是通过国家招生和招干等途径方得以实现，而在彝族人中招生和招干则主要是为了满足彝区自治机关工作人员的民族化需要，从而直接受着国家职工编制和财政开支预算的制约。如今，彝区农村工业产值在农村社会总产值中所占比重逐年上升这一迹象表明，彝区人口非农业化的途径和容量均较前有所拓宽，同时也表明彝区社会现代化程度较前已有所提高。

当然，与过去相比较，今天凉山彝区农民的经济状况已有了较大改善，但是与同期的汉族农民，甚至与同一时期凉山汉区的农民相比较，凉山彝族农民仍旧没有摆脱相对贫穷落后的状况。

在 1990 年凉山州农村住户调查所反映的农民经济状况的各项指标中，彝族腹心聚居区的指标低于全州（汉族人口占总人口的 54%）平均指标。例如，全州农民人均年纯收入为 358 元，而在美姑县（彝族人口占总人口的 97%）则为 279 元，在昭觉县（彝族人口占总人口 96%）为 252 元，在布拖县（彝族人口占总人口 94%）为 266 元；全州农民人均年末结存粮食为 690 斤，但在美姑县为 422 斤，在昭觉县为 506 斤，在布拖县为 466 斤；全州农民人平均年末使用住房面积为 20.14 平方米，但在美姑县则仅为 14.02 平方米，在布拖县为 16.01 平方米。

为了帮助彝族人民迅速摆脱贫困，这些年来党和政府止在采取一些新的措施。在过去，扶贫工作主要是由当地民政部门主管，所谓扶贫也不过主要是向农村中的五保户和生活困难户发放无偿生活救济，以及向一些贫困户发放无偿生产救济而已——这种扶贫方式在今天被称为"输血型"扶贫。自 1985 年以后，凉山彝区的扶贫工作得到了加强，彝区各地均成立了由当地政府第一把手为组长的扶贫经济开发领导小组，设立了扶贫办事机构，形成了党政部门与工、青、妇等组织统一协调，全社会关心扶贫工作的局面。同时，国家也正在通过向贫困彝区投放大量扶贫贴息贷款等方法，将扶贫工作性质由原来的"输血型"无偿投入扭转向旨在促进贫困地区商品经济发展，增强其自身"造血"机能的生产性有偿投入，从而使彝区的扶贫工作进入了一个新阶段。自 1988 年以来，国务院已将凉山州美姑、布拖、昭觉和金阳 4 县确定为国家重点扶贫县，每年向这些县投放巨额扶贫资金。以美姑县为例，自 1988 年以来，在其他各项扶贫资金之外，国家每年还向该县投放 260 万元的专款，用以帮助该县发展畜牧业生产。在国家投以巨款的扶助下，通过当地人民的自身努力，想来凉山彝区农民的脱贫日期是不会太远了。

第二节　各行各业的产生和发展

严格地讲，凉山地区，特别是凉山彝区的现代工矿、交通邮电、商业贸易、财税金融、文教卫生和农林水电等行业是在解放后才兴办起来的。40 年来，这些行业已取得了巨大发展。

解放前，整个凉山地区只有 4 个工业企业，而且均建于凉山汉区。至 1980 年，全州已有全民所有制企业 313 个，集体所有制企业 939 个；工业总产值 24,800 万元，为 1949 年工业总产值的 47.3 倍；工业总产值在工农业总产值中所占的比重由 1949 年的 3.8% 升至 35.6%。到 1990 年，全州工业企业总数已达 1,170 个，其中全民所有制企业 386 个，集体企业 765 个，私人企业 19 个；工业总产值 97,571 万元（按 1980 年不变价格计算），为 1980 年的 3.9 倍；工业产值在工农业总产值中所占比重由 1980 年的 35.6% 升至 48.2%。

在抗日战争时期，为了沟通四川与滇缅交通线的连接，国民党政府曾修筑了一条川滇西公路经过凉山地区，后因长期失修，到 1948 年已不能通车。至 1949 年，全州只有西昌城区至小庙机场 7 公里的路段能够通车，州内运输全靠人背马驮。1952 年，川滇西公路修复通车。1957 年西昌至宜宾的公路落成。1961 年全州实现了县县通公路，通车里程达 2,081 公里。1980 年，全州公路通车里程达 6,978 公里，为 1961 年的 3.4 倍；1990 年则达 8,775 公里，为 1980 年的 1.3 倍。1980 年，全州共拥有各种机动车辆 10,030 辆。

至1990年全州各种机动车辆已增至24,840辆，为1980年的2.5倍。解放前，凉山没有铁路。1970年1月，成都至昆明的铁路落成通车，由此凉山州境内铁路通车里程达337公里，占成昆铁路全线总长的33.4%。解放前，国民党当局曾在西昌小庙修建了一个临时军用机场。解放后，政府在西昌与成都之间开辟了定期客运航班，航程402公里，每周3班。60年代后期，党和政府又在西昌修建了一个较大的机场。该机场已于1975年开始投入使用。

凉山地区的邮政业虽然始于1910年，但直至解放前夕只有凉山汉区能够通邮。解放后，凉山的邮政业已有了较大的发展。1980年，全州已有长途电报电路76条，长途电话线路157条，市内交换机容量4,350门。至1990年，全州长途电报电路已达103条，约为1980年的1.4倍；长途电话线路272条，为1980年1.7倍；市内交换机容量10,500门，为1980年的2.4倍。

解放前，凉山彝区没有专门的商业机构。1950年3月，国家在西昌建立了国营贸易公司。随着民族工作的开展，民族工作团开始在昭觉建立了贸易小组，为西昌国营贸易公司代理业务。1951年4月，昭觉贸易小组扩建为昭觉县公司。1952年，凉山彝族自治区成立后，昭觉县公司改称为凉山中心支公司。在这以后，各县的贸易小组也相继扩建为县公司。1955年，凉山中心支公司改称为凉山州民族贸易公司。1958年，在民主改革和农业合作化运动结束之后，国营商业网点已伸及整个彝区农村。随着社会经济的发展和人们购买力的不断提高，凉山社会商品零售额也一直在不断上升。1952年，全州社会商品零售额为1,708万元，1957年为6,802万元，1980年为35,067万元，1990年已达129,380万元。

自解放以来，国家每年都要拨给凉山州大量财政补贴。据统计，在 1950 至 1980 年这 30 年间，国家拨给凉山州的财政补贴达 10.6 亿元。不过，在不同时期，凉山州的财政自给状况是有所不同的，在 1951 年至 1957 年间，凉山州的财政收入仅为 444.4 万元，而财政支出则达 4,663.7 万元，累计财政自给率为 9.5%。在 1958 年至 1960 年间，受大跃进影响，全州财政收支均有大幅度增长。据统计，在这 3 年间，全州财政收入累计达 11,717.5 万元，支出为 19,460.6 万元，自给率为 60%。1961 年至 1965 年是凉山州历史上财政自给率最高的时期。其间财政收入累计达 11,969.3 万元，支出 16,053.7 万元，自给率达 74.6%。在 1966 至 1976 年，受文化大革命干扰，工农业生产不能正常进行，全州财政收入大幅度下降。自 1968 年起，全州连续 4 年没能完成财政收入计划。特别是在 1968 年，全州财政收入仅完成 134 万元，落到自 1958 年以来全州财政年收入的最低点。在 1977 年至 1980 年期间，随着工农业生产的恢复，财政收入开始达到正常水平。4 年间，累计财政收入为 18,731.4 万元，支出为 58,181.4 万元，自给率为 32.2%。自 1980 年起，根据中央和省里的有关文件，凉山州执行让农民休养生息的政策，对彝区和彝汉杂居区农民连续 3 年免征农业税，同时还把凉山汉区农业税起征点提高到 90 元（外地汉区为 85 元）。这些年来，随着经济的发展，凉山州的财政自给率正在不断提高。1986 年，全州财政收入已达 14,003 万元，支出为 33,348 万元，自给率达 42%。1990 年，收入达 34,081 万元，支出 58,048 万元，自给率增至 58.6%。

解放前，凉山彝区没有银行。1951 年 6 月，国家在昭觉建立了中国人民银行昭觉支行。1955 年昭觉支行扩大为昭觉中心支行。随着民主改革和农业合作化运动的顺利进行，银行机构也迅速发展起来。至 1958 年，凉山州全州 9 个县均成立了县支行，60 个区均成立了营业所。凉山彝区最早建立的农村信用社，是1956年8月建立的昭觉县城南乡信用社。至1958年凉山州各乡均已建立了农村信用社。在民主改革结束以前，凉山彝区的流通货币主要是白银。直至1958年4月15日，凉山州人民政府才发布禁止白银流通，统一使用人民币的命令。在1958年，凉山州各级银行共收兑了196万两白银。此数相当于以前7年收兑白银总数的2.2倍。至1958年底，凉山彝区的白银市场基本上已被取缔，统一的人民币市场随之得以确立。人民银行自建立以来，为凉山州社会经济发展做出了巨大贡献。在1950至1980年间，全州银行和信用社累计一共发放了21,963万元农业贷款，这等于每户农民平均曾得到372.50元贷款。1980年以来，农业贷款规模仍在不断扩大。1986年，农业贷款已达4,410万元，相当于1980年的2倍；1990年增至8,678万元，约为1986年的2倍。随着社会经济的发展，凉山州的工业贷款额也在逐年递增。1952年，全州工业贷款额仅为1万元；1980年达3,810万元；1990年已增至25,071万元，为1980年的6.6倍。在银行投放贷款额逐年增长的同时，银行存款业务也在扩大。1980年，全州存款总额为31,331万元，是1975年的1.9倍；1990年为145,454万元，是1980年的4.6倍。

解放前，凉山彝区的教育事业极为落后。彝族人中能识彝文的人不到其总人数的1%。受过汉文化教育的人就更为罕见，据统计，至1950年，凉山彝族中具有汉文初中以上文化程度的人只有51人。解放后，在党和政府的关怀帮助下，凉山彝区的文化教育有了巨大发展。凉山原有的彝族文字得到了规范和推广，彝族人民有了自己的彝文报纸、彝文教材和彝文学校，并在喜德等县完成了彝文扫盲教育。据1990年统计，在全州小学教职工中，少数民族教职工人数已达 5,122 人，占全州小学教职工总数的 28%；在中学中，少数民族教职工已达 861 人，占全州中学教职工总人数的 10%；在大中专学校中，少数民族教职工已达 228 人，占全州大中专教职工总数的 11%。在州内，少数民族小学在校生已达 129,499 人，占小学在校生总数的 41%；少数民族中学在校生 17,257 人，占中学在校生总人数的 20%；少数民族大中专在校生 1,971 人，占大中专在校生总人数的 24%。

解放前，凉山彝区没有现代医药。即便在当时的西昌，也只有两所医院，60 张病床，42 名卫生人员。解放后，在国家的扶持下，凉山州的医疗卫生事业有了很大发展。1950 年 10 月，中央慰问团曾配了医疗队深入彝区开展工作，这大概是最早深入凉山彝区的现代医疗队伍。在这以后，大凡是进入彝区开展民族工作的工作团都配有医疗队。这些医疗人员爬山涉水，风餐露宿，不辞劳苦地为彝族人民医病送药，逐步用现代医药科学战胜巫医迷信，深受彝族人民的敬爱，有力地配合了凉山彝区的建政工作和民主改革。民主改革之后，凉山各县均成立了医院。至 1980 年，全州已有乡级以上医疗机构 601 个，病床 6,264 张；少数民族卫生技术人员 1,570 人，占全州卫生技术人员总数的 22.7%。在 1972 年至 1980 年间，国家无偿赠送给凉山各区乡医院的医疗器械的金额累计为 450 万元。在 1950 年至 1980 年间，国家减免贫困农民的医疗费用累计达一千多万元。1980 年以后，凉山的医疗卫生事业有了更大的发展。据 1990 年统计，全州已有乡级以上卫生机构 1,198 个，约为 1980 年的 2 倍；病床 8,667 张，约为 1980 年的 1.4 倍；卫生技术人员 12,946 人，约为 1980 年的 1.9 倍；少数民族卫生技术人员 1,866 人，约为 1980 年的 1.2 倍。按人口计算，1990

年凉山地区每千人中已有卫生技术人员 3.6 人，病床 2.4 张。而在 1980 年，前一个数字则为 2.2，后一个数字仅为 2。

解放以后，凉山的文化事业也有巨大发展。至 1980 年，全州已有电影管理机构 18 个，电影放映队 486 个，文化馆站 43 个；少数民族电影放映人员 543 人，占全州电影放映人员总数的 31%。1990 年，全州电影放映队已增至 533 个，文化馆站 279 个。凉山的广播电视事业也是从无到有。直到 1953 年，西昌才有一部 300 瓦的扩音机，各县只有收音站。自 1956 年起，各县开始建立有线广播站，至 1968 年，全州实现了各县均拥有一个有线广播站的计划。目前，凉山州已形成了一个以各县广播站为中心，各乡放大站为基础的、广播线路总长达 74,000 多公里的农村有线广播网络。凉山州人民大约是在 1980 年初才能够收看到电视。这年底，全州共建立了电视差转台 26 座，电视覆盖人口已达 103 万人。这些年来，电视事业又有了较大发展。至 1990 年，全州已有电视差转台 214 个，卫星地面接收站 130 个，电视覆盖人口增至 194.38 万，各县均有了自办电视节目。

凉山州彝区各县的现代农林水利事业是在民主改革结束后兴办起来的。目前州内已有农业专科学校、农业高校和农机高校各一所，农业科学研究所两个，亚热带作物研究所一个。至 1980 年，全州已建立了农技、种子、植保、土壤肥料、蚕桑果树等各种专业站 83 个。

自民改结束以来，凉山州一直是四川省的重要林业生产基地。至 1980 年，全州计划内采伐木材已达 750 万立方米，其中调往州外 530 万立方米，有力地支援了州外社会主义经济建设。在采伐森林的同时，党和政府也十分重视植树造林工作。自 1958 年飞机播种造林成功以来，至1980年，全州共完成飞播造林730.58万亩，人工新播、补播造林面积1,427万亩。1980年以后，植树造林工作仍在继续进行。1986年，全州当年造林约79万亩。1990年，全州当年造林27.3万亩。长年不断地植树造林为国家建立了后续用材林基地，同时也保护和改善了凉山地区的自然生态环境。

解放前，凉山地区仅有水利工程1,688处，灌溉面积35万亩。解放后，国家投入了大量资金，调集了大批水利技术人员，组织凉山人民兴修水利。至1980年，国家为兴修水利，在凉山地区投资共计13,518万元，凉山地区的有效灌溉面积增至168.22万亩。为解决人畜饮水，在1979年至1981年间，国家在凉山地区共投资144万元兴建人畜饮水工程，解决了9万多人、16万头牲畜的饮水问题。至1990年，全州累计已解决了49.25万人、122.59万头牲畜的饮水问题。解放前，整个凉山地区只有西昌附近的汉区有一座装机容量为128千瓦的小电站，年发电量34.7万度。解放后，在国家大力扶助下，凉山州利用本地的水利资源优势，大力发展小水电，在实现农村电气化方面取得了巨大成就。在1950年至1980年间，国家补助了凉山州水电建设资金5,752万元，投放水电建设贷款1,600万元，凉山州共建成小水电站1,480个，总装机容量达59,830千瓦（不包括省属电站），全州通电农户已占农户总数44%。至1990年，凉山州农村电气化又有了进一步发展：通电农户已达43.6万户，占全州农户总数的61%。

总之，解放以来，凉山地区的社会经济发展成就是巨大的。如果没有中国共产党的领导，没有凉山人民自身的顽强努力，没有民主改革，没有社会主义国家财政的巨额扶助，要取得如此巨大的成就是不可思议的。

第四章　等级观念的残存

凉山彝族地区在50年代中期以前还保留着奴隶制社会制度，当时的社会成员被区分成4个等级：黑彝是统治阶级；被统治阶级被分为3个等级，那就是曲诺、安家和呷西。50年代中期凉山彝区进行民主改革以后，安家和呷西获得了人身自由，分到了生产资料，成了独立自主的农民；曲诺与黑彝奴隶主的隶属保护关系被解除，获得了完整的人身及经济自主权；黑彝也变成了自食其力的劳动者。总而言之，伴随着奴隶占有制度的消灭，凉山彝区旧有的社会等级制度已被彻底埋葬。但是，与过去等级制度相适应的等级观念，迄今却仍未从广大彝人头脑中消失。

等级观念在经历了民主改革之后的凉山彝区有何表现，以及自民改后直到现在，等级观念为什么会长期存留，这就是本章即将探讨的问题。

第一节　等级观念的残存简况

今日在许多凉山彝人看来，就等级差异是否存在而言，最为重要的似乎并不在于是否还存在着等级特权，而在于能否坚持等级内婚，维持等级血统的纯洁性。

解放初期，在民主改革宣传动员期间，有许多黑彝奴隶主甚至认为，只要不强迫黑彝与白彝通婚，那么以废除奴隶制度为主旨的民主改革是可以接受的。这里提到的白彝，指的是在奴隶制下被黑彝统治的 3 个等级。在当时的一次动员会上，一些上层人士用以说明他们为什么赞成民主改革的理由竟是：改革之后，大家都可以用拖拉机耕地，通过劳动生产过上幸福生活，而黑彝仍旧是黑彝，白彝仍旧是白彝，担心和顾虑是没有道理的。

民主改革之后，对于一些地区所发生的黑彝白彝青年相互恋爱事件，一些在政府和政协任职的黑彝上层人士曾联名要求政府加以制止。其理由是，禁止黑白彝通婚对社会主义建设不会有什么不良影响。民改复查补课时，一些被错划为奴隶主的贫穷黑彝竟然不愿意摘去奴隶主帽子。他们的顾虑是，摘帽就成了与白彝无甚差别的劳动者，其亲戚家门会瞧不起他们。

从 60 年代至 70 年代期间，虽然通过狠抓阶级斗争，黑彝家支已不敢公开干涉其成员与白彝青年恋爱成婚。但是，当时严明阶级阵线等宣传教育，却在客观上迎合了黑彝家支对非等级婚姻的抗阻。而在白彝中，曲诺家支干涉其成员与安家或呷西通婚的事件时有发生。例如，在 70 年代初，美姑县牛牛坝地区有一曲诺家中的 4 个弟兄，因不能有效地阻止其妹与一位具有呷西血统的男青年恋爱，竟以自己“清理门户”为理由，将其妹与这个男子捆在一起，从悬崖上推下去。结果男死女伤，这家 4 个弟兄都受到了法律制裁。

党的十一届三中全会以来，由于政策温和宽松等原因，彝区暗在的家支活动和等级内婚倾向也开始明显起来，非等级内的婚姻受到直接干预的事件层出不穷。下面举例说明这种情况。

1988 年 6 月间，美姑县有一位女青年 G 与干部 B 相爱，G 的父母打听到 B 家等级地位不如自己之后，便对此事横加干涉。在干涉过程中，G 被自己的父母捆打 3 次，其中两次是因她在逃往 B 处的途中被父母抓回来。结果 G 被迫与 B 解除了恋爱关系。此事过后，干部 B 又与另一女青年相爱，结果也因同样的理由遭到女方父母的干涉。这位女青年后来因逃到 B 家藏身，却被自己的父母强行拉回而感到十分羞愤，于是便在被父母带回家的途中服毒自杀了。

另一例也发生在 1988 年。美姑县巴普镇某村农民 P 将自己 16 岁的女儿许配给甲谷区某村农民 M。两年后，P 发现 M 的等级出身比自己低，于是提出了退婚。M 对此十分恼火，便提出要 P 赔偿因缔结婚约事损失的 1,800 元以后才能退婚。P 因此事曾寻求有关方面调解，后见调解不成，竟赔钱私自解除了这桩婚约。

另一事例发生在 1990 年。美姑县干部 F 的女儿与干部 Y 相爱。F 嫌 Y 的等级出身低，便暗中阻碍女儿与 Y 相爱。后见女儿态度坚决，便提出要 Y 付足 7,000 元聘金才能娶其女儿，企图以此苛刻条件把 Y 吓退。没有想到 Y 居然东借西凑，凑成 7,000 元款交给 F。F 碍于情面才让女儿去了 Y 家。

总而言之，在凉山特别在其中心地区，自民主改革以来等级内婚倾向是一直存在的。不同等级之间相互通婚的情况并不多，黑白彝通婚的情况更是少见。民改以后即使也有一些黑白彝通婚的例子，但通婚双方都已是国家干部，早已摆脱了彝族的传统社区生活。1984 年我亲自在西昌同一些黑男同白女成婚的家庭往来，这说明凉山中心地区以外，等级内婚制度早已消除了。但直至今天，凉山中心地区，一些彝族干部的等级内婚倾向仍然是十分强烈的。他们当中有的人甚至声称，与其同不同等级的人通婚，倒不如与汉族干部通婚。甚至有些黑彝干部子弟也没有忘记自己的贵族身份，在舞厅中竟声称向白彝女子主动邀舞是有失身份的举动。

这些年来，甚至还出现了下列的一些现象。随着家支势力重新抬头，在彝族社区生活中起着越来越重要的作用。过去的那些安家和呷西等级，因自觉“骨头不硬”，没有家支势力，而不得不向过去那些“骨头硬”、家支势力大的黑彝奴隶主靠拢，以便寻求依赖和保护。由此黑彝的实际社会地位又再度有所提高。

举例说，美姑县牛牛坝乡某村因系民主改革后自然形成的一个新村，村中安家和呷西占多数，曲诺家支构成复杂，没有黑彝。为了提高该村在四周附近地区的地位，并为了保证有人在村中主持“公道”以及调解纠纷等事宜，该村竟于1985年让一位早于解放前就迁往他乡的黑彝奴隶主迁来居住。村中竟有52户群众自愿割让出已经承包到户的土地给这位原黑彝奴隶主耕种，村干部竟组织群众替他修房造屋，并帮助他在该村立足成家。

另一例是与上面一村邻近的一个村庄，也因村中没有黑彝，曾于1982年让原在这一带居住的一个黑彝的遗孀迁回该村居住。自从这个黑彝妇人迁到该村以来，村里群众经常凑集钱粮，替她解决生活困难。为帮她家做“出毕”（指彝族送亡灵归返祖界的一种大型宗教活动），该村每户就分摊了5元钱。后来社教工作队进村调查此事，该村党支部书记竟矢口加以否定，并且声称是他自己借了1,000元给那黑彝遗孀做“出毕”礼仪。

这些年来，黑彝的社会地位可以说再度提高，在美姑周围地区即有许多现实的表现。凡在做“出毕”的呗嘘队伍中，一般就要有一位黑彝在内，哪怕这位黑彝实际上并不太懂“出毕”的行动礼仪。这种习俗的复出，实际上所反映的是黑彝的高贵庄严象征性再度为群众所肯定。再则，凡遇见家支间纠纷时，一般愿意请来一位黑彝参加调解，以显示调解的庄重，哪怕这位黑彝实际上并没有很强的调解能力。

1992 年 2 月间，美姑县巴普镇某村发生了一桩婚约纠纷事件。先是该村某男数月前曾去合角落乡某村相亲，与女方家属相议并答应数月后即可完亲。回来以后，男方觉得这桩婚事不太满意，企图毁约。女方家长知道后，即于一天晚间与他的家支十余名壮汉来到男方家中说要“讲理”。男方见势不妙，赶紧连夜请来村长和自己家原来黑彝主子的儿子进行调解。在辩解中，男方以两方男女生庚不合为由，企图解除婚约。女方认为男方是在找借口，并理直气壮地问道：解放前男方的黑彝主子常与女方的黑彝主子开亲联姻，两家的奴隶也时常配亲，今天男家又有什么理由拒绝与女家开亲呢？难道女家的等级地位没有男家高？骨头没有男家硬？并说如果男家真要悔约，就必须加倍赔偿女家的各种损失。通过调解，男方竟觉得自己理亏，同时也是为了避免遭受经济损失，最后不得不答应了这桩婚事。

面对以上列举的若干事件，我们要问：为什么在等级制度已经伴随着奴隶制度被废除埋葬之后，30 多年来，等级观念却仍旧一直在或明或暗、或强或弱地影响和支配着广大彝族群众的实际行为？除了可以归因于旧有观念或文化发展滞后之外，我们还能做些什么解释呢？这也就是说，除了由于文化滞后之外，当今等级的残留是否还有某些现实社会基础呢？如果有的话，那么到底是什么？对于这些问题的探讨将不仅有助于我们认识当今凉山彝区发展中存在的问题，而且还将有助于深化我们对凉山彝区旧有社会制度的认识。因为在过去，由于受着观察条件的限制，我们所能看到的只是处于静态之中的凉山彝族旧有社会制度，从而对于它的认识难免会有一定的局限性。在今天，我们已经具备了一定的条件去观察处于动态中凉山彝区旧有的社会制度，因此我们应该珍惜这个机会，敢于通过剖析其旧有社会制度在当代变迁过程中表现出来的各种性状来检证和深化我们的认识。

第二节　等级观念残存的根源

从广义上说，所谓等级制度是人们为反映和确认他们之间的社会地位和权利角色差别而建立起来的一种社会文化制度。即使在原始社会时代，已产生了年龄等级差别，后来产生的复杂社会时代，主要存在着阶级划分，甚至到了我们现代社会主义时代，社会上一个公司或一个部门中也存在着十分复杂的科层制度。

从狭义上说，凉山彝族社会中的等级制度，就其本质而言，是一种阶级压迫制度。不过这一制度与一般的阶级压迫制度不同，这种阶级压迫制度具有较为鲜明的血统认辨性罢了。

在过去，凉山彝区的阶级关系是通过森严的等级结构表现出来的，残酷的阶级压迫具体表现为等级压迫。民主改革以后，我们党和政府在凉山彝区所做的阶级划分基本上与该社会旧有的等级划分是相吻合的。当时的抽样统计表明，黑彝总户数中有88.47%被划为奴隶主，其余为劳动者；曲诺中有54.68%被划为劳动者，11.16%被划为奴隶，4.16%被划为奴隶主；安家中有81.10%

被划为奴隶，18.32%被划为劳动者，0.59%被划为奴隶主；所有呷西均被划为奴隶。[①]至于黑彝中仍有极少数劳动者，白彝（主要指曲诺）中仍有极少数是奴隶主这种等级划分与阶级划分相错位的现象，则是同一等级内部长期分化的结果。同时还应该指出，直至民主改革前夕，这种错位关系尚没有发展到促使该社会调整人们等级身份的程度，而且该社会中的阶级压迫和阶级剥削仍旧受到等级界限的限制。例如，白彝奴隶主无论如何富有都不能上升为黑彝，他们在剥削自己的奴隶的同时，还受到自己的黑彝主子的种种盘剥，以及自己并没有完整的人身自由等等。又如，黑彝中的劳动者无论怎样贫穷都无人有权力将他变为奴隶。事实上，一些破产了的所谓“干黑彝”仍旧能够凭借其贵族身份，走家吃户，欺诈白彝。有的甚至还能依靠其属下的白彝重振他的家业。

民主改革废除了凉山彝区社会中的阶级压迫和阶级剥削制度，但并没有完全消除阶级差别。在长期以阶级斗争为纲的年代里，人们事实上在一直被告诫要提高阶级警惕，站稳阶级立场，严防阶级敌人搞乱阶级阵线，进行阶级复辟。为此，人们总是在睁大眼睛，努力辨认出革命阶级、被团结教育的阶级和被监督改造的阶级来。尽管我们党和政府在彝区一再强调：阶级不完全等同于等级，黑彝中仍有一些劳动者必须团结教育，白彝中仍有一些奴隶主需要监督改造。但是，鉴于白彝奴隶主在民主改革以前仍有受黑彝奴隶主盘剥压迫的一面，以及发动

① 参见《四川省凉山彝族社会历史调查》（综合报告），四川省社会科学院出版社1985年版，第48页。

群众批斗白彝奴隶主较为困难等原因，在具体执行政策时，对待白彝奴隶主和对待黑彝奴隶主实际上是有所不同的；鉴于民主改革前黑彝劳动者拥有白彝劳动者所没有的种种特权以及他们与黑彝奴隶主的特殊关系，在执行政策时，对待他们与对待白彝劳动者也是有区别的。总之，在凉山彝区，自民主改革以来，狠抓的阶级斗争很难说不是等级斗争，所提高的阶级觉悟很难说不是等级觉悟。

那么为什么在民主改革之后，等级观念却长期没有完全随着阶级或等级地位的变化而变化呢？从理论上说，安家和呷西是社会主义革命和社会主义建设所必须依靠的等级，在彝区社会政治生活中其地位理应最高，但为什么在实际生活中这两个等级却或明或暗地受到歧视呢？民主改革以后，黑彝已成了被监督改造的对象，在政治生活中其地位理应最低，但为什么他们却一直自视甚高，并认为自己血统高贵呢？这种等级观念的存在确实在一定程度上反映了文化滞后，但是它的存在并不是完全没有现有社会事实上的支撑和认可。

前面已经提到，民主改革以前凉山彝区的社会等级制度，是一种具有鲜明的血统认辨特征的阶级压迫制度。在该社会中，根据族籍血统出身来做的等级划分，同根据人们对生产资料的实际占有状况来做的阶级划分基本上相吻合，这么一来阶级压迫则主要表现为具有共同族籍血统的黑彝对族籍血统十分混杂的白彝进行压迫。形成这种现象的根源，与凉山彝族社会从原始社会末期留传下来的父系氏族制的残存有所联系。换句话说，凉山黑彝的家支组织是由原始父系氏族组织转变来的。彝族社会的等级制度开始时，是在对外族社会人员的掳掠和征服的基础上逐渐发展起来的[①]。作为征服者和奴役者，黑彝的族籍血统很单纯，他们均出自原来的古侯和曲涅这两支古老的兄弟氏族。在经济上他们既占有着大量的生产资料，又占有被征服者的人身；在政治上他们卵翼在由旧有的氏族转变成为的家支组织下，仍旧是该社会所固有的主人。作为被征服和被奴役者的白彝，却是被掠自四面八方，族籍血统混杂模糊；在经济上既丧失了生产资料，又丧失了人身自主权利；在政治上即使有的也有幸繁衍形成了自己的家支，但最多也只是黑彝治下的保护民。黑彝主子所能直接看到的就是自己以血缘为联系纽带的家支组织的威力，所有的征服者身上都具有与被征服者身上不同的血脉。为了有利于统治广大白彝奴隶和劳动人民，为了有利于保持血缘家支组织的活力，他们更愿意把该社会的不平等状态神秘化，将之归因于人们血统的优劣。总之，血统优劣论是整个等级观念的核心组成部分或逻辑演绎的延伸起点，在民主改革前的凉山彝区社会中，它得到人们的血统差别与社会地位和角色权利差别相吻合，人们不能通过自身努力来改变其社会地位和权利等社会事实的支持。

民主改革以后，作为过去的统治等级，黑彝虽然已从政治舞台上摔了下来，成了被监督改造的对象，但是黑彝血统高贵论者仍旧能寻找一些社会事象来支持他们血统高贵的论点。首先，他们认为黑彝在民主改革中的失败并不能证明白彝的“骨头也很硬”。白彝之所以能翻身，是因为得到了汉人中的“硬骨头们”的支持。事实上，在平叛斗争中，一些黑彝奴隶主对于他们的军事

① 参见潘蛟同志的论文:《略论等级制度的起源》，载在中国民族学会编:《民族学研究》第9辑，1990年。另一篇潘蛟同志的论文:《试论凉山彝族社会等级制度的起源》，载在《中央民族学院学报》，1990年第5期。

失利是很不服气的。他们当中曾有人递过战书，要求汉人政府不要插手，让他们痛痛快快地与白彝娃子们一决雌雄。他们坚信，如果没有汉人政府的支持，娃子们是翻不了天的。其次，由于党和政府在民主改革中执行了宽大让步政策，一般黑彝均保留有一定的财底，从而他们实际经济状况仍比一般白彝奴隶们好些。再次，在民主改革后，黑彝以家支为单位聚居分布的状况并未改变，在农村社区生活中，同一家支成员仍能或明或暗地相互支援，过去黑彝财大气粗，家支内部团结有力等局面实际上并没有根本改变。最后，自民主改革以来，并不是所有黑彝成员的社会政治地位都比白彝们低。例如，民主改革后仍有许多黑彝上层人士在政协和政府中供职；早在民主改革前就有许多黑彝进步青年参加了革命工作，现已成为党政机关中的领导干部；再则，一些在新中国成长起来的黑彝农民子弟，在“文革”时期不堪忍受当地极左路线的迫害，因外出上访告状而有过在外地漂流的复杂阅历，自改革开放以来他们得益于见多识广，在彝区农村中率先成了致富能人，从而得到了较高的社会威望和地位。总之，上一代黑彝上层人士因支持社会主义事业而保留下来的荣誉，新一代黑彝因种种特殊机缘而在事业上获得的成功，是不难被血统优劣论者援引来支持其论点的。尽管血统优劣论听起来似乎是先验的，或者是荒谬的，但是所谓血统论在一个社会中的存在和流行，却取决于这个社会中人们的社会地位差异是否与人们的出身血统差异相吻合。如果在一个社会中，这两种差异仍旧相吻合，或者仍旧大致相吻合，那么血统优劣论的存在和流行，就是在所难免的了。

再则，等级观念在凉山彝区继续存留的另一个现实的社会基础，可以说是家支组织仍在彝族社区生活中起着十分重要的作用。

彝族的家支制度是由原始社会所遗留下来的氏族制度蜕变而来。过去该社会中的阶级压迫之所以会表现为具有鲜明的族籍血统认辨特点的等级压迫，可归因于该社会仍旧是一个由以血缘为联系纽带的家支组织所构成的社会。

家支组织形式要求人们对血统做出严格的区分，以便根据血脉的异同和疏近来确定人们彼此间的相互关系。在凉山彝区社会中，经千百年来的演变，这种血统区分已具有了阶级压迫性质，但其最初的那种血统区分意义并没有完全改变。根据解放后和1956年开展民主改革之间的调查资料，当时凉山彝区共有黑彝家支132个[①]。黑彝的这些家支，乃是各自为政的组织，从未联合成为统一的政府。虽然面对中央政权的征服和占领，有的黑彝家支也曾联合起来进行抵抗，但事后又分散成为各家支，独自为政。

尽管黑彝中分出了许多家支，而且彼此之间也经常发生冤家仇杀的事件，但是由于所有黑彝家支都同根，都有着同一血统渊源，因而根据“鸡蛋一样大，黑彝一样大”的传统论点，黑彝是不能把黑彝抓来当奴隶的。反之，由于白彝的血统渊源与黑彝自己血统不同，黑彝对白彝进行奴役压榨就认为理所当然的了。

乍看起来，等级血统区分超越于家支血统区分之上，但实际情况指明家支血统区分是等级血统区分的基础，等级血统区分只不过是家支血统区分的一种延伸状态而已。现根据最近深入的调

① 参见伍湛：《凉山彝族奴隶社会家支制度初探》，载在四川省民族研究所编《民族研究论文选》第1辑（1983年），第150—158页。该文还提到曲诺和一部分安家也有家支组织，不过这种家支组织与黑彝的家支组织不同，它只是在彝族劳动人民中的一种反抗压迫、奴役，维持他们生存的组织罢了。

查和参考资料，做出以下具体的说明和论证。

例如，以家支为单位，根据家支血统中是否混杂有外族血统成分，在黑彝内部尚存在着“诺伯”、“诺低”和“诺比”等血统贵贱区分。所谓诺伯，是指那些黑彝血统尤为纯正的黑彝家支。所谓诺低是指那些可能混有外族血统的黑彝家支。诺低虽然可以与诺伯通婚，但这种联姻一般被认为是高攀。所谓诺比是指那些据信是黑彝男子与白彝女子结合被开除出家支后衍生出来的后代。尽管他们仍然自称是黑彝，但一般的黑彝不承认他们是真正的黑彝，而且拒绝与之开亲联姻。

以家支为单位，在白彝内部也存在着所谓“彝根白彝”和“汉根白彝”的血统贵贱之分。所谓彝根白彝，实际上是指那些据信混杂有黑彝血统的白彝。所谓汉根白彝，是指那些与黑彝没有任何血统联系的白彝。由于彝根白彝与黑彝有一定的血统联系，与汉根白彝相比较，其受黑彝奴隶主的压榨要轻一些。

再举普雄地区的例证，当地的洛莫木古、洛莫阿热、洛莫沙索三个白彝家支，相传是由女呷西名欧姆洛莫者先后所生的三个异父儿子分别繁衍出来的后代。首先，洛莫木古是由欧姆洛莫与黑彝果基家一个名叫阿博的男子的非婚所生，因而往后洛莫木古这个家支是彝根白彝，其等级地位是曲诺，其主子黑彝果基家不抽其子女做呷西，也不强迫其服劳役。后来，由于洛莫阿热的生父阿却拉麻和洛莫沙索的生父拉布欧托均是白彝，从而往后这两个家支中的大多数成员都是安家，所受的压榨也重得多。

再举一例，也出在普雄地区。在一个由白彝沙马家派生出来的沙马曲比、沙马窝尔、沙马黑吉这三个家支中，由于沙马曲比支混有黑彝沙马家的血统，从而其黑彝主子沙马家不抽其子女做呷西，分派给他们的劳役也很少，其等级地位是曲诺。沙马窝尔支原来是被抓来的汉人奴隶，后来虽然因攀上了白彝沙马家的家谱，随沙马姓较早，遂成了曲诺，可以参加沙马曲比支的家支大会，可以与沙马曲比支通婚，但其成员的次女要被其黑彝主子抽取去做陪嫁呷西，次子的婚配要由其黑彝主子作主，所承担的劳役与安家相等。沙马黑吉支的祖上也是汉根奴隶，因随沙马姓较晚，从而不能参加曲比支的家支大会，不能与沙马曲比支通婚，其等级为安家，其黑彝主子可将其所生子女全部抽去做呷西[①]。

民主改革以后，作为一种阶级压迫的等级制度已被废除，从而等级血统认辨的阶级压迫意义也已经消失。但是，由于过去人们以家支为单位聚居分布的局面不仅没有得到根本改变，反而因广大白彝群众一度获得迁徙自由而有所强化。由于家支组织在农村社区生活中的一些社会职能尚不能被新建立的党政基层组织完全取代，家支活动仍在或明或暗地继续进行等原因，等级血统认辨的那种根据人们血脉的疏近和异同来确认彼此间的相互关系，或用它来确定彼此互动时应该采取什么态度和方式等原始意义依然存留下来。在今天，人们的等级观念由暗中转为明显这种现象，实际上是与这时家支活动较为活跃相呼应的。

对一个人做出等级辨认，实际上在很大程度上是对他所能够调动人事的威望和利用社会资源的能力进行估价。在彝族社区生活中，一个人的等级身份高，就意味着他的家支“骨头硬”；家支骨头硬则意味着他能够调动和利用的社会资源多。一个人不愿意

① 参见《四川省凉山彝族社会历史调查》（综合报告），四川省社会科学院出版社 1985 年出版，第 153—154 页。

与等级身份比自己低的人结婚，实际意味着他不愿意因联姻不当而失去一次为自己增加社会资源的机会。通过联姻来增加可利用的社会资源，这不仅是个人的私事，而且是整个家支的公事。一个人择偶不当往往会直接影响到其家支的声望。如果说个人可能因经不住情爱的诱惑而跨等级界限，与其心上人成婚的话，那么，作为超有机体的家支就很难为这种儿女情长所动，而去违反等级内婚原则。因此，事实上在彝族社区生活中，对于非等级内婚的阻碍更多的是来自家支组织而不是个人。

总之，凉山彝区旧有的等级制度是一种具有族籍血统认辨性质的阶级压迫制度。这种族籍血统认辨与古老的氏族或部落族籍血统认辨既有重大不同之处，又有相联系之处。与之重大不同的是等级血统认辨具有阶级压迫的性质；与之相联系之处则在于等级血统认辨仍含有当初根据人们血脉的疏近和异同来确定彼此间对待对方应采取的行为和态度等原始意义。民主改革以后，等级血统认辨的阶级压迫意义已经消除，但是源出于氏族血缘社会的上述原始意义却残留了下来。这种意义之所以能够残留，乃是因为由古老的氏族组织蜕变而来的家支组织尚存在。在彝族社区生活中，等级观念对人们行为的作用和影响或明或暗，与家支组织的活动是否活跃有着直接关系。这也就是说，当家支组织的活动较活跃时，等级观念的作用和影响就较为明显，否则就较为隐蔽。根据这种情况，我们可以说，如果以家支为单位聚居分布的社区格局没有根本改变，如果家支组织尚在社区生活中起着重要作用，等级观念的残存就在所难免了。

除了阶级压迫含义消亡之外，等级观念在民主改革以后的另一个重要变化则是曲诺的地位有所提高。这一现象是与民主改革后曲诺的政治地位有所提高，经济实力有所增强，家支势力有所发展等情况相呼应的。民主改革以后，曲诺与黑彝不同，他们是党和政府团结的对象；曲诺与安家和呷西也不同，他们不仅因为早在民主改革前就有了相对独立的自营经济和家支势力，而且还由于拥有一定的人身自由，以致早在解放前就有一些人受过现代文化教育，早于民主改革前就有缘参加了革命工作，从而在政府干部队伍中，他们由于人数多和资历老，担任的职务也较高。因此，自民主改革以来，曲诺就成了彝族社区生活中最有实力的“等级”。由于上述诸原因，曲诺的等级意识发生了变化，他们既蔑视黑彝，也鄙视安家和呷西，只希望在本等级范围内开亲联姻。

自民主改革以来，情况变化不大的却是安家和呷西，特别是汉根安家和呷西尤其受歧视，不论是黑彝还是曲诺，都很忌讳与他们开亲。就安家和呷西本身而论，他们虽然也蔑视黑彝，但自认“骨头不硬”，希望能与曲诺攀亲，得到曲诺的认同。这一现象既与历史上曲诺、安家和呷西均属白彝，他们之间的等级界限不像他们与黑彝之间的界限那么森严有关，也与曲诺现为社区中的实力派有关。汉根安家和呷西在社区中没有家支组织的庇护，因而没有地位和实力，很愿意与当前有权势的曲诺交往攀亲，以便改变和提高他们的地位。

再就解放以来彝族和汉族的婚姻情况而论，虽然在凉山农村社区中彝汉通婚现象极为罕见，但在较少受家支干预的凉山城镇社区中，彝族干部不论黑彝或白彝，与汉族干部结婚的情况却不少见。但从彝方看来，这种婚姻一般都是低就婚，也就是说彝方干部的职务或才貌一般要高于汉方。这种情况的发生显然与彝族干部需要努力去适应以汉族为主体的城镇社区文化氛围有关。就汉根安家和呷西而论，它们早已被彝区文化所同化，他们在社会中地位最低，主要是因为在社区中实力最差。民主改革以后，安家和呷西是我们党和政府主要依靠的对象，虽然从理论上讲，他们的政治地位既高于黑彝，又高于曲诺（因曲诺中半数以上的人被划为劳动者，他们仅是团结教育的对象），但是安家和呷西的综合实力仍然不如黑彝和曲诺。在经济上，安家和呷西虽然在民主改革后已分到了一些田地，但由于过去没有财底，他们的实力仍然不如黑彝和曲诺。特别是汉根安家和呷西系被掳进彝区历史并不太长，尚未能通过繁衍而形成自己的家支，从而每遇民事纷争或婚丧嫁娶等大型社会活动时，总是势单力薄，孤立无援。在政府机构中，安家和呷西由于在民主改革前无缘加入革命干部队伍，因而与黑彝出身和曲诺出身的国家干部相比较，安家和呷西出身的国家干部的资历普遍地较浅，所担任的职务也普遍地较低。姑且不论当今干部队伍中所存在的以权谋私、任人唯亲等不良风气会带来什么样的后果和影响，仅就以上述现象本身的产生原因而论，那些等级血统论者绝对不会将这种现象归因于特定的历史条件的。

总而言之，在旧有等级制度被废除之后，等级观念在凉山彝区的长期残存，既与彝区的固有社会结构有关，也与我们为改造这个社会所采取的政策和策略有所联系。一场社会改革，一种新制度的创设，乃至一种政策的推行所期望的目的与其可能带来的客观社会后果并不一定都有必然联系。例如，以阶级斗争为纲，执行贯彻阶级路线，为的是防止剥削阶级复辟，最终消灭阶级差别。但在凉山彝区，它却在一定程度上强化了人们的等级界限和等级观念。在一个社会系统中，各种制度之间存在着相互依存的网络关系。这种网络错综复杂，以致我们在变动某一项制度之前，很难完全正确地预见到它与其他某项制度的联系和互动后果。但是，我们不能，也没有必要为此而放弃任何推动社会进步的改革。目标与结果不相吻合，这实际上并不重要，重要的是我们能否通过及时正确的分析和处理反馈信息来校正所要达到的目标。在等级制度被废除之后，看到等级观念依旧残存，便简单地将之归因于文化发展滞后，这显然是欠妥的。等级观念的存留与彝区现有的家支组织活动有着相互呼应的关系。而家支组织活动的存在也不完全是文化滞后问题。这个问题与彝族农村社区中固有的人们聚落格局没有太大变化，社会化服务工作不够完善，社会人口流动不大，以及近年来农村基层党政组织松散等现状也有着相关的联系。回避剖析现状，动辄将变迁中存在的问题归结于文化发展滞后，这既不利于社会现代化的建设，也不利于学术上的探讨研究。

最后，我们认为自民主改革以来整个凉山彝族社会的变化是非常显著的；凉山彝族原有的奴隶社会制度已彻底地被埋葬了，目前社会现代化方面又取得了重大成绩，可以说凉山彝族在社会主义制度下已产生了巨变。我们相信目前所残存的等级观念，随着凉山彝区社会主义现代化进一步的发展，也必然会逐步地消亡。

第五章　家支活动的兴衰

凉山彝区民主改革结束后，随着农村党政基层组织的建立和完善，家支组织的社会职能，特别是黑彝家支以前所具有的那种政权组织职能已完全丧失。但是，与重新安置解放奴隶等工作相呼应，在新获得了人身自由的劳动群众中出现了一个找亲戚、认家门的自由迁徙高潮，从而劳动群众中按家支聚居分布的格局得到了前所未有的加强。

合作社和人民公社建立之后，家支组织的经济职能受到了削弱。同时，与巩固社会主义改造，加强农村党政基层组织建设等工作相呼应，我们党和政府在意识形态方面对家支活动进行了批判：通过历史事实来揭露黑彝奴隶主利用家支组织来统治压迫劳动人民，白彝奴隶主也利用家支组织来维护其剥削利益，指出狭隘的家支观念对社会主义革命和社会主义建设的危害；在行政上，则区分情况对家支活动加以制止：对于黑彝家支活动进行坚决打击，对白彝家支活动进行劝说制止。在这种情况下，家支组织已不敢再公开活动，但每遇处理民间纠纷、社队干部选举和生产队经济收益分配等问题时，家支观念仍有潜在的作用和影响。

到了“文化大革命”期间，各级党政组织一度陷于瘫痪，社会处于无政府状态。这时家支组织在彝区农村由暗地转为公开，人们遇到纠纷时均求之出面干涉处理。1971 年以后，各级革命委员会相继建立，与再度继续的人民公社建社工作相呼应，家支头人受到批判，家支活动再度受到抑制，家支组织再次进入蛰伏状态。

第一节　家支活动的复兴

党的十一届三中全会以后，特别是自实行家庭联产承包和政社分治以来，农村党政基层组织的职能在一定程度上有所减弱，从而家支组织活动再度活跃起来。

具体地讲，就其性质而言，这一时期的家支活动既有违法的一面，也有合法的一面。合法的一面表现为以下情况。

（1）找亲戚，认家门，举行大型家支聚会，重申同一家支内部成员之间团结互助的权利和义务。今天举行这种活动的主要是白彝群众。其原因主要是，解放前，白彝同一家支的成员常因归属于不同的黑彝主子而分散在各地，现在他们觉得很有必要重新聚认，壮大自己家支的声势。在民改刚结束时，白彝群众中曾出现过找亲戚、认家门的迁徙高潮，但这个高潮历时不长，随着合作社的建立，户籍制度和工分口粮制度的建立和完善，这种迁徙受到了一定限制。在今天，这种家支聚认活动已不再具有迁徙聚居的内容，但因几十年来，彝区交通条件已有较大改善，人们来往十分方便，家支聚会规模一般都很大。前来参加聚会的代表可能来自数县，聚会者可达数百人。例如，1981 年吉列家在美姑县新桥召开了一次有 400 多人参加的家支聚会。参加者除了有分布在美姑县各地的吉列家的人之外，还有分布在昭觉、雷波两县的吉列家的代表。会上做出三条决定：第一，把已经开始通婚的吉列家的 8 个分支重新整合起来，禁止彼此再通婚。第二，吉列家的所有成员要团结一致。第三，凡遇吉列家一成员出事，吉列家所有成员都要解囊相助，富者出 1 元，穷者出 0.5 元。

（2）生产和生活上互助互济。在同一家支范围内，当某一成员在生产和生活上遇到个人难以克服的困难时，整个家支便会主动在经济上和人力上提供帮助，使其渡过难关。这些帮助的内容可以包括在农忙季节向那些缺乏劳力的人家提供免费劳务服务，帮助其成员修房造屋，操办红白喜事，甚至也可以包括替某成员筹款治病、娶妻、偿还赔命金等等。其实，类似于这种性质的家支活动，自解放以来就从未中断过。近些年来，这种活动表现得较为突出，主要是因为自包产到户以后，过去的集体生产组织已不再起作用，每当人们在生产和生活上遇到了除非得到集体力量的帮助就难以克服的困难时，他们便自然而然地会去依靠和利用家支组织。

（3）调解家支内外纠纷。这种调解工作按彝族的习惯法来进行，彝族习惯法中的一些原则，例如财产继承顺序和债务偿还等原则是与现行国家法律中的同类原则大致吻合的。由于这种调解工作具有深厚的彝区文化背景作支持，以及具有操作简捷迅速、一劳永逸等特点，颇受彝族群众欢迎。

（4）对一些违法行为进行控制和干预。在同一家支内部，其成员偷盗、侮辱妇女、虐待老人等违法行为会受到家支组织的有力制裁。在外部，家支同时也是一个法人单位，它在一定程度上要为其成员的违法行为承担责任，从而也需要对其成员在家支之外的行为有所管束。

家支活动违法的一面有以下表现：

（1）家支之间以强凌弱，当彼此冲突不能按习惯进行有效调解时便聚众打砸抢，进行家支械斗。据统计，美姑县仅在 1991 年 1—10 月间就发生这类案件 19 起，造成直接和间接损失 5 万余元。

（2）干涉婚姻自由。这种干涉主要反映在阻止其成员与不同等级的人通婚，施加压力阻止其成员解除那种符合家支利益但无个人幸福而言的婚姻，乃至不顾国家禁止重婚等法令，强迫其成员遗孀转房等问题上。

（3）与基层党政组织抗衡，阻碍其进行正常工作。例如，美姑县卡来依甘乡某村两个家支因有积怨，其中一个家支为抵制对方家支中的某人当选会计，竟串通其家支中的数十户人，拒绝参加由该村党政组织和县社教工作队联合召开的传达贯彻社教有关文件的村民大会。

（4）无视国家法纪，干预法院的刑事和民事判决。这些年来，凉山彝区群众的行为实际上受着国家法律和彝族习惯法的双重规范，一个案子往往要经历两次判决。一次是由法院根据国家法律来判决，一次是由家支根据彝族习惯法来判决。例如，1987 年 2 月，美姑县 M 家一男子在集市上当众调戏 W 家一女子，致使该女子羞愤服毒自杀，法院以调戏妇女和侵犯人权罪判处此男若干年徒刑。但 W 家支则依据习惯法又向 M 家支索还了“偿命金”。过后不久，M 家的那位男子病死在狱中，于是 M 家支又来找 W 家，要求退回已经交付了的偿命金。其理由是，“我们家也丧失了一条人命，按一命抵一命的规矩，你们家支必须把那笔偿命金退回来。”又如，该县依洛拉达乡某村村民 A 在与同一家支成员 B 斗殴时将 B 打死，被法院判处了 8 年徒刑，但其家支内部则又根据习惯法判处 A 家赔偿 B 家 5，000 元偿命金。

（5）清算历史旧账。其中性质最为恶劣的是向奴隶群众清算民改以前的债务和向在民改工作中击毙叛匪的彝族老干部、老基干队员和老积极分子（下称“三老”）追索偿命金。例如，美姑县巴古乡一位奴隶主儿子就曾借助家支势力向原来隶属于其父的十余户农民追回了他们在民改前欠其父亲的债务。该县牛牛坝区干部D退休后屡遭H家支纠缠。H家支声称其一成员在民改中曾被D打死，因而D现在必须偿还H家1,500元偿命金。1989年5月，H家支组织了70余人冲入D家，在D被迫交出1,500元之后才退去。又如，该县某局副局长Y过去在山岗乡任工作队队长时，曾组织群众追捕当地叛乱在逃的黑彝奴隶主M。在追捕过程中，M因拒捕而被击毙。如今30多年过去了，Y已退休回家。自1991年起，M家支便开始来找Y清算偿命金，结果以旧时1条黑彝人命值4条白彝人命的价格，Y赔偿了M家4,000元。

其次是向那些在民改以后的历次政治运动执行极左路线的基层干部清算历史旧账。例如，1980年，越西县上普雄区某村村长在一天晚上突然被一伙人绑架。其原因是，在办人民公社大食堂时期，他没收了一位社员刚从亲戚家带回来的一只鸡，这位社员在事过不久就死了。现在绑架他的这些人来自死者的家支，绑架他的目的是要他赔偿人命金。这些年来，类似这样的案例举不胜举。美姑县有一位乡干部被清算下来，竟欠了别人10条“人命”，结果还算幸运，他只付了5,000多元就了结这些“命案”。

再次便是向那些过去因刑事犯罪而被法院判处徒刑，但未按习惯法给与受害人经济赔偿的人进行清算索赔。

据估计，目前上述历史旧账在彝区基本上已被各家支按习惯法清算完毕。剩下没有清算的历史旧账，主要是因为当事者尚未退休，还在政府中工作，从而不便清算，或者是因为当事者退休后已远迁他乡，从而无法清算。至于被清算者的人数究竟有多少，这是很难精确统计的。其主要原因是被清算者不愿就此事向政府报告，许多人希望花点钱为子孙后代买个太平安宁。

总之，目前家支组织在凉山彝区活动的性质是十分复杂的，它既有合法的一面，也有违法的一面。但是，总的来看，它的存在，对于凉山彝区的社会发展是不利的。姑且不谈它对彝区商品经济发展的阻碍，仅就它恃强凌弱，无视国家法纪的活动而言，如果放任自流，人们势必会惧怕和依靠它，从而很难同党和政府保持一致，长期下去，党和政府的权威将受到严重削弱。其实，对于家支活动可能带来的社会危害，我们并不是今天才认识到，自民改以来的历次政治运动中，政府有关部门一直都对家支活动进行限制和打击。但是，为什么家支组织一直摧而不垮，其活动禁而不绝呢？其根本原因恐怕是以下两点：

（1）解放以来，彝区农村中人们以家支为聚落单位的社区格局不仅没有根本变化，反而因户籍制度、工分口粮制和统购统销制度的建立和健全，彝区农村社会流动滞缓，农民缺乏充分的择业迁徙自由而被固定和强化。这就在客观上保障了家支活动在彝族农村社区中始终具有十分便当的人员聚落组织基础，使它能够以静待变，一旦气候和条件合适就开始复苏蠢动。就此，我们不妨试想，在那种社会流动甚剧，子女一旦成人后就可能因就业而离开其父母去外地定居安家的社区中，要维持一个类似于彝区的家支组织该会有多么困难。

（2）由这种人员聚落模式及落后的生产力水平所决定，家支组织一直是彝族农村社区中提供社会服务和社会保障的较为便当的组织形式，人们承担其家支的各种摊派，其实质类似于投资于各种社会保险。在没有更为便当的组织形式来取代家支组织所具有的社会服务和社会保障职能以前，家支组织就有活力，就有生存的空间。在凉山彝族传统社会生活中，惩罚人们的极刑不外乎有两种，一种是将之处以死刑，再一种便是将之开除出家支。被开除出家支之所以被视作极刑，其原因就在于，失去了家支所能提供的社会保障，一个人孤立无援地生活在社区中，其境况甚为凄惨，活着还不如死了好。家支活动同时也是彝族人参与社区社会生活的主要方式。一个人一旦被其家支所开除，即意味着他参与其社区社会活动的权利已被剥夺，他已被该社区所抛弃。1991年，甘洛县则洛乡一位老人与自己的家支闹纠纷，被家支开除。他死后，其家人因得不到家支的帮助，竟无法给他办葬礼，无人将他抬上山烧埋，其境况真像是死无葬身之地。最后，当地村民组长实在看不下去，便组织了几家群众将他抬上山草草烧埋了，结果这位村民组长又因此招致死者家支的不满和围攻。

这些年来导致家支活动比以前活跃的具体原因则有以下几点：

（1）包产到户之后，原来已取代了家支组织的某些社会经济职能的生产队等集体经济组织已消失，而新的经济互助组织又尚未形成，从而人们不得不利用现成的家支组织来满足彼此之间的互助需要。

（2）政社分设之后，凉山彝区农村党政组织因丧失了原有的经济管理职能而显得无所事事，其涣散程度是相当惊人的。在一些乡村，10年来竟没有在农民中发展过一个党团员。美姑县某村，自包产到户以来，就没有召开过一次群众大会。一些乡干部觉得待在乡政府无事可干，便经常回家去帮助家里种责任田，以致乡政府平时只留有少数人值班。美姑县某乡政府的电话机长期闲置，无人使用，致使县里的干部到了该乡办公室，尚能见到电话机上堆积了三堆鸡屎无人擦掉。据说，昭觉县某乡一位文书因既想回家，又怕因此耽误别人前来盖章办事，于是便想出了一个能够两全的绝招：把该乡的公章用绳子拴住，从一块没有玻璃的窗格中牵出，让前来盖章的人自行其便，只要不把公章带走即可。家支组织自来就是一种集社会政治职能和经济职能于一体的社会组织，它在处理彝区社会中的各种问题时还具有现成的章法，在目前农村党政基层组织处于如此松懈涣散的状态下，家支组织出来干预社会事务是不足为怪的。

（3）近年来党政组织对于家支违法活动打击不力。导致这一状况的原因主要有以下几点：第一，一些基层干部消极地总结经验教训，以当前“三老”遭清算为自己的前车之鉴，担心自己将来退休后也会遭到同样下场，于是对家支违法活动不敢进行坚决制止，任其胡作非为；第二，随着民族区域自治法的进一步贯彻落实，那些在彝区基层工作的汉族干部纷纷下山回乡，彝区基层干部几乎全部换成了彝族干部，而且这些彝族基层干部也大都在本乡本土任职——这种局面难免会给制止家支违法活动造成这样或那样的干扰，不利于公正有力地处理家支问题；第三，由于家支活动的性质十分复杂，它不仅涉及到如何维护和巩固党和政府的领导权威问题，而且还涉及到如何对待彝族人民的传统习俗等问题，从而造成上级机关投鼠忌器，对于如何处理家支活动的态度不明确，基层组织就如何对待家支活动这一问题无章可循；第四，政法部门因警力不足、取证困难等原因，对家支违法活动很难进行有力打击。

（4）忽视了及时对农民进行政策宣传教育，以致有些群众对一些政策产生误解。例如，当看到党和政府纠正过去的极“左”路线，替一些曾遭受政治迫害的人平反昭雪，适当补偿经济损失等现象时，许多彝族农民则误以为“共产党和人民政府也在赔偿人命金”等等。

第二节　家支活动消亡的途径

了解了当前家支活动的状况以及造成这种状况的原因，那么对于家支活动，应该采取什么态度和对策呢？我们的看法如下：

首先，我们应该看到，凉山彝区农村社会生产力发展水平和人们的聚落模式决定了家支组织活动的存在是难免的。家支组织活动是否能够最终消亡，这将取决于商品经济是否有高度发展，以商品或货币为媒介的社会协作关系是否能够取代以血缘为纽带的社会协作关系，人们是否仅仅能够通过支付货币即能获得他所必需的社会服务和社会保障，以及该社会的社会流动程度如何，人们是否拥有充分的择业迁徙自由，彝族农村社区中人们以家支为聚落单位的格局是否已有根本改变，等等。然而，这些客观条件的具备不是人们的主观意愿所能决定的，它需要一个漫长的社会发展过程。而且这过程还不仅仅是一个单纯的经济发展过程，它同时也是一个民族文化发展过程。例如，社会流动和择业迁徙不仅需要一定的经济发展动力和现行体制条件，而且还需要跨越一定的文化障碍。这些年来，彝区农村之所以没有像汉区农村那样把剩余的劳动力推入城市地区，其中一个重要原因就是在进入汉区城市的过程中，彝族农民比汉族农民多一层语言和文化障碍。因此，当前要迅速促成彝区家支组织的消亡实际上是不可能的。在这种情况下，我们的思路只能转向如何将家支活动规范在国家法律和政策所允许的范围内，尽量减少它对彝区社会发展的危害和阻碍。

过去的实践已证明，对家支活动采取高压政策并不能彻底解决问题，它最多也只能将家支组织推入蛰伏状态。而且，随着改革开放的不断发展，今天已不再具备过去那种对家支活动实行高压政策的社会经济基础。在目前彝族农民确实需要利用家支组织这一传统互助方式来解决过去生产队等集体经济组织所能提供的某些社会服务的情况下，再一味强行制止家支活动，这不仅未必会像以前那样见效，而且还会更加严重地伤害广大彝族群众的感情。因此对于当前存在的家支活动，我们不应该一概而论，而应该就事论事，根据其具体活动内容是否有利于彝区社会发展，是否违背国家法律和政策，有区分地来决定对它是加以利导，还是加以限制。

尽管存在着以强凌弱的情况，但家支活动仍然是受着彝区习惯法规范和制约的。实际上，家支活动是否违法在很大程度上取决于其活动所搬照的习惯法的具体条款是否与现行国家法律和政策相冲突。实际上，与家支组织所从事的互助互利活动并不是有意迎合当前的精神文明建设一样，家支活动虽然具有一定的干政性质，但它却没有与政府进行对抗的明确政治目的。在法制生活中，受害者家支无视法院刑事判决，向服刑者家属索取民事经济赔偿，这并不意味着他们有意蔑视国家法律，而是因为彝区习惯法允许有这种经济索赔，受害者家属也渴望得到直接经济赔偿。

对于凉山彝区的习惯法，我们不能简单地把它仅仅看作是过去奴隶社会的上层建筑。它是千百年来凉山彝区社会文化的积淀物。过去，它既有与该地区奴隶占有制度相适应的一面，也有与该地区的血缘社会组织方式及其他文化设置相适应的一面。如果认为彝区习惯法千百年来一贯不变，那也是不正确的。随着当代彝区社会的变化和发展，习惯法自身也有着这样或那样的调整。尽管看起来今天的家支活动完全是在搬照习惯法行事，但实际它只是在按照习惯法中某些较为现实可行的条款行事，或者仅仅是对某些条款加以变通执行。例如，由于奴隶占有制度已被彻底废除，习惯法中有关奴隶主对奴隶的占有权利的条款即因没有实施对象而实际上已被废弃。又如，尽管今天的人命金和赔偿金仍然是依据习惯法中所规定的白银锭数来计算的，但实际支付时则需要将之折算为人民币，而白银与人民币的兑率也是根据今天人们的实际支付能力——每锭（10 两）白银价值 30 元，而不是根据白银现行的实际价格来决定的。

既然家支活动一时难以消亡，既然家支活动是由习惯法来规范的，它是否违法取决于它所搬照的习惯法的具体条款是否与现行国家法律和政策相抵触；既然习惯法本身又是可调整的，那么，如何根据民族区域自治权利来变通执行国家的法律和政策，如何通过家支“头人”们来对旧有习惯法进行改造，将家支活动规范在现行国家法律和政策所允许的范围之内，使之不至于阻碍和危害彝区社会发展，这或许是目前处理家支问题的一条较为具体的思路。这些年来，针对彝区农村基层干部不太管事，而家支“头人”的威信上升等实际情况，一些彝族群众曾提出了这样的问题：“能否可以像县上那样，在乡上和村上也建立政协会，接纳这些年来新涌现的家支头人参政议政？”尽管这个建议不一定行得通，但它至少给我们这样一个启示：即是否可以通过某种组织形式，将基层各家支头人聚合起来，听取他们的意见，让他们参与当地治安综合治理和民间纠纷调解等社会工作。这样做至少有以下几点好处：第一，有助于党和政府处理各种社会问题；第二，有利于党和政府及时掌握和控制家支活动情况；第三，有利对家支头人们进行政治思想教育，促进彝区习惯法的改良变通，加强对家支活动的利导。

当然，以上思路所要解决的问题仅限于如何将家支活动规范于国家现行法律和政策所允许的范围之内。这种思路是以家支活动将会在很长一个时期内继续存在为前提的。家支活动一时难以消亡，这并不等于我们就不能积极创造条件促使它尽快消亡。要促成家支活动的最终消亡，甚至有效地对当前的家支活动进行利导，我们至少还有以下工作需要去做：

（1）促进彝区农村商品经济的发展，创设和健全新型社会服务和社会保障体系；发展文化教育事业，扩大彝族农民的就业选择范围，拆除阻碍彝区农村人口社会流动和择业迁徙的种种现行体制障碍。

（2）加强彝区农村党政基层组织，使广大彝族群众切实感受到党政基层组织比家支组织可信赖和可依靠。要做好这项工作，就需要及时发现和提拔那些办事有能力、在群众中有威信的农村先进分子担任基层领导职务；及时总结推广先进党政基层组织的工作经验，把是否能够积极制止违法家支活动作为考评基层干部的一项重要指标；实行农村基层干部交流制度，避免基层干部因在本乡本土任职而受自己家支干扰，为他们创造一个有利的工作环境。

（3）加强思想教育工作。在加强社会主义思想教育和法制宣传教育的同时，尚需通过对实际案例的剖析，让广大彝族农民认识到家支观念是一种落后于时代发展要求的陈腐观念，它妨碍彝区农村商品经济的发展，不利于彝族农民致富，造成自觉抵制家支违法活动的局面。

（4）适当增加警力，对违法家支活动及时进行坚决打击和严肃处理，做到有法必依，违法必究。

在以上这些工作中，第一项工作是基础性的。只有在商品经济有了高度发展，以商品交换为沟通媒介的社会协作关系在较大程度上取代了以血缘为纽带的社会协作关系之后，家支活动才会最终消亡。

事物的本质常常会被复杂的表象所掩盖。看起来，人民公社时期，家支活动似乎已经得到了有效抑制，但实际上，家支组织只是在当时的行政高压之下，以及在其大部分职能已由生产队等单位所取代的条件下暂时进入了蛰伏状况。这一时期，家支活动虽受行政高压，但家支观念并没有遇到真正的挑战，家支成员之间的“概化互报”原则仍可以通过“一平二调”得以实现。自党的十一届三中全会以来，人们常常注意的是家支活动十分活跃，却容易忽视，随着商品经济的发展，家支观念正面临着前所未有的严峻挑战。这一挑战表现为：家支观念在阻碍着彝家商品经济发展的同时正经受着商品经济发展潮流的冲击和剥蚀。关于家支观念对于商品经济发展的阻碍，我在《三上凉山》一文中已有叙述，在这里只想谈谈近年来商品经济的发展对家支观念的冲击。

过去，彝族农民耻于把像鸡和鸡蛋这样的农副产品拿上市去卖，怕被亲戚熟人看见后，奚落他贪财小气，不把这些东西留在家里招待客人。即使在实在缺钱买盐等情况下，被迫拿几个鸡蛋或拿一只鸡去市场上卖，也得要用“擦尔瓦”将之半遮半掩，在街上来回蹓跶，寻碰买主，生怕被亲戚或熟人看了见笑。今天，情况却有了较大的变化，养鸡赚钱成了名正言顺的家庭经济活动。例如，美姑县牛牛坝现在便是一个远近闻名的鸡市。每逢赶集，前来卖鸡的彝族农民总是络绎不绝。随着商品观念的渗入，彝族农民的生产经营范围也在不断扩大。例如，在美姑县城附近居住的一些彝族农民已开始兴办人工养鱼业。挖鱼塘养鱼卖，这可是彝家祖祖辈辈没有干过的行当。在过去，受家支观念的束缚，彝族人很难做到“商场无父子”，在交换价值规律面前人人平等，无亲戚家支可言。在今天，已有不少彝族人开始在商品观念和家支观念之间掂量出了轻重，成功地开办了个体商店、台球室和录像放映室等。

过去，彝族农民一般不愿意在城镇中定居。其原因是住在城镇里，亲戚们进城办事均来家中白吃白住，时间长了难以支撑。例如，在甘洛县新市坝，原来曾住有不少彝族农民，但自此地成了县城之后，这些彝族农民却大都迁走了。而现在则不同了，为了便于经商，有许多彝族农民则想办法在城镇里租房住。美姑县侯古莫乡农民博石夫吉一家，在离该村七八里远的乡政府所在地租了一间房子，办起了一个既制作彝族传统木器，又兼搞缝纫和出售零用商品的综合店。该县巴普村农民打者拉吉自 1985 年买了一辆汽车搞运输以来，长期在外，每月仅回家一二次。越西县普雄区农民个体大户果基尔补（黑彝）常年在昭觉经营皮张生意，留其妻子及已成年的女儿在家务农，自己则在昭觉原凉山军分区院内租下一幢房子，将其近亲的十余名孩子接来昭觉居住，让他们进入当地最好的学校念书，雇人专门管理孩子们的生活和学习。

他甚至还准备迁到成都去居住。他认为这样既有利于他的业务发展，也有利于孩子们的学业发展。果基尔补算是家族观念较强的人了，但他却尖锐地指出，商道上无家支可言，在经济问题上，同一家支成员之间很难相处。像他这样与自己的三个侄儿一起在商道上同甘共苦十余年而不散伙的例子，在彝区实属罕见。越西县农民个体户阿侯伍来（黑彝）竟能冲破其原有的“门当户对”的婚姻束缚，离婚之后，与一位汉族女子结婚，在西昌买了一套房子定居下来。甘洛县一位个体户准备与汉族人合股办一铅矿冶炼厂，他认为避开家支关系将对他经营该工厂有利。

总之，在当前家支活动较为活跃的表象后面，家支组织的存在基础正在受到商品经济发展浪潮的冲蚀。可以说，能够直接葬送家支组织及其观念的并不是别的什么东西，而是简单明了的商品经济及其价值观念。

附录 1　鸟居龙藏有关《凉山彝家》的书评

著者为研究罗罗（Lolo）社会之权威，尝于 *Harvard Journal of Asiatic Studies* 发表“Kinship System of the Lolo”之论文。著者此次所刊行之《凉山彝家》，为研究大凉山罗罗社会学之学术论文，全书 133 面，并附有地图 1 面。

著者所研究之罗罗，系居住于大凉山之 Independent Lolo，为罗罗中最剽悍之种族，且欲进入此地殆属不可能，然著者以学术之故，竟冒莫大之危险与困难，以进行调查研究，乃得公布此项论文，实为余所最钦佩者也。此书虽系一小册，但为一颇有价值之珍贵论文，所属不明之大凉山罗罗，由于本书始将其完全介绍报告与学术界。

著者于 1943 年 7 月 2 日自成都出发，经 87 日间之调查旅行，迄 9 月 26 日始返抵成都，读本书者应首自最后附录之川边考察记行开始。

本书之内容，计为区域、氏族、亲属、家族、婚姻、经济、阶级、冤家、巫术九章，并附录二篇，罗罗亲属名词及川边考察纪行。全书则以罗罗之 mental culture 为叙述中心，并自社会学上，文化人类学上之观点以论述之。

由以上各章观之，实将罗罗社会学上之事实完全网罗无遗，据此书则读者对罗罗之民族、社会、文化等，宛如身临其境，故余推荐其为近年来之佳著也。

余于 40 余年以前，即光绪二十八年（1902）冬，调查研究云南、西康等各地之罗罗，惟仅将体质测量之结果，发表于当时之《人类学会杂志》，其后因赴东部蒙古作调查工作，遂无暇整理罗罗调查的报告，终未将其发表。今见林耀华氏之此书，欣喜异常，乃反复读之。余于 40 余年以前，固由中国之文献始得获知罗罗之情况，而首使余注意者，实为 Baber 氏之《中国西方旅行纪》及 P. Vial: *Les Lolos*（1899），尤以 Vial 氏之论文为当时罗罗之神话、传说、语言等之权威著作。Baber 氏之旅行纪，则为叙述当时罗罗之状况，曾因此获得英国地学协会之金牌奖。其后关于罗罗之书籍刊行甚多，然迄无如此次林氏能进入大凉山，而对罗罗作如斯精密之研究者，余比较此等书籍，实当以林氏之此书最为重要，故对林氏《凉山彝家》之出版深表敬意。

最后有望于林氏者，即彼等之各家中，有相传之罗罗文献，彼等有固有之一种文字，用以记述其神话传说。Vial 氏对此于其论文中已有所记述，其后之学者续行研究，并已编纂辞典。余亦曾进入一罗罗家中，得观览其文献，并抄录一份携归，刊载于当时东京丸善书店所发行之《学镫》中。想林氏对此项资料亦必有所研究，甚望今后能由此等文献上，继续社会学、人类学之研究而发表其结果也。

鸟居龙藏

载 1948 年《燕京社会科学》

附录2　大卫·麦倍里-路易斯对《凉山彝族今昔》一文的评价

林耀华的论文不仅与巴特的论文[①]，而且与提交给本次会议的其他论文形成了鲜明的对照。与巴尔斯因为发现了早先研究民族不满情绪的社会诸形态而提倡的一种文化方法截然不同的是，林恰恰是用这样一种社会着眼点表明凉山的民族社会等级已被中国社会主义的实现所打破。他的论文强调了他 1943 年所调查的凉山与今日凉山之间的强烈对照。在 1943 年，黑彝贵族对于在其恐怖统治之下的人群实行封建式控制，使得其中许多人（包括被抓来的汉人）沦为彻头彻尾的奴隶。到了 1975 年林第二次访问凉山时，民族社会内的等级分化和奴隶制度都已被摧毁。林强调了他所见到的 1943 年被他称之为“地狱”的凉山与到了 1975 年业已变成“人间天堂”的凉山之间的非同寻常的对照。

他的阐述和理论关注点也特别值得注意，因为它们有助于表明目前中华人民共和国国内所采用的研究民族问题的那种不同的方式。林的历史分析着重点在于凉山的奴隶制，它在一个多民族

① Fredrik Barth: “Problems in Conceptualizing Cultural Pluralism”, with Illustrations from Sohar, Oman, in David Maybury-Lewis, ed., *The Prospects for Plural Societies*, American Enthnological Society, 1984, pp. 77—87.

地区内的发展，它在彝汉冲突之下的加剧，它到近代的令人瞩目的存留以及它在社会主义制度下的转变。林论证了共产党所实施的改革不仅废除了奴隶制，而且使得这种制度得以产生并且直到如此晚近还如此泾渭分明的民族社会等级变得无足轻重。先前的彝族奴隶主被和平改造乃至现在为了共同利益而与先前的奴隶并肩劳动。与此同时，千百年来彝汉之间的敌对也已不复存在，他们也都同样地在兴旺的新凉山里携手工作。

林的观点与本书其他论文作者所得出的结论迥然不同。他们都以不同的方式强调了在所有的层次上，从国家到地方，在各种政府形态下，分析民族关系的政治方面的重要性。而林的言下之意则是，在社会主义制度下，这样做已经不再是必要的了。

大卫・麦倍里–路易斯

载作者主编《展望多类型社会》序

附录 3　林耀华有关凉山彝族主要书籍和论文目录

（1）“大小凉山考察记”，载《边政公论》1944 年第三卷第 5—6 期。

（2）“大凉山罗罗的阶级制度”，载《边政公论》1944 年第三卷第 9 期。

（3）Lin Yao-hua, “A Brief Account of Yenching Expedition to the Lolo Community”, *Journal of West China Border Research Society*, Series A. 15, Chengdu, 1944, pages 41—46.

（4）Lin Yao-hua, “Kinship System of the Lolo”, *Harvard Journal of Asiatic Studies*, Vol.9, No.2, June, 1946. (pages 81—100 and with 6 illustrated geneological tables)

（5）“川、康、滇交界的罗罗”，载天津《益世报》1946 年 10 月 15 日。

（6）《凉山彝家》，上海商务印书馆，1947 年。

《凉山彝家》于 1978 年由台湾历史语言研究所全部翻印，编入《亚洲民族丛刊》第二辑（全十册），由南天书局出版。

（7）Lin Yao-hua, *The Lolo of Liang Shan*（Liang-Shan I-chia）, translated by Ju-shu Pan,edited by Wu-chi Liu, Human Relations Area Files, Inc. New Haven, Connecticut, U. S. A., 1961, pp.1—159.

（8）“中国西南部几个不同类型的民族”（日文），载《民博通信》，No.14，1981，pages 2—13。

（9）Lin Yueh-hwa, “Yizu of Liang Shan, Past and Present”, *The Prospects For Plural Societies* (1982 Proceedings of The American Ethnological Society), Editors: D. Maybury-Lewis, S. Plattner, Washington, D. C., 1984, pages 88—103.

（10）“凉山彝族今昔”，载《社会科学战线》1984 年第 2 期，第 235—244 页。（附有黑白照片 16 张和彩色照片 6 张）

（11）Lin Yueh-hwa, “Primitive and Slave Societies of Some National Minorities in China During the Period of Liberation”, *Comparative Studies in the Development of Complex Societies*, Volume I (Lin's Paper 6 pages), Southampton and London, The World Archaeological Societies, 1—7 September 1986.

（12）“三上凉山——探索凉山彝族现代化中的新课题及展望”，载《社会科学战线》1986 年第 4 期及 1987 年第 1 期。该文修订稿被收入中央民族学院建校四十周年《学术论文集》，中央民族学院出版社，1991 年，第 1—45 页。

（13）“试论等级观念在当代凉山彝区的残存形态”（根据 1992 年的调查资料），载《民族・宗教・历史・文化》，中央民族学院出版社，1993 年。

图书在版编目(CIP)数据

凉山彝家的巨变/林耀华著.—北京:商务印书馆,2023
(百年中国社会学丛书)
ISBN 978-7-100-22312-6

Ⅰ.①凉… Ⅱ.①林… Ⅲ.①彝族—民族社会学—研究—凉山彝族自治州 Ⅳ.①K281.7

中国国家版本馆CIP数据核字(2023)第063775号

百年中国社会学丛书

凉山彝家的巨变

林耀华 著

商 务 印 书 馆 出 版
(北京王府井大街36号 邮政编码100710)
商 务 印 书 馆 发 行
北 京 冠 中 印 刷 厂 印 刷
ISBN 978-7-100-22312-6

2023年5月第1版　　　　开本880×1230 1/32
2023年5月北京第1次印刷　　印张10 插页2

定价:58.00元